El judaísmo clásico

El judaísmo clásico.
Cultura e historia del periodo rabínico

Günter Stemberger

Traducción de Lorena Miralles Maciá

EDITORIAL TROTTA

COLECCIÓN ESTRUCTURAS Y PROCESOS
Serie Religión

Título original: Das klassische Judentum. Kultur
und Geschichte der rabbinischen Zeit

© Editorial Trotta, S.A., 2011
Ferraz, 55. 28008 Madrid
Teléfono: 91 543 03 61
Fax: 91 543 14 88
E-mail: editorial@trotta.es
http://www.trotta.es

© Verlag C. H. Beck ohG, München, 2009

© Lorena Miralles Maciá, para la traducción, 2011

ISBN: 978-84-9879-228-7
Depósito Legal: M-29.372-2011

Impresión
Fernández Ciudad, S.L.

CONTENIDO

Presentación: *Lorena Miralles Maciá* 9
Introducción 11

I
PANORÁMICA HISTÓRICA

1. Palestina en tiempos de los tannaítas 17
2. Palestina en tiempos de los amoraítas 27
3. Babilonia hasta la conquista árabe 39
4. La época de los *geonim* 47

II
LA ORGANIZACIÓN DEL JUDAÍSMO RABÍNICO

1. El autogobierno judío en Palestina 57
2. El autogobierno judío en Babilonia 71
3. El rabino 79
4. La sinagoga 89
5. La educación 107

III
EL MUNDO RELIGIOSO DE LOS RABINOS

1. La revelación en el Sinaí 125
2. La hermenéutica rabínica 131
3. La halaká 139
4. La haggadá 159
5. La mística 169

IV
EL MARCO CULTURAL

1. Judaísmo y helenismo	181
2. ¿Influencias iranias en el judaísmo babilónico?	195
3. Judaísmo y cristianismo	199
4. Los rabinos y la gnosis	215
5. El arte judío antiguo	219
6. Bajo la dominación islámica	233
Bibliografía	249
Apéndices	257
Índice de nombres	263
Índice de materias	265
Índice de citas	269

PRESENTACIÓN

La presente traducción ha sido realizada sobre la edición alemana de *Das klassische Judentum. Kultur und Geschichte der rabbinischen Zeit* (Beck'sche Reihe, C. H. Beck, Múnich, 2009). Esta obra se ha publicado cuando se cumplen treinta años de la aparición de su primera edición (1979) con un texto totalmente reelaborado y actualizado. Citando las palabras del propio autor en su presentación alemana: «[...] la investigación del judaísmo antiguo se ha transformado sustancialmente. Las fuentes rabínicas se leen hoy de forma mucho más crítica por parte de los historiadores y el conocimiento de la historia de Palestina en la Antigüedad Tardía se ha enriquecido debido a las numerosas excavaciones. Por tanto, era impensable una mera reimpresión revisada y abreviada». *El judaísmo clásico* es una obra imprescindible para comprender el movimiento rabínico en toda su complejidad y diversidad. Con esta edición española se quiere acercar a un público de habla castellana el apasionante mundo en el que vivieron los Sabios judíos.

Hasta donde ha sido posible, se han respetado los criterios que el profesor Stemberger estableció en su día para el texto alemán, adaptando las citas y los términos a los usos propios de la investigación en nuestro idioma. Para ello ha sido de gran ayuda el manual de H. L. Strack y G. Stemberger, *Introducción a la literatura talmúdica y midrásica*, edición española preparada por M. Pérez Fernández, corregida y revisada por G. Stemberger (Biblioteca Midrásica, Verbo Divino, Estella, ²1996). En cuanto a la forma de transcribir, se prefiere, como en el original, la más sencilla, cuya precisa lectura sabrá suplir el especialista. Estas y otras cuestiones metodológicas se pueden consultar en el apartado de Abreviaturas y textos fuente.

Las traducciones de las citas se han realizado a partir de los textos originales (según las ediciones indicadas en los textos fuente), aunque intentando reproducir los matices y sentidos que el profesor Stemberger les dio en alemán. Solo en unos pocos casos (como PRE, Corán) se prefieren las traducciones ya existentes en español con los cambios pertinentes. Durante todo este año de trabajo he tenido la suerte de contar con la inestimable ayuda del autor, que ha leído los diferentes capítulos, proponiendo brillantes sugerencias y cambios. Además, deseo expresar mi agradecimiento a la Fundación Alexander von Humboldt, gracias a la cual pude disfrutar de una estancia en el verano de 2010 en el Instituto de Judaística de la Universidad Libre de Berlín, que me permitió disponer de los materiales de consulta necesarios. Quisiera mencionar también el apoyo recibido por los colegas del Departamento de Estudios Semíticos de la Universidad de Granada, a los que tantas veces les he preguntado acerca de los términos específicos en campos y temas muy diversos. Entre estos colegas destaco especialmente al profesor José Ramón Ayaso, que ha revisado el texto en la última fase de la traducción y cuyas precisas aportaciones han mejorado considerablemente el resultado final. Con este reconocimiento público asumo, por supuesto, la total responsabilidad sobre la traducción, los errores y las inexactitudes que puedan darse.

Tanto la editorial como la traductora le estamos muy agradecidos al autor de este libro, el profesor Günter Stemberger, catedrático de Hebreo de la Universidad de Viena y especialista en el periodo rabínico, por el interés, la buena disposición y el aprecio que ha mostrado en todo momento durante la preparación de esta versión española.

Berlín-Granada, febrero de 2011

LORENA MIRALLES MACIÁ

INTRODUCCIÓN

La época rabínica en sentido amplio —desde la destrucción del Templo en el año 70 hasta el final de las academias rabínicas en torno al 1040— se la puede denominar apropiadamente como la del «judaísmo clásico». Clásico, porque en este periodo se asentaron las bases que han marcado el judaísmo posterior y que han repercutido hasta el día de hoy organizando la vida judía. La época de la Ilustración con Moses Mendelssohn, la aparición del nacionalismo judío en el siglo XIX, la aniquilación del judaísmo de la Europa del Este en época del nacionalsocialismo y después la fundación del Estado de Israel han provocado, sin duda, grandes cambios. Sin embargo, los fundamentos clásicos tan solo fueron abandonados paulatinamente.

El elemento fundamental del periodo es la formación y el desarrollo del Rabinato y de sus ideales: el rabbí representa un judaísmo que sustituye el Templo por la Torá, que abandona el sueño de un Estado, lo que le permite adaptarse cada vez más a una existencia en la diáspora, incluso en Palestina. Aunque renuncia a cualquier aspiración política, este judaísmo no se satisface con ser una religión interiorizada; más bien, va abarcando progresivamente con sus exigencias toda la vida de la comunidad judía.

G. F. Moore entendió el judaísmo rabínico como el «judaísmo normativo», como un movimiento monolítico, con el que hizo escuela durante mucho tiempo. Este enfoque es solo posible si se atiende únicamente a las corrientes del judaísmo que se reflejan en la literatura rabínica y que se impusieron en el judaísmo posterior. Ciertamente, si bien con el transcurso del tiempo fueron adquiriendo fuerza normativa, la investigación de las últimas décadas ha evidenciado cómo ese acceso es una aproximación parcial. Solo resulta posible si no se tiene en cuenta el *entorno cultural* en el que el judaísmo estaba inmerso. Ese entorno, en efecto, influyó sobre el judaísmo, a pesar de que la literatura rabínica no siempre permite apreciarlo a primera vista. El judaísmo rabínico tuvo que enfrentarse, como el judaísmo de tiempos del Segundo Templo, a las culturas de su época y tuvo que haber adoptado muchas formas de pensamiento e ideas helenísticas. Tampoco pudo evitar las corrientes religiosas de la gnosis ni mucho menos el conflicto con el cristianismo. Sin duda, la transmisión unidimensional de la literatura rabínica podría sostener la creencia en un judaísmo normativo entre ciertos límites. Sin embargo, los escritos esotérico-místicos y la poesía litúrgica documentan mayor diversidad de lo que antes se estaba dispuesto a asumir. Ante todo, las excavaciones arqueológicas y el arte judío descubierto en ellas han revelado una mayor pluralidad de la esperada de formas de pensamiento y de vida aceptadas dentro del judaísmo del periodo rabínico. Esta época solo llega a ser comprensible si se tiene en consideración la diversidad de influencias y corrientes y no solo se confía en los escritos rabínicos.

A su vez, también se ha de examinar la *estructura social* de la comunidad judía en época rabínica. Sería ingenuo aceptar que, justo después de la destrucción del Templo, hubieran sido reconocidos como los nuevos dirigentes los sabios de Yabne y después sus sucesores. ¿Cómo se impuso el liderazgo del patriarca en Palestina, del exilarca en Babilonia y el de los rabinos en ambos centros de la vida judía en época talmúdica? En este punto no hay que contar con una trayectoria desarrollada linealmente, sino que se debe presuponer una dura lucha por la hegemonía, seguramente no solo por cuestiones religiosas. También es necesario considerar el contexto económico y político en la ascensión de la nueva clase social dirigente judía, aun cuando, debido a la transmisión unidimensional, su evolución solo se pueda reconstruir con reservas. En la tradición rabínica predomina en exceso la tendencia a retrasar hasta los comienzos unas condiciones desarrolladas lentamente y de representar posiciones controvertidas como si estuvieran definidas desde los inicios, de proyectar sus ideales como si fueran realidad. Todo esto se ha de tener en cuenta si se quiere ofrecer una visión que corresponda con los hechos.

En nuestra representación del judaísmo rabínico nos esforzaremos en valorar debidamente los hechos históricos complejos, ocupándonos, al menos a modo de esbozo, de los factores determinantes de la historia externa —los desarrollos sociales y económicos y la actitud de los poderes regentes hacia la comunidad judía— e intentando retratar los contextos histórico-culturales, pero también destacando debidamente el papel de la Ley religiosa, la halaká, frente a las diversas tradiciones narrativas y a otras formas de haggadá. El judaísmo no es, en primer lugar, una religión de la fe, sino del hecho, pese a que realmente no

INTRODUCCIÓN

está tan clara la separación entre ambos. Con el tiempo los rabinos fueron capaces de ejercer su influencia de forma determinante sobre el modo de vida judío solo a través de la halaká. En cambio, las ideas religiosas de la haggadá calaron muy profundamente en el pueblo, si bien no fueron tan fáciles de regular como el comportamiento externo. Evidentemente surge la pregunta de hasta qué punto se acató *de facto* la halaká rabínica. Tampoco en este punto podemos contar con que la tradición rabínica nos ofrezca un verdadero y fiel retrato.

También debemos referirnos aquí a la *periodización de la historia* en la época que se aborda. Desde bien pronto, en la *Carta* de Serira Gaón en el siglo X y ampliamente desarrollada en el *Libro de la tradición* (*Sefer ha-Qabbalá*) de Abraham ibn Daud en el siglo XII, se impone ya una clasificación en cuatro periodos, denominados en función de los maestros rabínicos de ese tiempo: la época de los tannaítas (*tanna* del hebreo *shaná*, «repetir, aprender») llega hasta el 200 aproximadamente, la de los amoraítas (*amar*, «decir») hasta en torno el 500; a la época de los saboraítas, en los siglos VI-VII (*sabar*, «comentar»), le sigue la de los *geonim* (los reputados directores de las academias) hasta el 1040 más o menos. La designación de los diferentes maestros y de los periodos denominados a partir de ellos le imprimen a la tradición su correspondiente sello. La clasificación se realiza desde la perspectiva de los rabinos, cuyas tradiciones únicamente han estado vigentes en la historiografía judía. Para los rabinos era completamente natural dividir la historia según el desarrollo de su propia tradición de la enseñanza. Asumir esta clasificación influye directamente en la estructura del discurso histórico, un riesgo del que debemos ser conscientes.

Se puede, no obstante, justificar el planteamiento temporal aquí adoptado, sobre todo en lo que respecta a los inicios y al ocaso del periodo. Seguramente la destrucción del Templo en el año 70 no se reconoció enseguida como el acontecimiento tajante que dividió *de facto* la historia judía en dos partes; sin embargo, fue en la segunda mitad del siglo II, a más tardar, cuando se vio como un nuevo comienzo. En todo caso, la transición desde la época del Templo, en la que los sacerdotes tenían trascendencia política, a un periodo sin Templo, en el que los rabinos intentaban progresivamente imprimir su marca en la vida religiosa, fue concebida ya desde muy temprano como la fractura decisiva en la historia judía. Aunque no es tan claramente apreciable, el final del periodo gaónico no fue, sin duda, menos trascendente. La obra de los rabinos llegó a su fin: sus interpretaciones hallaron su forma escrita y fueron muy difundidas gracias al apoyo de un sistema escolar babilónico bien organizado, más allá de la esfera de influencia originaria de los rabinos. Cuando se cerraron las escuelas de Sura y Pumbedita en Babilonia, ya no se pudo evitar la propagación del pensamiento rabínico en el judaísmo de aquel tiempo. Además, cuando la primera cruzada, en el 1096, también provocó una grave fractura externa en la historia judía, esta ya se había anticipado, en cierto modo, en el pueblo judío: el centro del judaísmo ya no era ni Palestina ni Babilonia —la Diáspora judía del norte de África y Europa se había consolidado de manera independiente sobre los fundamentos establecidos por los rabinos.

I
PANORÁMICA HISTÓRICA

1
PALESTINA EN TIEMPOS DE LOS TANNAÍTAS

1. *La guerra judía y la destrucción del Templo*

Los primeros contactos entre Roma y los judíos de Palestina tuvieron lugar durante la sublevación de los Macabeos. Visto desde la perspectiva judía, en un primer momento todo parecía indicar una amistad ventajosa. Sin embargo, pronto salieron a la luz los claros intereses imperialistas de Roma. Cuando en el año 63 a.e.c. los hermanos Asmoneos Aristóbulo II e Hircano II, que mantenían una disputa, llamaron como árbitro a Pompeyo, este acabó con el problema sin más tardanza: conquistó Jerusalén y puso Judea, que oficialmente era independiente, bajo la supervisión de los legados romanos de la provincia de Siria. Otras intervenciones posteriores de Roma fueron el nombramiento de Herodes como rey (40 a.e.c.) y la ayuda militar que este recibió tres años después en la conquista de Jerusalén.

Tras la muerte de Herodes (4 a.e.c.), Judea pasó a ser gestionada por la administración romana (6 a.e.c.), exceptuando un breve periodo de interrupción durante el reinado de Agripa I (41-44). La incapacidad y la mala administración del gobernador romano favorecieron a la oposición judía, que en los comienzos solo comprendía unos pequeños sectores de la población entre los sicarios y los zelotas («los que portan una daga» y los «celosos»). Sin embargo, pronto se extendieron de igual manera por el ala radical de los fariseos y finalmente también por algunos miembros de la nobleza sacerdotal.

En el año 66 estalló la sublevación contra Roma. Los insurgentes judíos estaban en posición de ser optimistas: el Imperio romano estaba descontento con el gobierno de Nerón y, por tanto, debilitado; además, se contaba con el respaldo de los judíos del Imperio parto, lo cual resultó, en cambio, una especulación errónea. Al principio, los romanos no tomaron en serio la sublevación: los disturbios en Roma a la muerte de Nerón, en el año 68, demoraron todavía más las acciones militares de los romanos, de modo que la resistencia consiguió prolongarse durante cuatro años. Solo Tito, que se hizo cargo del mando supremo de Palestina en lugar de su padre Vespasiano, encumbrado a la categoría de César en el 69, pudo conquistar Jerusalén. El 9 de Ab del año 70 las máquinas de asedio hicieron una brecha en la muralla del Templo, al día siguiente se quemó el Templo y pronto se vio la ciudad en manos de Roma. A pesar de que la contienda duró todavía casi cuatro años más hasta que cayeron las últimas fortalezas judías (Herodion, Maqueronte, Masada), el año 70 marcó, no obstante, el final de la existencia del Estado judío.

Las consecuencias de la guerra contra Roma fueron múltiples. Los romanos organizaron la administración de Judea de nuevo. La provincia de Judea, hasta ahora supeditada al legado de Siria, en adelante pasó a ser administrada con independencia por un legado imperial y las tropas romanas fueron reforzadas; de hecho, Jerusalén, que hasta ese momento no era ninguna base militar significativa, se convirtió en el campamento de la *legio decima Fretensis*, la cual además se vio fortalecida con tropas auxiliares. Así, Cesarea dejó de ser el cuartel general del ejército, quedando como centro administrativo.

Con la guerra el territorio se fue despoblando. Flavio Josefo (BJ VI,420ss.) y Tácito (*Historia* V,13) difieren bastante en sus informes acerca de las pérdidas judías, exagerando ambos tremendamente. No obstante, J. Juster calcula que, sea como fuere, la guerra y sus consecuencias habían reducido la población judía de Palestina en torno a un tercio.

Las propiedades de los judíos caídos en la batalla o de los prisioneros (según Josefo, en BJ VII,216, toda la tierra de los judíos) fueron a parar a manos de Roma. Además, fue reorganizada la administración tanto de la propiedad imperial como del monopolio comercial. La ley de los sicarios de la Misná (por ejemplo, Git 5,6) garantizaba la readquisición por los propietarios judíos legítimos del territorio perdido en la sublevación o posteriormente; pero, a su vez, donde no era posible, quería asegurar la propiedad judía de tal territorio. Esta hay que verla probablemente en conexión con tales medidas romanas (las cuales fueron renovadas a propósito después de la sublevación de Bar Kokba. No importa aquí si el nombre de la ley deriva de los sicarios o si está relacionado con la *lex de sicariis*, que prohibía la castración y luego también la circuncisión).

La administración romana se esforzó en la reconstrucción de las localidades devastadas, con lo que se acrecentó la población gentil. Dadas sus repercusiones, el año 70 supone una fractura tan profunda en la historia judía, que en época rabínica incluso les llevó ocasionalmente a emplear una cronología «desde la destrucción del Templo» (como, por ejemplo, en las lápidas sepulcrales de Zoar, junto al Mar Muerto). Mucho más profundas que los cambios externos fueron las repercusiones internas de la destrucción del Templo. Los romanos no habían prohibido en modo alguno la reconstrucción del Templo; sin embargo, el hecho de que el *fiscus judaicus* tuviera que destinarse al templo de Júpiter Capitolino en Roma, en lugar de los impuestos del Templo, hacía escasamente plausible pensar en tal reconstrucción. Los autores de los libros apocalípticos de 4 Esdras y 2 Baruc y, de igual manera, los rabinos interpretaron la caída del Templo en el año 70 a la luz del ejemplo precedente de la destrucción del anterior santuario en el 586 a.e.c., a la que siguió en aquel momento una reconstrucción relativamente pronta. ¿Acaso no era de esperar también ahora algo parecido? Entonces, ¿qué debía de haber cambiado en su fundamento?

Los ánimos después del 70 estaban, en efecto, más decaídos que después del 586. Por lo pronto, no se hizo nada por una reconstrucción del Templo. Aparentemente la difundida crítica hacia una religiosidad orientada hacia el Templo —según lo atestiguan tanto los escritos de Qumrán como el Nuevo Testamento— surtió su efecto. La guerra y la destrucción del Templo les habían arrebatado a los distintos grupos judíos sus fundamentos, ante todo a los partidarios de la sublevación, pero también a los saduceos, centrados en torno al Templo. Por el contrario, el grupo cristiano por sí mismo ya se había separado de la comunidad judía de manera bastante evidente. Así, quedaron sobre todo los fariseos, los cuales ya antes del 70 habían aprendido a poner en práctica una religiosidad judía sin Templo, y se esforzaron en cumplir toda la Ley —incluso la concerniente al Templo— en el seno de la familia y del hogar, y en derribar el muro que separa la vida cultual de la vida profana.

El mérito de haber conducido al pueblo judío a una nueva era, después de la catástrofe del año 70, la tradición rabínica se lo atribuye a Yojanán ben Zakkay, al que se reconoce como el fundador del judaísmo rabínico. De hecho, no es posible distinguir entre la historia y la leyenda en los relatos que narran la huida de Yojanán de la Jerusalén sitiada, su actuación ante Vespasiano y el establecimiento del nuevo centro en Yabne (Git 56ab y los pasajes paralelos). Pero, después del 70 Yojanán está en Yabne, una ciudad junto al mar Mediterráneo bajo dominación imperial, y en torno a ella se reúnen allí hombres de diversas tendencias, sacerdotes, maestros de la Ley, fariseos y otros, que se esfuerzan en reconfigurar la vida judía sin Templo.

La tradición ha convertido a Yojanán ben Zakkay en el líder de los fariseos de Jerusalén antes del año 70. Sin embargo, no hay forma de probar su pertenencia al partido de los fariseos antes de esta fecha, como ha señalado J. Neusner. Parece que procedía del círculo de los maestros de la Ley, los cuales habían llegado a ser una clase influyente en la década anterior al año 70. Este ideal suyo de hacer el estudio de los textos bíblicos el centro de su vida fue adoptado por los rabinos: el estudio de la Escritura y de la tradición ligada a ella fue considerado como el equivalente del servicio en el Templo. Según testimonio rabínico, Yojanán ben Zakkay se ocupó en Yabne, en particular, de cuestiones relacionadas con los ritos y la liturgia, los cuales habían de ser regulados de nuevo después de la destrucción del Templo. No obstante, no sabemos cuál fue el alcance de todo aquello para los judíos de Palestina, pues probablemente muchos no se enteraron de la tarea de Yojanán. Tampoco los romanos reconocieron jamás a Yojanán como el representante de los judíos de Palestina, a lo sumo toleraron su actividad. La importancia de este aventurado nuevo comienzo en Yabne se habría de mostrar solo con posterioridad.

No se sabe durante cuánto tiempo Yojanán ben Zakkay dirigió este nuevo centro en Yabne. Pronto, entre el 80 y 90, ocupó su puesto Gamaliel II, el hijo de Simeón ben Gamaliel I, un líder fariseo de la época anterior al 70. Probablemente por su origen Gamaliel estaba en mejores condiciones que Yojanán ben Zakkay, al que muchos veían como a un prófugo, para darle el gran respaldo que el proyecto de Yabne requería. Algunos relatos tardíos (Ber 27b-28a y textos paralelos) informan de una destitución temporal de Gamaliel: un representante de la antigua clase dirigente, el sacerdote y descendiente de Esdras, Eleazar ben Azaria, lo sustituyó por un breve periodo. En tales relatos se evidencia que en el relevo de los sacerdotes por los rabinos podría haber surgido más de un problema. No obstante, el relato no se debe utilizar como argumento histórico.

La tradición de Eduy 7,7, según la cual Gamaliel se desplazó a Siria para obtener un permiso del gobierno, podría evidenciar sus esfuerzos en entablar unas buenas relaciones con las autoridades romanas. No obstante, no es posible documentar si los romanos reconocieron su papel de líder con este gesto. Tampoco un viaje de Gamaliel con otros rabinos a Roma, a menudo citado en la literatura rabínica (SDt § 43, F. 94s.; BB 74b; etc.), apenas se puede catalogar de delegación oficial, la cual habría intervenido ante el gobierno romano. Ni siquiera lo atestigua la amenazante persecución de los judíos bajo Domiciano, con frecuencia mencionada como pretexto del viaje, a pesar de que este emperador hiciera ajusticiar a miembros de su propia familia por sus simpatías hacia el judaísmo.

A menudo leemos acerca de un «sínodo de Yabne» que cerró el canon de la Biblia bajo la autoridad de Gamaliel en torno a los años 80-90 y que dio lugar a una separación del cristianismo mediante la nueva versión de la *Bendición contra los herejes* en la plegaria de las *Dieciocho bendiciones*. Este «sínodo» es una creación de H. Graetz en el siglo XIX que resulta insostenible. Más bien, esta fórmula concentra de forma ficticia una serie de decisiones importantes acaecidas en un periodo de tiempo más dilatado (entre el 70 y el 132). En la recuperación de la comunidad judía después del 70 seguramente fueron muchos los que se esforzaron en conseguir la mayor unidad posible. Podría ponerse en duda si un medio idóneo para ello fue esta inserción atribuida a Gamaliel de la maldición contra los *minim*, los «desviados» de la tendencia general, en la plegaria diaria. El empeño de Yabne en aclarar el estatus de algunos libros bíblicos toca solo de pasada la cuestión del canon y de ninguna manera significó su fijación definitiva. En cualquier caso, ambas medidas son consideradas una reacción contra el cristianismo incipiente, pero en realidad apuntaban contra todas las amenazas a la unidad judía y no solo contra un único grupo. No sabemos con exactitud a lo que dieron lugar, pues más bien su éxito fue a largo plazo.

No conocemos la fecha del fallecimiento de Gamaliel II. Por lo general, su muerte se sitúa en los años comprendidos entre el 100 y el 120. La dirección del centro de Yabne no fue a parar directamente a manos de su hijo mayor Simeón. En los años precedentes al estallido del levantamiento de Bar Kokba en el 132 Yabne tuvo menos notoriedad que la autoridad de algunos maestros sobresalientes como Aqiba o Yismael. A ellos se les atribuyen principios fuertemente divergentes en la interpretación de las Escrituras a la hora de deducir sistemáticamente la halaká de la Biblia. Mientras que Yismael habría ejercido su actividad en el sur de Judea, Aqiba habría enseñado, sobre todo, en Bene Beraq, cerca de la actual Tel Aviv. Además, existieron otros centros de erudición rabínica, entre los que hay que señalar especialmente Lod.

2. *La sublevación de Bar Kokba*

Durante la campaña de Trajano contra los partos estalló en el 115 un levantamiento de la Diáspora judía, que, según parece, tenía tintes mesiánicos. Abarcó a las comunidades judías de Egipto, la provincia Cirenaica, Chipre y finalmente también la zona parta que Trajano acababa recientemente de conquistar. De hecho, hasta el 117 las tropas romanas no consiguieron contener la insurrección.

Es tema de discusión si también los judíos de Palestina tomaron parte en el levantamiento. A favor de ello da testimonio una noticia en la *Vida de Adriano* V 2 de la *Historia Augusta*: en los comienzos del gobierno de Adriano (en el año 117) también Libia y Palestina habrían demostrado su espíritu de rebelión. Este vago dato e igualmente las difusas alusiones en los textos de los Padres de la Iglesia podrían ser corroboradas por el hecho de que el general de Trajano, Lusio Quieto, el cual contuvo el levantamiento junto con Q. Marcio Turbo, fue designado después gobernador de Palestina. Los textos rabínicos también hablan repetidas veces de una guerra de Qitos (Sot 9,14 y otros pasajes), que a menudo se entiende como la represión del levantamiento en Palestina por parte de Lusio Quieto. Sin embargo, no hay pruebas seguras, literarias o arqueológicas, de ningún tipo de acciones militares romanas en Palestina durante esta época. Hay que aceptar entonces que los judíos de Palestina se mantuvieron al margen de este levantamiento y que el envío de Quieto como gobernador de este territorio fue una mera medida de prevención.

El último gran levantamiento judío contra Roma se desencadenó en el año 132. Se discute qué fue lo que condujo a esta insurrección. Algunos suponen que la inquietud latente desde la revuelta de la Diáspora del 115 al 117 desembocó finalmente en este levantamiento de los años 132-135. Probablemente estarían en lo cierto aquellos testimonios según los cuales la decisión de Adriano (que visitó Jerusalén en el año 130) de reconstruir la ciudad como la colonia romana Aelia Capitolina condujo a los judíos a acometer su último intento desesperado de oposición (así Dion Casio LXIX 12,1-2). En cambio, otros textos (por ejemplo, *Historia eclesiástica* de Eusebio IV 6,4) ven la construcción de Aelia Capitolina no como la causa, sino como la consecuencia de la insurrección. También la exacerbada prohibición de Adriano sobre la circuncisión, la cual fue equiparada a la castración, podría haber sido un motivo para el levantamiento y no simplemente haberse decretado como castigo después de la victoria sobre los judíos sediciosos. Tras la partida de Adriano, al principio todo permaneció en calma. Solo en el 132 se desencadenó la revuelta, a la que los romanos —como ya en el año 66— no tomaron suficientemente en serio en un primer momento. Así fue cómo los sediciosos lograron ocupar otras zonas del sur de Judea. Sin embargo, aparentemente no pudieron conquistar Jerusalén y parece que tampoco consiguieron con el levantamiento hacerse con Galilea.

El líder de los sediciosos fue Simeón bar Kosiba, al que sus partidarios tenían por el Mesías. Incluso Aqiba lo habría reconocido como

Mesías, al ver cumplido en él la profecía de la estrella de la casa de Judá de Nm 24,17 (TJ Taa 4,8 68d). Conforme a Nm 24,17, cambiaron su nombre a Bar Kokba, «hijo de la estrella». En 1952 se hallaron en el Wadi Murabaat, junto al Mar Muerto, documentos del entorno de Bar Kokba y en 1961-1962 en las proximidades de Nahal Hever se encontraron cartas con su firma, valiosos testimonios de la vida diaria de un hombre sobre el que la tradición rabínica guardó silencio casi por completo después de su fracaso.

Según se infiere de las cartas, justo después de los primeros éxitos, Bar Kokba se empleó a fondo en organizar una rigurosa administración judía y utilizar las grandes haciendas imperiales de Judea para los menesteres de su ejército. Como símbolo de la recién ganada independencia hizo acuñar monedas, que se han encontrado en gran número. A menudo simplemente son acuñaciones sobre piezas romanas, que están datadas de comienzos del levantamiento, como por ejemplo: «año 2 de la liberación de Jerusalén», o con la inscripción «Simeón, príncipe de Israel». Muchas monedas muestran un Templo estilizado, anunciando su esperada reconstrucción. El llamado sacerdote Eleazar en las monedas fue visto probablemente como el futuro sumo sacerdote.

La reacción por parte de los romanos fue lenta. El gobernador Tineyo Rufo no llegó a hacerse con el control de la situación, de manera que fueron necesarias tropas auxiliares de las provincias vecinas. De hecho, el legado de Siria C. Publio Marcelo fue en auxilio del gobernador como comandante de la tropa, pero también sin éxito. Por eso, en el año 134 fue enviado al frente uno de los mejores generales romanos, el gobernador de Britania S. Julio Severo. A continuación, siguió una larga guerra de guerrillas. La única ciudad fortificada en manos de los sediciosos fue Betar, situada a solo unos pocos kilómetros de Jerusalén; pero, en el año 135, según la tradición el día 9 de Ab, el aniversario de la toma de los dos Templos por Nabucodonosor y por Tito, se pudo conquistar también esta fortaleza. Este fue el final de una sublevación que por ambas partes se había cobrado un desmesurado tributo sangriento.

Los problemas de los primeros años de posguerra fueron los mismos que después del 70. Julio Severo permaneció como gobernador de la provincia, a la que hizo falta reorganizar. Cambiaron su nombre de «Judea» por el de «Siria Palestina». El nombre de Jerusalén desapareció del uso oficial: los romanos materializaron su antiguo plan y erigieron en Jerusalén su ciudad, Aelia Capitolina, denominada así por Aelio Adriano y Júpiter Capitolino. En el lugar del Templo judío colocaron una estatua de Júpiter. La entrada a la ciudad y a sus alrededores les fue prohibida a los judíos bajo pena de muerte. Únicamente en el aniversario de la destrucción del Templo se les permitía venir a Jerusalén para lamentar su desgracia.

También las consecuencias económicas fueron abrumadoras. Si bien son exagerados los datos numéricos a los que alude la tradición rabínica acerca de los fallecidos en la sublevación, la impresión que se desprende de estos drásticos relatos (por ejemplo, en TJ Taa 4,8 68d-69a) puede corroborarse mediante sobrias constataciones. Numerosos nombres de poblaciones judías de época de la sublevación nunca más fueron referidos con posterioridad. M. Avi-Yonah calcula que casi la mitad de los judíos de Palestina no sobrevivieron a la insurrección.

Por aquel entonces aumentaron las propiedades judías que pasaron a manos de los romanos (según también sugiere el relato rabínico sobre el viñedo de Adriano, en cuyas lindes se amontonaban los muertos de Betar). La ley de los sicarios y otras medidas similares fueron cada vez más necesarias para devolver la tierra a los judíos.

La situación se agravó por causa de la fuerte emigración hacia la Diáspora de la población desesperada, sobre todo hacia la vecina Siria. Por el contrario, los rabinos intentaron motivar a los judíos a permanecer en Tierra Santa mediante resoluciones religiosas halákicas. En la misma tónica, desarrollaron una marcada teología de la santidad de Israel. No se puede constatar hasta qué punto fue exitosa. En cualquier caso, la sublevación de Bar Kokba tuvo un resultado de amplio alcance: desde entonces los judíos fueron una pequeña minoría en Judea; el centro de la vida judía se había desplazado a Galilea, donde todavía continuaban siendo la mayoría.

Las diferentes medidas de los romanos contra la práctica de la religión judía caracterizaron los años de posguerra. Según destaca la tradición judía exagerando, se constituyó «un periodo de persecución». Temporalmente fueron revocados distintos privilegios, concedidos a los judíos tiempo atrás, en relación al descanso sabático y al derecho de reunión y la prohibición de la circuncisión fue observada estrictamente. Algunos que no se atuvieron a estas prohibiciones fueron ajusticiados, entre los que se encontraba también Aqiba, el simpatizante de Bar Kokba.

3. *Usha y Bet Shearim: la estabilización de la situación*

Tras la muerte de Adriano en el año 138 estas medidas fueron revocadas. La situación se calmó: los judíos de Palestina comprendieron la inutilidad de las revueltas contra Roma. Los romanos no tenían interés en una persecución religiosa, mientras que la tranquilidad y la unidad del Imperio estuvieran aseguradas. Antonino Pío de nuevo permitió a los judíos la circuncisión, aunque únicamente la de sus hijos. No se les consintió, sin embargo, ampliar ese privilegio: la circuncisión de los no judíos continuó siendo considerada igual que la castración desde el punto de vista del derecho penal. Con ello la conversión de los hombres al judaísmo, en teoría, se había hecho imposible; no obstante, parece que apenas se preocuparon de esta prohibición, pues siguió adelante la admisión de prosélitos.

A pesar de que el veto de entrar en Jerusalén se mantenía, este no se podía controlar por completo, de manera que hubo peregrinaciones judías a Jerusalén. Incluso parece que un grupo orientado a una forma de vida ascética, los «dolientes de Sión», consiguieron establecerse en Jerusalén sin causar revuelo. En cualquier caso, un gran asentamiento de judíos o bien de judeocristianos ya no fue posible nunca más en Aelia Capitolina.

Con todo, Jerusalén no era por aquel entonces el problema más importante, ya que todavía no estaba todo ganado con el hecho de haber revocado la prohibición de la circuncisión y de otras medidas romanas contra la práctica de la religión judía. En buena medida, la sublevación de Bar Kokba había echado por tierra la obra de los maestros de Yabne y Aqiba había pagado con su muerte su oposición a Roma. Entonces, tuvieron que invertir sus esfuerzos en reconstruir lo que habían llevado a cabo en Yabne: en renovar el modelo de vida judía sin Templo y sin ambiciones políticas allí desarrollado.

Después del 135 Yabne ya no fue el lugar apropiado como sede, debido a que Judea había dejado de ser el centro de la vida religiosa en Palestina. Además, numerosos rabinos habían huido del país. La tradición babilónica tardía (Sanh 14a; AZ 8a) describe el nuevo comienzo: Yehudá ben Baba ordenó en las proximidades de Usha, en la Alta Galilea, a cinco discípulos de Aqiba y, al ser descubierto en este asunto por los romanos, fue asesinado. La idea de la ordenación de rabinos es una idealización posterior: el relato supera la fractura entre Yabne y la generación posterior a Bar Kokba. Entre aquellos a los que Yehudá podría haber ordenado se encontraban, entre otros, Rabbí Meir y Rabbí Simeón bar Yojay, dos de los más grandes maestros de la época siguiente a Bar Kokba. Estos y otros rabinos, que se reunieron en Usha, tuvieron éxito en su empresa de darle nueva vida a la tradición rabínica. Simeón, el hijo de Gamaliel II, no formó parte de lo que estaba ocurriendo en Usha, sino que fue solo después, al igual que otros maestros, cuando se unió al grupo y pronto se convirtió en un destacado dirigente. Entre los rabinos se impuso una posición pragmática frente a Roma, de manera que fueron escasas las muestras de animadversión abierta en la segunda mitad del siglo.

Los relatos sobre las relaciones entre «Antonino y Rabbí» (por ejemplo, AZ 10ab) plasman la transformación que experimentaron las relaciones entre judíos y romanos. No tuvieron éxito los esfuerzos por identificar al interlocutor de Rabbí, es decir, Yehudá ha-Nasí, el hijo y descendiente de Simeón ben Gamaliel II. Aparentemente estos relatos tipifican y sobrepasan la memoria histórica. En el caso de que tuvieran un germen histórico, con Antonino podrían haberse referido seguramente a Caracalla (cuyo nombre oficial era Antonino), cuya imagen quizás podría estar diluida por los relatos acerca de Marco Aurelio. Sea como fuere, estos relatos, bien parcialmente históricos o ni siquiera eso, serían impensables en una atmósfera de relaciones tirantes entre los judíos de Palestina y Roma.

Mucho más problemática que el vínculo con Roma tendría que haber sido la relación del patriarca con la población judía de Galilea. Desde siempre la población arraigada a esta zona pasaba por ser poco fiel a la Ley. Después del traslado del centro rabínico al norte, se esforzaron por imponer la halaká rabínica y por darle realce en la vida diaria, especialmente en la agricultura y en el comercio. No obstante, los rabinos solo lo lograron con mucha calma y nunca por completo; más bien, fueron ellos los que tuvieron que adaptarse en algunos puntos a las condiciones.

A pesar de todo, tuvieron éxito los sabios de Usha y después de Bet Shearim y Séforis, adonde el hijo de Simeón, Yehudá ha-Nasí, se trasladó para poner en marcha el desarrollo de un judaísmo bajo los auspicios rabínicos. La preocupación por un calendario fijo y estandarizado posibilitó una muestra de unidad entre los judíos de Palestina y de la Diáspora, los cuales celebraban al unísono las fiestas tradicionales en la fecha que dictaminaba el patriarca. A la larga fue incluso más importante la recopilación de la ley religiosa tradicional. Esta labor, que desembocó en las grandes obras de la Misná y de la Tosefta, en las que se basaron los trabajos posteriores de época talmúdica, sin duda ya tenía sus cimientos en Yabne. Pero solo en ese momento el proyecto llegó a la fase crucial: preparado ya por eruditos como Aqiba, el trabajo fue impulsado después del 138, en particular, por R. Meir y culminó con éxito a comienzos del siglo III bajo la dirección de Rabbí, al que la tradición considera el redactor de la Misná. A más tardar cincuenta años después de Rabbí, los rabinos contemplaban la Misná como la ley religiosa obligatoria (aun cuando no era posible cumplir en la práctica con gran parte de esta). Junto a la Biblia, la Misná fue el segundo pilar de la vida judía. Con ello se aseguraba la supervivencia del judaísmo sin Templo y sin Estado.

2

PALESTINA EN TIEMPOS DE LOS AMORAÍTAS

1. *La crisis del Imperio romano en el siglo III*

A comienzos del siglo III se habían estabilizado, en cierta medida, las relaciones de los judíos de Palestina con el gobierno romano. En general, la dinastía de los Severos (193-235) sentía simpatía por los judíos y, al mismo tiempo, la situación económica era propicia. Se puede interpretar también positivamente un hecho que afectó no solo a los judíos, sino a todo el Imperio romano: la proclamación de la Constitución Antoniana por parte de Caracalla en el año 212. Gracias a esta ley consiguieron el derecho de ciudadanía romana todos los habitantes de las provincias y con ella también los judíos. En realidad, el objetivo que había detrás de esto era, sobre todo, conseguir ensanchar la base de los contribuyentes y con ello sustentar la economía del Estado. Desde ese momento los judíos también podían ser en mayor número miembros de los consejos de la ciudad. Esto era un honor costoso, pues los miembros de la curia eran responsables de la suma total de los impuestos de su comunidad; además, tenían que realizar ciertos gastos de su propio bolsillo para su comunidad, de manera que R. Yojanán, más o menos a mediados de siglo, le aconsejó a uno que había sido escogido para la curia huir por el Jordán: «Si te han nombrado [miembro] de la *boulē* (consejo de la ciudad), que sea el Jordán tu frontera» (TJ Sanh 8,2 26ab), ya que el versículo de Gn 23,12: «Sálvame de la mano de mi hermano, de la mano de Esaú» (es decir, de Roma) se refiere al «malvado imperio, el cual echa un ojo envidioso a los bienes del hombre: si fulano es rico, lo haremos arconte (magistrado de la ciudad), si mengano es rico, lo haremos *bouleutēs* (miembro del consejo de la ciudad)» (GnR 76,6; Th-A 904).

A comienzos del siglo III los emperadores ya estaban lo suficientemente consolidados para hacer prevalecer una política continuada. En Judea y

Samaria se fundaron una serie de ciudades, lo que conllevó una intensa actividad en la construcción, a la par que la población no judía de la región se fortaleció todavía más y la vida diaria se fue helenizando paulatinamente. Las antiguas colonias Aelia Capitolina, Cesarea y Flavia Neápolis prosperaron. Entre otras fueron nuevas fundaciones Eleutherópolis, en el lugar de Bet Gubrin en el sur, Lod, refundada como Dióspolis, y Diocesarea, en lugar de Séforis en la Baja Galilea. Esta urbanización del territorio, acompañada por la construcción de vías militares, sin duda afectó a Galilea, ahora centro del asentamiento judío, menos que al resto del país.

El deterioro de la situación económica, que ya había comenzado bajo el dominio de los Severos, llegó a ser amenazante bajo el mandato de los emperadores soldados, los cuales se sucedieron uno tras otro con rapidez entre el 235 y el 284. Su rápida sucesión no permitió un programa económico a largo plazo. Los gastos militares sobrepasaron de lejos los ingresos fiscales, lo que condujo a una inflación cada vez más vertiginosa y a un abandono casi total de la economía monetaria. Junto a los impuestos en dinero, que sobre todo afectaban a la población urbana, ahora eran cada vez mayores las contribuciones en especie, con las que se abastecían las tropas romanas, pero además tenían que ser cubiertas otras necesidades de la administración estatal. En particular, estos tributos afectaron a los campesinos, que formaban la gran mayoría de la población judía de Galilea. A esto se añadieron frecuentes servicios obligatorios. Durante las campañas contra Persia, Palestina fue una de las zonas de concentración y de paso del ejército romano, por lo que se vio especialmente afectada por las cargas de la guerra. Como consecuencia de esta presión económica muchos abandonaron la agricultura; de hecho, algunos de los que se decantaron por el éxodo rural se unieron a bandas de ladrones, que convirtieron el territorio en un lugar cada vez más inseguro.

La extensa literatura rabínica nos ha transmitido numerosas quejas acerca de las cosechas que se iban reduciendo, la hambruna, las epidemias y la inflación. Esto podría dar la impresión de que Palestina se había visto especialmente tocada por la crisis económica del Imperio. El hecho de que una serie de asentamientos no sean mencionados nunca más resulta para muchos una prueba de que la población judía menguó como consecuencia de la crisis, bien porque descendió la tasa de natalidad debido a la pésima situación o porque mucha gente abandonó el país y emigró a las provincias vecinas o al Imperio persa. Las nuevas investigaciones arqueológicas no son inequívocas: unos encuentran indicios de una merma de la población de Galilea a finales del siglo III y durante el siglo IV; en contra, otros ven una población mucho más densa en todo el territorio desde mediados del siglo III y deducen un bienestar duradero a partir de la difusión de cerámicas de gran calidad, de los lujosos monumentos funerarios y de la construcción de nuevas sinagogas. Resulta discutible si se deben datar estas sinagogas en una fecha tan temprana. Sin lugar a dudas, no es posible responder a la cuestión de con qué virulencia la crisis del siglo III afectó a Palestina.

En este contexto adquiere especial relevancia un episodio: cuando el emperador Valeriano fue hecho prisionero durante su campaña contra los persas, la ciudad siria de Palmira, enclave comercial y caravanero, cobró un gran significado. Entre el 260 y el 273 el príncipe de Palmira, Odenato, y después de él su viuda Zenobia administraron con gran autonomía extensos territorios en el oeste del Imperio romano; precisamente Palestina perteneció al área de influencia de Palmira. Al principio los judíos, que también eran numerosos en Palmira, depositaron grandes esperanzas en esta dinastía, aunque rápidamente se desilusionaron. Así, en la literatura rabínica se encuentran dichos enconados contra Palmira, con cuya caída una vez más se depositaron las esperanzas en la irrupción de un reino mesiánico.

La estabilización del Imperio romano y con ella también de las condiciones políticas y económicas llegó únicamente bajo Diocleciano (284-305), el cual combatió la inflación con éxito, renovó el sistema monetario y llevó a cabo una gran reforma administrativa, con la que además modificó las fronteras de Palestina. La provincia perdió algunos territorios en el norte, pero a cambio recibió por el sur partes de la provincia de Arabia. Después de Caracalla, Diocleciano fue el primer emperador que visitó Palestina: se detuvo allí en el año 286 y de nuevo en el 297. Dejó tras de sí una impresión duradera en la población judía. A menudo es mencionado en las fuentes rabínicas y es el único caso de un emperador romano retratado de forma bastante objetiva y sin demasiados accesorios legendarios. El Talmud nos informa con satisfacción de que los judíos, como único grupo, fueron dispensados bajo Diocleciano de las libaciones generalmente exigidas como muestra de lealtad (TJ AZ 5,4 44d). En aquel tiempo los samaritanos ofrecían las libaciones requeridas, lo cual fue el pretexto que encontraron los rabinos para prohibir por motivos religiosos el vino producido o vendido por los samaritanos.

2. *La cristianización del Imperio romano: las consecuencias en Palestina*

Una fractura profunda en la historia del Imperio romano, especialmente para los judíos, tuvo lugar con el acercamiento de Constantino hacia el cristianismo. Gracias a su victoria en el Puente Milvio en el 312 había llegado a ser el soberano único de la parte occidental del Imperio. En el 313 alcanzó un acuerdo con Licinio, el Augusto del Oriente, con el llamado «Edicto de Milán», un edicto general de tolerancia, que resultaba provechoso particularmente para el cristianismo. En el 324, tras largas disputas, Constantino derrotó a Licinio en Crisópolis, frente a la que después sería la ciudad de Constantinopla, y con ello se convirtió en el soberano único sobre la totalidad del Imperio romano. Su política filocristiana también repercutió en aquel tiempo en Palestina. Al principio reinó una libertad religiosa generalizada, en la que el cristianismo, como también ya antes el judaísmo, alcanzó el estatus de una *religio licita*, una religión permitida; de hecho, el cristianismo fue auspiciado frente a otras religiones.

Hasta la época de Constantino existieron pocos cristianos en Palestina. Según informa Hegesipo, la comunidad originaria, principalmente judeocristiana, había huido durante los comienzos de la insurrección judía contra Roma a Pella, en la Transjordania. Probablemente algunos volvieron después del 70, pero con la fundación de Aelia Capitolina en el año 135 se les prohibió la entrada a la ciudad a todos los circuncisos, con ello también a los judeocristianos; únicamente a los cristianos de origen no judío se les permitió que permanecieran. Solo en el siglo III los cristianos experimentaron un gran crecimiento en Palestina, especialmente cuando Cesarea se convirtió en un centro cristiano, donde Orígenes enseñó y más tarde Eusebio llegó a ser obispo.

Bajo el dominio de Constantino se extendieron las comunidades cristianas por toda Palestina, pero sobre todo en la llanura costera. Por entonces desarrollaron también los peregrinajes cristianos de grandes dimensiones: la noticia más antigua que nos ha llegado acerca de una peregrinación es la de un hombre de Burdeos en el 333. En los lugares conmemorativos cristianos se erigieron grandes iglesias, que financiaron Constantino o su madre Helena. Entre las construidas por aquel tiempo está la iglesia del Santo Sepulcro en Jerusalén y la Iglesia de la Natividad en Belén. Las peregrinaciones y la construcción de iglesias le dieron al territorio un impulso económico, del que seguramente también los judíos tomaron parte. Pero al mismo tiempo, empujados en el fondo por la inmigración cristiana, se fueron convirtiendo cada vez más en forasteros en su propio país.

¿Cómo reaccionaron los judíos ante este cambio? Ante todo hay que constatar una nueva reavivación de la esperanza mesiánica. Un añadido tardío de la Misná (Sot 9,15) considera el giro del gobierno hacia la *minut*, con la que se alude al cristianismo en este contexto, como un presagio sobre el Mesías. Sin embargo, esta esperanza mesiánica no se tradujo en hechos. Aunque Juan Crisóstomo (*Contra los judíos* V 11) informa de un levantamiento judío bajo Constantino, este no está documentado en ningún otro lugar. Por tanto, se ha de tomar como un error del Padre de la Iglesia o pensar solo en un pequeño episodio local.

Tampoco los judíos se convirtieron al cristianismo —al menos no a gran escala— por causa de la nueva situación. Una excepción famosa es la del *comes* José, del que informa Epifanio de Salamis, el cual era natural de Palestina (*Panarion* XXX 4ss., GCS XXV 338-348). José era miembro de la casa del patriarca en Tiberias, se convirtió al cristianismo en secreto y en un viaje a Asia Menor fue identificado como cristiano por los judíos locales. El emperador lo designó *comes* (un título de funcionario de alto rango) y le encomendó la difusión del cristianismo en Galilea; sin embargo, no tuvo éxito en esta empresa.

En los años 352/353 los judíos de Palestina se habrían rebelado contra Galo, el cual fue César del Oriente bajo Constantino II (337-361) y, por consiguiente, responsable de Palestina. Sexto Aurelio Víctor informa de la represión de una revuelta de los judíos, que habían designado a un tal Patricio como una especie de rey (*Liber de Caesaribus* XLII 9-12). Jerónimo (*Chronikon* 282, Olymp., GCS XXIV 238) completa esta noticia con otros detalles: los judíos mataron a unos soldados romanos durante un ataque nocturno y tomaron sus armas como botín, pero Galo sofocó a los sediciosos e hizo incendiar numerosas poblaciones, entre ellas Diocesarea (Séforis), Tiberias y Dióspolis (Lod). Los textos rabínicos sobre el general Ursicino suelen asociarse a los sucesos acaecidos bajo el dominio de Galo. No obstante, no son lo bastante inequívocos como para tener un retrato nítido de esa revuelta. Así, no está claro si Patricio era en realidad un judío o nada más que un oficial romano, al que las tropas en Séforis lo habían proclamado nuevo gobernante —por aquel entonces era frecuente la aparición de usurpadores—. Quizás solo con posterioridad se habrían unido los judíos al motín de la guarnición romana.

Tampoco son seguras las consecuencias de la insurrección. Únicamente en Bet Shearim las excavaciones documentan que la población con su sinagoga fue destruida poco antes del 350, quizás a causa de ese levantamiento. Respecto a los otros lugares apenas hay evidencias arqueológicas (tampoco en Séforis que ha sido excavada a fondo) que con seguridad puedan ser interpretadas como secuelas de la sublevación. Tal vez se produjeron pequeños disturbios locales, pero no son suficientes las tradiciones literarias para hablar de una insurrección contra Roma de los judíos de Palestina (en lugar de, como mucho, una pequeña parte de la población judía).

En el año 368/369 se habría introducido un calendario judío fijo bajo el patriarca Hillel II. Era un antiguo privilegio del patriarca adaptar con su tribunal el calendario lunar litúrgico al calendario solar cada cierto tiempo, de modo que las fiestas del calendario judío también cayeran en la época del año correcta. El anuncio de los datos acerca de las fiestas por parte del patriarca era para este una manera de ejercer su influencia sobre las comunidades judías, incluso sobre las que estaban en la Diáspora. ¿Por qué tendría que haber renunciado de repente a ello? El motivo se ve en la disputa referente a la Pascua entre aquellos cristianos que querían celebrar la fiesta con los judíos, el 14 de Nisán (los «cuartodecimanos»), y los otros según los cuales la Pascua habría de celebrarse siempre en domingo como día de la resurrección. Constantino se decidió por la fecha del domingo en una carta dirigida a los Padres del concilio de Nicea en el año 325. Para que desde aquel momento los cuartodecimanos ya no pudieran seguir ateniéndose al calendario judío, el gobierno romano impidió el envío de mensajeros del patriarca, los cuales tenían que dar a conocer la fecha de Pesaj y así poder servir también a los cuartodecimanos como punto de referencia. Igual de plausible suena también esta causa: la tradición del calendario fijo está atestiguada por primera vez en el siglo XII; la historia del calendario judío indica que este tampoco fue unitario durante mucho después del 358. Por consiguiente, tampoco se sostiene la tradición sobre Hillel II.

3. *Juliano y la reconstrucción del Templo*

El ascenso del cristianismo fue interrumpido bruscamente cuando Juliano —descalificado en la tradición cristiana como el «apóstata»— se convirtió en emperador en el 361. Poco después del comienzo de su mandato, el simpatizante de la antigua religión pagana emitió un edito de tolerancia que conllevó la total libertad religiosa, con preferencia de los cultos griegos. Dentro del cristianismo fomentó la disputa entre los distintos grupos, esperando un debilitamiento de la Iglesia.

En su escrito *Contra los galileos* Juliano reconoce al Dios del Antiguo Testamento como el Dios supremo del Universo. Para él este es el Dios del pueblo judío, aunque los judíos deberían honrar también a los dioses de los otros pueblos. Juliano rechaza la idea del pueblo elegido por los escasos beneficios del judaísmo y de su trágica historia. Sin embargo, alaba la fidelidad de los judíos hacia su Dios y elogia el culto del Templo. En este punto encuentra paralelos con la religión helenística: «Templo, lugares santos, altares sacrificiales, ritos de purificación, normas, en las que nosotros no nos diferenciamos en nada o solo un poco». Juliano se adhiere expresamente al Dios de Abraham, Isaac y Jacob, mientras que no quiere tener nada que ver los cristianos.

De este aprecio por la religión judía surgió la concepción de Juliano de que los judíos deberían reanudar su servicio religioso sacrificial, de manera que decidió permitir la reconstrucción del Templo de Jerusalén. Los pormenores de este episodio en la historia judía son difíciles de reconstruir. La empresa fracasó rápidamente, no fue mencionada en las fuentes judías y los cristianos la utilizaron solo como propaganda antijudía. No nos han llegado documentos de Juliano, ya que sufrió la *damnatio memoriae* tras su temprana muerte en el Imperio persa, en el 363, y la consecuente restauración cristiana. Por tanto, no existe ninguna información coherente sobre los eventos —solo con cautela podemos servirnos de los relatos cristianos debido a su polémica tendencia.

Cuando Juliano llegó a Antioquía en el año 362, supuestamente ya había decidido la reconstrucción del Templo; sin embargo, teniendo en cuenta la opinión pública, deseaba que los judíos se lo solicitaran previamente. En consecuencia, en Antioquía acogió a una delegación judía. Ante la corte reunida les preguntó por qué no habían ofrecido ningún sacrificio y recibió como respuesta que esto solo les estaría permitido en el Templo de Jerusalén. Así, les dio su consentimiento para reconstruir su santuario.

Probablemente el patriarca judío no estuvo presente en esta audiencia. Él no se habría alegrado demasiado por este proyecto puesto en marcha por la parte pagana, a pesar de que no estuviera en condiciones de oponerse. Su éxito habría significado la reinstauración del predominio sacerdotal y con él el derrocamiento del patriarca y de los rabinos. Tal vez Juliano informó al patriarca y le pidió su cooperación, pero no es posible darlo por seguro.

Un alto funcionario imperial, Alipio, fue designado jefe de obra. En mayo del 363 comenzaron los preparativos de la explanada del Templo para su construcción, pero pronto un terremoto interrumpió el trabajo y algunos obreros perdieron la vida en un incendio en el recinto del santuario. Esto fue motivo suficiente para suspender temporalmente los trabajos. Se le envió un informe a Juliano a Persia, aunque es posible que ya no le llegara. Después de la muerte de Juliano se volvió a las condiciones anteriores y lo que podría haber cambiado el rumbo de la historia judía quedó simplemente como un episodio bastante desapercibido.

4. *La legislación judía de los emperadores cristianos*

Desde que Constantino se volvió hacia el cristianismo, pronto se hizo patente la influencia cristiana en la legislación del Imperio, lo que repercutió en las condiciones jurídicas de los judíos. Esta nueva legislación sobre los judíos no se desarrolló metódicamente, sino que consistió, más bien, en una recopilación de decisiones tomadas en casos concretos y todavía fuertemente marcadas por la antigua tradición legislativa romana. En primer lugar, reúnen los materiales sistemáticamente el *Codex Theodosianus* del año 438 y el *Codex Justinianus* del año 529, completados después con *novellae* («leyes adicionales»). Una fuente jurídica suplementaria la forman las *Constituciones Sirmondianas*, una recopilación de leyes eclesiásticas redactada entre el 425 y el 438 en las Galias o en el norte de África.

Una serie de estas nuevas leyes concernía a la participación de los judíos en las curias, es decir, en los consejos municipales, y a su empleo en el servicio público. Como ya se ha dicho, desde el 212 los judíos también fueron ciudadanos romanos, de manera que estuvieron obligados a tomar parte en los consejos municipales. En repetidas ocasiones pusieron sus esfuerzos en librarse de ese costoso honor. Una ley de Constantino del año 330 dispensaba a los funcionarios religiosos judíos, igual que a los sacerdotes paganos y cristianos, de los *munera* («cargos») en los consejos municipales. Se vieron afectados por esta ley la casa del patriarca, los responsables de las sinagogas y otros. Desde el 383 esta dispensa de los judíos que estaban al servicio de su religión de forma oficial era válida únicamente en el caso de que pusieran sustitutos. En el 397 la exención se constata otra vez, la cual fue revocada en el 398 por circunstancias especiales para los miembros de cualquier religión en el occidente del Imperio.

Ya en el 404 judíos y samaritanos fueron excluidos del servicio imperial y en el 418 de los puestos estatales en general. En el 527 Justiniano renovó esta ley, que afectaba también a los herejes cristianos: les fue prohibido el acceso a la administración pública y al ejército, así como también la enseñanza en las escuelas superiores. En adelante solo se les permitió desempeñar funciones totalmente secundarias en el servicio público. Algunos ven también aquí la exclusión de la curia, pero esta interpretación es dudosa. Detrás de esas leyes se encontraba la opinión de que un infiel no debía ejercer ningún poder sobre los cristianos. Probablemente estas no afectaron demasiado a los judíos, ni en Palestina ni en la Diáspora, e incluso convinieron a la creciente tendencia de los judíos a apartarse de la vida pública.

En el capítulo sobre la institución del Patriarcado se abordará con mayor profundidad el tema de que la legislación potenciaba la independencia administrativa judía, siempre que fuera en interés del Estado. Pero tan pronto como el Estado creyó que no necesitaba estos órganos de autogestión, los suprimió.

Al menos igual de importante que el autogobierno fue para los judíos el derecho de poder aceptar extranjeros en su propia comunidad. Ya desde muy pronto Roma puso restricciones al respecto y se defendió una y otra vez de la penetración de cultos orientales. La expulsión de los judíos de Roma bajo el mandato de Claudio (41-54) hay que verla ya en este contexto. La circuncisión de los no judíos estaba castigada legalmente con la misma pena contemplada para el delito de castración. Esta ley, renovada por Antonino Pío (138-161), continuó estando vigente también en época cristiana. Ya en el 329 Constantino había decretado una ley contra la conversión al judaísmo y en el 339 se prohibieron la conversión de las mujeres a esta religión, que no abarcaba la prohibición de la circuncisión, y el matrimonio de una mujer cristiana con un judío.

Constantino tomó bajo protección jurídica a los judíos que se habían convertido al cristianismo. Después, cuando se dieron cuenta de que algún judío se había convertido al cristianismo por intereses puramente materiales o por escaparse del procesamiento legal, las autoridades fueron más cuidadosas en el trato preferente de los conversos. En el 416 incluso se les permitió a estos volver de nuevo al judaísmo bajo determinadas circunstancias. En el 426 se fijó que los judíos no pudieran desheredar a los hijos que se habían convertido al cristianismo; de hecho, incluso después de una condena judicial por graves delitos contra los padres todavía debían recibir un cuarto de la herencia obligatoria.

En el 335 o el 336 Constantino les prohibió a los judíos circuncidar esclavos cristianos y en el 337 poseerlos en general. Si el esclavo de un judío era circuncidado, recibía la libertad; lo mismo sucedía, según una *Novella* de Justiniano del 533, si se convertía en cristiano. Ya que normalmente en la economía de aquel entonces era habitual la existencia de esclavos en ciertas áreas y ya que la religión prescribía la circuncisión de los esclavos que vivían durante mucho tiempo en una casa judía, los judíos transgredían continuamente estas leyes, que por tal motivo se volvían a promulgar cada tanto. Este hecho ya atestigua su ineficacia de por sí.

Cuando en el 380 el cristianismo se convirtió en la religión del Estado bajo Teodosio, se recrudeció la lucha contra el judaísmo. Repetidamente los cristianos destruyeron sinagogas o las convirtieron en iglesias. Todas las pruebas sobre estos sucesos proceden de la Diáspora, no hay ni un solo ejemplo constatado en Palestina. El caso más famoso es el de la destrucción de la sinagoga de Calínico del Éufrates (en el 338). Por este asunto Teodosio mantuvo una dura disputa con el obispo Ambrosio de Milán, quien no reconoció la intervención del emperador contra los culpables. En el 393 Teodosio decretó una ley para proteger las sinagogas, a la que siguieron otras leyes similares, las cuales preveían una indemnización en el caso de que una sinagoga hubiera sido convertida en una iglesia y por ello no pudiera recuperar su antigua condición. Teodosio basó su ley en que «está suficientemente constatado que la religión judía no está prohibida por ninguna ley». En una ley del 415 dirigida contra el patriarca Gamaliel se prohibió la nueva construcción de sinagogas y se exigió que se derribaran sinagogas en zonas aisladas, si esto podía producirse sin que suscitara la agitación popular. El emperador Justiniano repitió la prohibición acerca de las nuevas sinagogas. Los resultados arqueológicos prueban, no obstante, que tal prohibición nunca se llevó adelante en Palestina.

En este punto se ha de mencionar también la *Novella* 146 de Justiniano, datada del 553, aun cuando afectó primero a las comunidades judías de la Diáspora. Esta ley prescribía que la lectura de las Escrituras en la sinagoga se hiciera en griego, con preferencia de la versión de la Septuaginta, o en otras lenguas vernáculas, pero no en hebreo. La intromisión tuvo lugar por intervención de un grupo judío, pero el emperador aprovechó la oportunidad para establecer normas de ortodoxia judía y prohibir la *deuterōsis* (la «segunda Ley») en las sinagogas. Con ello no se refiere probablemente solo a la Misná, sino a la enseñanza de todas las tradiciones rabínicas que exceden a la Biblia. Hasta tal punto se involucraba el Estado en los asuntos religiosos internos del judaísmo.

Apenas se puede constatar de qué manera reaccionó el judaísmo de Palestina ante estas leyes. Ya no se podía pensar en un levantamiento; de hecho, las reacciones en los escritos rabínicos están contenidas. Con el ocaso del Patriarcado, poco antes del 429, se vislumbró el fin de una época. En ese tiempo los rabinos pusieron gran empeño en asegurar la herencia espiritual de los siglos pasados con vistas al futuro. Así, en los albores del siglo V se sitúa la redacción del Talmud de Jerusalén y de algunos midrasim. Con todo, Tiberias continuó siendo un centro espiritual significativo después del final del Patriarcado: aquí tuvieron lugar tanto el primer florecimiento de la poesía litúrgica, el *piyyut*, como importantes trabajos para la transmisión del texto bíblico mediante los masoretas. Sin embargo, la época de esplendor de los maestros rabínicos había terminado.

5. La invasión persa y la conquista árabe

La doble conquista de Roma por parte de los bárbaros en el siglo V marcó la pauta que seguir. Por el lado cristiano, muchos contaron con el inmediato advenimiento de Cristo al final de los tiempos y, por el judío, también renacieron expectativas mesiánicas. El género literario de la apocalíptica, cautelosamente evitado por mucho tiempo, experimentó un nuevo florecimiento. Las esperanzas ante el cercano hundimiento del Imperio bizantino se intensificaron por las reiteradas guerras entre el Imperio romano y el persa desde el 565. Cuando en el 602 el emperador Mauricio fue asesinado, Cosroes II vio el pretexto para una nueva contienda contra el Imperio romano. Al no encontrar una resistencia que hubiera de tomar en serio, conquistó Egipto y Asia Menor y puso en peligro incluso Constantinopla.

Los judíos, exasperados por la legislación romana, se pusieron del lado de los persas. En varias ciudades de la zona de contienda los judíos se rebelaron contra el poder romano. Con el apoyo de los judíos, que en aquel tiempo solo eran una minoría en Palestina, los persas avanzaron en el 614 desde Damasco, pasando por Tiberias, hacia Séforis y Cesarea y desde allí hacia Jerusalén. En primer lugar, se rindió Jerusalén, pero poco después se alzó una parte de la población cristiana. Los persas tomaron medidas severas al respecto, destruyeron las iglesias de los alrededores de Jerusalén, a continuación se hicieron con la ciudad por asalto y ocasionaron un gran baño de sangre.

Los acontecimientos siguientes solo se pueden reconstruir a trazos a partir del *Sefer Zerubbabel*, un apocalipsis que apareció poco después. Al principio, los persas confiaron Jerusalén a los judíos. Probablemente estos creyeron en una restauración como la que aconteció después del Edicto de Ciro, que en el 538 a.e.c. les había permitido la vuelta a su patria desde el cautiverio babilónico y la nueva construcción del Templo. El líder judío tomó el nombre, cargado de simbolismo, de Nehemías y ordenó que se ofrecieran sacrificios en la ciudad. De forma análoga a los esfuerzos por un estado puramente judío en tiempos del Nehemías bíblico y contrariamente a la política de los emperadores bizantinos, se situó a los cristianos que habían permanecido en Jerusalén ante la elección de convertirse al judaísmo o ser ajusticiados.

Sin embargo, después se produjo un cambio repentino. Los judíos no pudieron proporcionarles a los persas el apoyo militar que estos esperaban. También sería posible que el régimen en Jerusalén les hubiera resultado demasiado radical a los persas. En cualquier caso, desposeyeron a los judíos del poder en el 617. El tal Nehemías, considerado por muchos como el Mesías, opuso resistencia, fue derrotado por los persas y ejecutado en Emaús. Otros líderes judíos fueron deportados. Una vez más las esperanzas mesiánicas no llegaron a cumplirse. Siguió una profunda resignación; además, la vuelta de Palestina a manos de Heraclio en el año 628 debió aceptarse sin oposición.

Heraclio había comprendido la seriedad de la situación y, ante todo, renunció a la venganza contra los judíos sediciosos. Ya en Edesa indultó a los judíos que allí habían opuesto resistencia tras la retirada de los persas. En Tiberias juró la amnistía ante una delegación judía. No obstante, los líderes cristianos persuadieron luego al emperador en Jerusalén de proceder contra los judíos a pesar de todo. Un ayuno público anual se le prometió a Heraclio como expiación adecuada para su perjurio. En vista de ello, muchos judíos fueron ejecutados por su comportamiento durante el mandato persa, mientras que otros huyeron del país.

Desde el 632 se perfilaba ya el principio del fin del mandato bizantino sobre Palestina, pues por aquel entonces los árabes amenazaban el Imperio. En un último intento Heraclio quiso unir a sus súbditos, por lo que habría ordenado en el año 632 el bautismo forzoso de todos los judíos. De las repercusiones de esta orden únicamente sabemos con certeza del caso de Cartago. Por otra parte, los cristianos tampoco estaban unidos y los monofisitas se sintieron impulsados a marcharse del Imperio bizantino. En el 634 los árabes alcanzaron Gaza y otras huestes árabes marcharon contra Damasco. En el 636 cayó Tiberias y en agosto de ese mismo año Heraclio renunció a Siria y Palestina. En el 637 comenzó el cerco árabe a Jerusalén, que capituló en el 638, y en el 640 cayó también Cesarea. Los judíos se mantuvieron expectantes durante la ofensiva árabe: si bien no habían de esperar un deterioro de su situación por parte de un gobierno árabe, tampoco podían poner sus ilusiones en lograr su independencia. Por tanto, no hubo ningún motivo para entusiasmarse.

3

BABILONIA HASTA LA CONQUISTA ÁRABE

1. *Los comienzos de la Diáspora babilónica*

Egipto y Babilonia fueron los primeros destinos de la «dispersión» (diáspora) del judaísmo. Los primeros asentamientos de israelitas en Mesopotamia se remontan al siglo VIII a.e.c., cuando Salmanasar V conquistó Samaria en el 722 e hizo que deportaran a Asiria a la clase alta de la población del Reino del Norte. Estos colonos pasaron en su entorno asirio sin dejar huella, de manera que con posterioridad tuvieron que buscar una explicación sobre su paradero. Así, surgió el mito de las diez tribus perdidas de Israel (ya en 4Esd 13; Sanh 10,3).

En cambio, los judíos que bajo Nabucodonosor fueron deportados al «cautiverio babilónico» después de la conquista de Jerusalén, en los años 598, 587 y 582 (2Re 24s.; Jr 52,28-30), adquirieron una importancia duradera en la historia judía. Con ellos comienza la verdadera historia «judía» a diferencia de la historia del Israel antiguo. Los grandes líderes de la época del Exilio, en particular Ezequiel, subrayaron el significado de la circuncisión, del sábado y de las normas alimenticias como muestra de la identidad judía y, de este modo, se aseguraron la existencia de la comunidad incluso sin Estado y sin Templo. En el lugar que ocupaba la responsabilidad colectiva situaron la moral y la retribución individuales; el estudio de las tradiciones religiosas sustituyó el culto en el Templo. Con Esdras, como gran reformador del judaísmo tras el Exilio, estos logros de los deportados a Babilonia adquirieron una importancia primordial en el nuevo Estado centralizado en el Templo de Jerusalén.

Cuando en el 538 Ciro permitió la vuelta a su hogar de los judíos desterrados, muchos ya estaban tan acostumbrados a vivir en su nueva patria que libremente optaron por quedarse. Apenas hay noticias acerca de los judíos de Babilonia en los siglos sucesivos. Parece que bajo el dominio de los Aqueménidas y de los Seléucidas no jugaron ningún papel predominante. Desde mediados del siglo II a.e.c. los partos Arsácidas les fueron arrebatando a los Seléucidas más y más regiones de su Imperio. Algunos judíos prosperaron mucho en el sistema feudal parto, según nos muestra la historia de un tal Zamaris, que con quinientos arqueros montados a caballo marchó a través del Éufrates y entró al servicio de Herodes (Josefo, AJ XVII 23ss.). A propósito, Herodes dejó que se difundiera la afirmación de que él mismo provenía de una familia judeobabilónica (AJ XIV 9); además, nombró a un judío de Babilonia sumo sacerdote en Jerusalén (AJ XV 22).

Durante el reinado de Herodes Hillel se habría desplazado desde Babilonia a Palestina, donde llegó a ser un precursor tan importante de los rabinos, que más tarde los patriarcas afirmaron que provenían de él. Existen tantas leyendas en torno al personaje de Hillel, que no somos capaces de decir dónde fue instruido, por lo que tampoco podemos conocer nada sobre el nivel de la erudición judía en Babilonia.

Según Josefo, Nehardea y Nísibis del Éufrates fueron centros judíos importantes. Los judíos de Babilonia recaudaban allí los fondos de sus impuestos para el Templo, que cada cierto tiempo se llevaban regularmente a Jerusalén supervisados por una fuerte escolta. En Nehardea los hermanos Anileo y Asineo crearon durante algunos años una especie de pequeño Estado dentro del Imperio parto (AJ XVIII 310ss.). Seguramente el episodio, que terminó mal para los judíos de la zona, encaja bien en la época del debilitado soberano Artapano III (16-44). En general, los judíos del Imperio parto vivieron, según parece, con mucha mayor libertad e independencia que sus hermanos que se encontraban bajo el domino romano. No es posible averiguar si estuvieron en condiciones de organizarse y gozar de cierta autonomía.

En el siglo I e.c. se convirtieron al judaísmo Izates II de Adiabene, un Estado tapón semindependiente entre el Imperio parto y Armenia, y su madre Helena. A nivel político la conversión se puede interpretar como un gesto de independencia religiosa y de ganarse a los numerosos judíos de la región, pero, al mismo tiempo, fue un acto sincero desde la perspectiva religiosa. Izates y su sucesor Monobazes mantuvieron, al igual que la reina madre Helena, intensos contactos con Jerusalén. Ayudaron a la ciudad durante la hambruna que sobrevino bajo el mandato de Claudio. La casa real hizo donaciones para el Templo jerosolimitano y se construyó en Jerusalén un palacio y una ostentosa tumba (Josefo, BJ V 147; VI 355). En el año 66 apoyó el levantamiento judío contra Roma (BJ II 520), mientras que los judíos de Babilonia, a pesar de sus ruegos, no vinieron en ayuda de los sediciosos (BJ VI 343). La conversión de la casa real de Adiabene les causó una enorme impresión a los rabinos (Yom 3,10; Yom 37ab; etcétera).

No parece que la insurrección en la Diáspora, que estalló durante la campaña de Trajano contra los partos en el año 115, hubiera sido en Babilonia un asunto principalmente judío, como sí ocurrió en Egipto, la Cirenaica y Chipre. Si bien Eusebio y también Orosio mencionan solo a los judíos, el historiador Dion Casio habla de una revuelta generalizada de las zonas partas conquistadas por Trajano, sin señalar a los judíos. Naturalmente es de suponer que los judíos tomaron parte en un levantamiento general: seguramente prefirieron el poder parto al de Roma, que había sido la responsable de la pérdida del Templo de Jerusalén. A diferencia de lo sucedido en las restantes regiones sublevadas de la Diáspora, la comunidad judía no sufrió demasiado durante la represión del levantamiento en Babilonia por parte de Lusio Quieto: los acontecimientos no dejaron huellas en la tradición del judaísmo babilónico.

Antes de la sublevación de Bar Kokba apenas está documentada la corriente rabínica en Babilonia. Los textos rabínicos nombran solo a Yehudá ben Batyra en Nísibis, que antes del 70 mantuvo contacto con las autoridades del Templo de Jerusalén, y Nejemia de Bet Dali, a quien R. Aqiba encontró en Nehardea. Un posterior Yehudá ben Batyra, a cuya academia en Nísibis alude Sanh 32b, es mencionado en relación a R. Janania, el cual emigró en la primera mitad del siglo II de Palestina a Babilonia y allí enseñó. Estos pocos nombres, que transmite la tradición rabínica del judaísmo babilónico, muestran lo insignificante que habría sido la influencia rabínica en los comienzos.

Algunos historiadores, como J. Neusner, creen que durante la revuelta de Bar Kokba y en los años posteriores a esta muchos rabinos se refugiaron en Babilonia a causa de las medidas romanas. También opinan que algunos discípulos de Aqiba, ejecutado por los romanos, marcharon a Nísibis y de igual manera varios discípulos de R. Yismael hacia Huzal. Ellos habrían llevado a Babilonia la enseñanza y la espiritualidad rabínicas. Sin embargo, esta reconstrucción no se puede sostener a partir de los textos rabínicos. El primer babilonio de importancia en el movimiento rabínico fue R. Natán, quien estuvo en la escuela de Simeón ben Gamaliel en Usha y allí alcanzó cierto prestigio. A esto le habría ayudado su padre, que ocupaba un alto rango en el Imperio parto, según refiere Hor 13b. También fue babilonio R. Jiyya, un contemporáneo de Rabbí y en cuya corte fue muy influyente. Por tanto, aparentemente algunos judíos de Babilonia hallaron con rapidez el nexo de unión con el saber de los rabinos palestinenses y aportaron sus propias tradiciones y sus particulares conocimientos en Palestina. El pueblo judío en el Imperio parto apenas habría experimentado algo de estos avances. Solo en el siglo siguiente repercutieron sobre la vida judía en Babilonia.

2. Babilonia en tiempos de los amoraítas

Las tradiciones rabínicas ofrecen muy poca información acerca de la historia del judaísmo babilónico antes del fortalecimiento de la corriente rabínica a partir del siglo III. A nivel social parece que el judaísmo babilónico se había integrado bien en su entorno. Las actividades principales, aunque no fueron sectores exclusivos de los judíos, consistieron en la agricultura y el comercio, pero también en ciertos oficios artesanales como la tejeduría. Regiones enteras se encontraban densamente pobladas por judíos, como fue el caso, sobre todo, del territorio entre el Tigris y el Éufrates, más o menos desde la latitud geográfica de la actual Bagdad hasta la confluencia de los dos cauces. Los centros más importantes fueron Sura, Pumbedita, Nehardea, Mahoza y Nehar Peqod. Sin duda, en esta zona los judíos tuvieron una estructura laboral totalmente normal, con todas las actividades necesarias para la comunidad.

La insurrección del sátrapa persa Ardasir contra su rey Artapano V trajo el cambio de los partos Arsácidas a los Sasánidas. En el 226 Ardasir fue coronado rey y al año siguiente Artapano cayó en la batalla contra los persas. Para los judíos supuso el final de una época: «el lazo está roto» habría dicho Rab ante la noticia de la muerte de Artapano (AZ 10b-11a). La nueva dinastía de los Sasánidas estableció, en lugar del sistema feudal parto, una rigurosa administración centralizada, con Ctesifón como capital. La amplia autonomía local anterior se había perdido.

Mucho más importante fue el cambio religioso. Los Sasánidas provenían de una familia de sacerdotes zoroástricos, que elevaron su religión mazdeísta a la religión del Estado. Aunque no hubo una persecución de la religión judía ni tampoco una acción misionera, los textos rabínicos lamentan que los sacerdotes zoroástricos atacaran las distintas costumbres religiosas de los judíos; estas estaban en contradicción con las interpretaciones mazdeístas, como, por ejemplo, el uso profano del fuego o el enterramiento de los muertos (Yeb 63a; Git 16b-17a).

No obstante, la situación se normalizó pronto. Sapor I (241-273) no quiso imponer por la fuerza el mazdeísmo como vínculo unificador del Imperio. Las otras religiones, maniqueos, cristianos y judíos, tuvieron de nuevo una gran libertad de movimiento. Por su parte, los rabinos se adaptaron bien. A Semuel se le atribuye el principio, pronto generalizado, de *dina de-malkuta dina* (BB 54b), «la ley del Estado es la ley», siempre que con ello no se usurpen los intereses fundamentales de la religión. Las buenas relaciones de los judíos, casi reestablecidas, con el gobierno tienen su reflejo en los relatos rabínicos, que se hacen eco de la amistad de Sapor con Semuel (por ejemplo, Ber 6a; Sukk 53a; Sanh 98a).

Durante el domino de Sapor I encontramos los primeros testimonios de un autogobierno judío bajo el poder del exilarca, aunque tal vez su cargo ya existiera un poco antes. Esto implicaba también tribunales judíos, siempre que se establecieran bajo el derecho persa en vigor, que no todos los judíos aceptaron con facilidad (comp. BQ 58b, donde un judío se queja de que el exilarca se atuviera al derecho persa).

En esta época se produjo también el primer florecimiento de los rabinos babilónicos, cuyos centros fueron, en particular, Sura y Nehardea. Los maestros destacados fueron Rab y Semuel. Ellos intentaron aclimatar la Misná a Babilonia, a la que habían traído de Palestina, y ganar influencia en la vida diaria, especialmente sobre los tribunales del exilarca, pero también en las sinagogas.

Después de Sapor llegaron otra vez tiempos conflictivos. Una serie de gobernantes débiles no pudieron resistir las invasiones de las tropas romanas. El sumo sacerdote mazdeísta Kartir fue ganando cada vez más influencia: hizo ejecutar a Mani y en una inscripción se vanaglorió de haber aplastado a «judíos, chamanes, brahmanes, nazarenos, cristianos...». En la tradición rabínica se han conservado pocas evidencias de esta difícil época. En los textos talmúdicos no está atestiguada una persecución de judíos bajo el mandato de Kartir.

El orden y la tranquilidad solo regresaron con Sapor II (309-379), cuando este soberano, coronado ya antes de su nacimiento —sencillamente se le puso a su madre, en avanzado estado de gestación, la corona sobre el vientre—, tomó él mismo las riendas del gobierno en torno al 325. Sapor, en su esfuerzo por recobrar las regiones occidentales del Imperio que se habían perdido, persiguió a los cristianos como posibles simpatizantes de Roma y benefició, por el contrario, a los judíos. Así, el Talmud no solo describe a la madre de Sapor, Ifra Hormiz, como alguien muy favorable hacia los judíos (BB 8ab; Zeb 116b; etc.), sino que informa también de las buenas relaciones entre los rabinos y el propio Sapor II (Sanh 46b; AZ 76b). No parece que los judíos de Babilonia le hubieran prestado atención a Juliano, cuando en el 363 quiso ganarse también a los judíos persas con su decreto de reconstruir el Templo de Jerusalén, ya que esperaba sacar ventaja de ello en su campaña contra los persas.

A Sapor le siguieron de nuevo gobernantes débiles. Sin embargo, la fragilidad paralela de Bizancio aseguraba la tranquilidad interna. En adelante los judíos vivieron en paz. La tradición persa da cuenta incluso de que el rey Yazdayird I (399-420) se había casado con una hija del exilarca. Por su parte, el Talmud describe la amistosa acogida del exilarca Juna bar Natán por Yazdayird (Zeb 19a). En estos parámetros también encaja bien la declaración de R. Assi acerca de que se les puede vender hierro a los persas, ya que estos abogan por los judíos (AZ 16a).

Sin embargo, después de Bahram V (420-439), que de igual manera tuvo buenas intenciones para con los judíos, la situación de estos empeoró. El rey Yazdayird II (439-457) hostigó a los judíos de la misma forma que su sucesor Peroz (459-484). Se les prohibió que guardaran el sábado y también que recitaran el *Shemá* como la plegaria judía más importante. El exilarca Huna bar Mar Zutra fue asesinado y la enseñanza rabínica impedida. En el año 470 todas las sinagogas de Babilonia fueron cerradas y los niños judíos fueron entregados por los magos a no judíos. El Talmud no cuenta nada de estos acontecimientos, pero fuentes judías más tardías —el *Seder Tannaim we-Amoraim* (siglo IX) y la *Carta* de Serira Gaón (siglo X)— coinciden en ello con el autor musulmán Hamza Isfahani (siglo X), por lo que parece que dispusieron de tradiciones al respecto. Como motivo de esta persecución de judíos J. Neusner ve disturbios de corte mesiánico dentro del judaísmo: AZ 9b podría documentar la esperanza en un Mesías en el 468, cuatrocientos años después de la destrucción del Templo según el cálculo judío. En opinión de otros, los judíos fueron solo la cabeza de turco en una época de dificultades internas y externas en las que se encontraba el territorio. No podemos ir más allá de la formulación de hipótesis.

Bajo el mandato de Kavad I (488-531), que le concedió su favor a Mazdak, un sacerdote radical persa influido por el maniqueísmo, los judíos se arriesgaron a rebelarse abiertamente. Según el relato tardío del *Seder Olam Zutta* (siglo IX), Mar Zutra fundó con cuatrocientos guerreros un imperio, que gobernó durante siete años, hasta que lo apresaron los persas y lo crucificaron junto con el líder de la escuela rabínica en Mahoza. En consecuencia, el hijo de Mar Zutra, de igual nombre, se trasladó en el 520 a Palestina, donde se hizo cargo del liderazgo de los rabinos.

A pesar de que ya no se pueden reconstruir los detalles, es seguro que las postrimerías del siglo V y los albores del VI fueron tiempos difíciles para los judíos de Babilonia. La redacción del Talmud de Babilonia, cuya primera fase comienza en esta época, podría haber sido una reacción a la situación política, de manera similar, por tanto, a la del Talmud de Jerusalén unas décadas antes: el intento de redactar en una época de peligro las tradiciones reunidas por un largo periodo, con el fin de salvaguardarlas para un futuro mejor. No obstante, después de Kavad volvió a mejorar la situación. A diferencia de lo sucedido en Palestina, se pudo revisar con minuciosidad la primera redacción del Talmud, una obra que la tradición les atribuye a los saboraítas, cuyo periodo comprende desde el 499/500 al 588/589 según Serira Gaón y hasta finales del siglo VII según Abraham ibn Daud. El cierre definitivo del Talmud todavía se ha de situar con posterioridad.

En las últimas décadas del mandato persa la comunidad judía de Babilonia se habría visto envuelta en nuevas dificultades. Durante la toma de posesión de Cosroes II (591-628), incluso podría haber sido asesinado el exilarca. No obstante, los judíos se resignaron y apoyaron a Cosroes cuando este le declaró la guerra a Bizancio en el 602. Ya hemos hablado del apoyo judío a los persas durante la conquista de Palestina. Esta alianza no duró mucho, ni tampoco mejoró a la larga la situación judía en Babilonia. Primero, la amenaza del Imperio persa por Heraclio (628) y poco después por las tropas musulmanas desembocó en un intenso esfuerzo de los persas por mantener su unidad interna. Persiguieron a los cristianos y pusieron obstáculos a la autonomía judía. Únicamente bajo la dominación de los musulmanes pudieron designar de nuevo un exilarca. Además, según informa Serira Gaón, en los años precedentes a la llegada al poder de los árabes se le pusieron fuertes impedimentos a la enseñanza rabínica.

4

LA ÉPOCA DE LOS *GEONIM*

Entre dos grandes acontecimientos se enmarca la época postalmúdica, denominada así por los *geonim*, los directores de las grandes escuelas rabínicas, en particular, de Babilonia: en sus comienzos tiene lugar la expansión árabe y en su ocaso la primera cruzada. Poseemos solo unos pocos testimonios de este periodo, la mayor parte de los cuales proviene de su segunda mitad. Además de la famosa *Carta* de Serira Gaón, la obra de Natán ha-Babli y muchos textos halákicos, se trata, sobre todo, de documentos que fueron descubiertos en la genizá de El Cairo más o menos a finales del siglo XIX y que todavía no han sido publicados ni analizados en su totalidad. Por eso, esta época todavía resulta oscura en gran medida. Sin embargo, para nosotros es sumamente importante: tan solo en ella las enseñanzas rabínicas fueron de tal manera interpretadas, acomodadas a las circunstancias vitales e inculcadas al pueblo, que al final del periodo gaónico pudieron convertirse en la forma de vida de toda la Diáspora. Precisamente, con ello el judaísmo rabínico llegó a ser el «judaísmo clásico», el motor que configuraría la vida judía de los futuros siglos.

1. *Babilonia*

Las dificultades en la última fase del domino persa llevaron a una lenta decadencia de los centros judíos de Babilonia. En aquel tiempo muchos judíos emigraron probablemente a la península arábiga entre otras regiones, donde Muhammad entró en contacto con ellos y en los comienzos puso gran interés en ganárselos para su enseñanza. No es este el lugar para discutir las numerosas influencias judías directas e indirectas sobre el pensamiento y la doctrina de Muhammad. Su empeño en tratar de ganarse a los judíos no tuvo éxito, de manera que pronto se deterioraron las relaciones con ellos: los judíos fueron acosados por los seguidores de Muhammad y muchos acabaron asesinados en Medina. Como de costumbre, también en aquel momento los judíos reaccionaron apoyándose en sus esperanzas mesiánicas, según se deduce de las fuentes judías y árabes.

Sin embargo, al inicio del siglo VII la situación de los judíos en el Imperio bizantino, así como también en el persa, trajo consigo que acogieran con los brazos abiertos a sus nuevos señores, cuando, tras la muerte de Muhammad en el 632, Abu Bakr (632-634) y, sobre todo, Omar (634-644) divulgaron su enseñanza por la fuerza de las armas y, tras numerosas invasiones, conquistaron definitivamente el Imperio persa. Los judíos ya no podían esperar que la situación se deteriorara más después de los últimos Sasánidas.

Aceptar el dominio árabe fue un alivio para los judíos, ya que los musulmanes estaban dispuestos, bajo determinadas condiciones, a ser tolerantes con los de otras creencias. El llamado «acuerdo de Omar», que regulaba la situación de los no musulmanes en las regiones conquistadas por los árabes, es probablemente una compilación, realizada bajo Omar II (717-720), de los acuerdos vigentes para los seguidores tolerados de las religiones del Libro —aunque sus disposiciones esenciales fueran seguramente ya aplicadas desde el comienzo de la expansión árabe.

La relación de los judíos con los gobernantes árabes en Babilonia se caracteriza desde el comienzo por dos sucesos. Según nos ha transmitido Abraham ibn Daud en el *Libro de la tradición*, el exilarca Bustanay bar Janinay (*ca*. 610-670) recibió de Omar una hija del rey persa Yazdagird III (640-657) como esposa; según otros, habría sido una hija de Cosroes II. Serira Gaón informa de que R. Yisjaq, el director de la escuela rabínica de Peroz Shapur, dio la bienvenida en el año 657 al comandante árabe Alí ibn Abu Talib, a la cabeza de noventa mil judíos.

Aunque no es posible hacer afirmaciones seguras, este exagerado número nos lleva a la cuestión del tamaño de la población judía en Babilonia en aquel tiempo. Durante el gobierno de Omar parece que pagaban tributos personales en torno a medio millón de habitantes no musulmanes; seguramente la mayoría eran judíos. Así pues, Babilonia por aquel entonces habría sido la comunidad judía más significativa, más importante incluso que Palestina. Sin embargo, en el periodo árabe cambió esencialmente el modo de asentamiento judío. Hasta el momento todas las comarcas estaban pobladas por una mayoría judía y el peso económico recaía en la agricultura. Entonces, se produjo un rápido éxodo de los judíos del campo a las ciudades y ya en el siglo IX se podía decir que casi ningún judío poseía tierra en Babilonia. El motivo de este éxodo se debió, sobre todo, al impuesto sobre la tierra de los no musulmanes, que hacía la agricultura poco interesante a nivel económico. Así, los judíos babilónicos se convirtieron en habitantes de las ciudades, cada vez más orientados al comercio y a determinadas formas de artesanía. De esta manera, perdieron también importancia los antiguos centros —Sura, Nehardea, Pumbedita— y, como consecuencia, fueron abandonados totalmente, de modo que hoy en día ya no se conoce su situación exacta. Surgieron importantes comunidades judías en Kufa (que por un tiempo fue centro del Imperio califal hasta que Damasco ocupó su lugar) e igualmente en Basora y Mosul, pero sobre todo en Bagdad, que desde el 762 se convirtió en la capital del nuevo Imperio de los Abasíes, quienes habían reemplazado a los califas Omeyas en el 751. El matemático y astrónomo judío Mashalla, junto con un persa, había sido el responsable de la medición de la nueva ciudad. A finales del siglo IX se trasladó el gaón de Pumbedita, y poco después también el de Sura, hacia Bagdad, donde ya antes se había establecido el exilarca. El libro de viajes de Benjamín de Tudela, que estuvo en Bagdad mucho después de su época de esplendor, en el 1168, muestra lo importante que llegó a ser la comunidad judía de Bagdad: habla de cuarenta mil judíos, que poseían veintiocho sinagogas.

En la época de los *geonim* los judíos de Babilonia tenían una comunidad perfectamente organizada, cuyos líderes también eran reconocidos por el gobierno como representantes de esa minoría. En la cúpula estaba el exilarca como delegado político de los judíos. Junto a él, se encontraban los *geonim* de Sura y Pumbedita —según Serira (§ 194, Schl. 243) desde el 588/589, según otros desde la conquista árabe en el año 657—. En los inicios estos *geonim* eran designados por los exilarcas, pero en la segunda mitad del periodo gaónico los superaron en influencia.

El exilarca tenía jurisdicción dentro de la comunidad judía, reconocida por el Estado, que compartía con los *geonim*, los cuales, por su parte, también nombraban jueces para las distintas comunidades de su región. En un litigio judío interno estaba mal visto recurrir a un tribunal secular. Si un judío no quería responder a un requerimiento judicial ante un tribunal judío, se le podía obligar por imposición del anatema. También algunos cristianos preferían acudir a los tribunales judíos, ya que los estatales eran demasiado caros, fáciles de corromper y lentos en exceso. Con la posterior influencia decreciente del exilarca llegó a ser habitual que sus decisiones legales tuvieran que ser revalidadas por un gaón. Por lo visto, al final solo quedaron los dos tribunales de los *geonim*. En 1058 murió con Jizqiyya el último exilarca reconocido por todos, mientras que la época de los *geonim* y sus discípulos había llegado ya a su fin algunos años antes.

La rigurosa dirección de la comunidad judía y su propia jurisdicción, además de una serie de leyes internas —como, por ejemplo, que un judío no debía vender su casa situada en un barrio judío a un no judío— desembocaron en un aislamiento voluntario del judaísmo. A esto contribuyeron también las disposiciones del califa. Ya desde los comienzos del mandato árabe existieron prescripciones acerca de la vestimenta para los no musulmanes. Harún al-Rashid (786-809) las renovó y Mutawakkil (847-861) las agravó en el año 850: los judíos tuvieron, por lo tanto, que llevar sombreros amarillos o darse a conocer como judíos por medio de una mancha amarilla en su ropa. El califa también reguló en qué lugares podían vivir los judíos, lo que fomentó su tendencia a formar comunidades cerradas. No obstante, este aislamiento de los judíos no fue completo. Probablemente las prescripciones acerca de la vestimenta no se cumplieron de manera estricta, como bien muestra su frecuente reiteración. Aparte de la prohibición de los matrimonios mixtos, que se estableció tanto en interés de los musulmanes como también de la minoría judía, persistieron *de facto* los activos contactos entre musulmanes y judíos.

Una condición importantísima para ello fue la adopción de la lengua árabe por los judíos, en lugar del arameo hablado hasta entonces. La influencia de la cultura árabe, que por su parte había absorbido no solo la herencia del helenismo, sino también la de los persas y la del Bizancio cristiano, determinó cada vez más la vida espiritual de los judíos de Babilonia, además de su propia tradición. De este modo, surgió un nuevo tipo de judíos babilónicos. Similar en educación a los señores árabes y desde bien pronto indispensables en la administración (especialmente con el califa al-Mutasim, 892-902), los judíos estuvieron también cada vez más presentes en el comercio a larga distancia, en el cual pudieron echar mano de sus amplios contactos familiares. Durante un tiempo los judíos de Iraq, como por entonces se llamaba el territorio, fueron los representantes más destacados de su pueblo.

A continuación llegó, sin embargo, el declive del judaísmo babilónico. Bajo la influencia de los Buyíes (945-1055), que gobernaron en nombre de los debilitados Abasíes, se deterioró la situación de tal modo, que los judíos fueron emigrando más y más hacia Occidente —no solo comerciantes y artesanos, sino también eruditos en el Talmud—. Así, surgieron nuevos centros de enseñanza rabínica: Kairuán, Fez, Granada, etc. Con el final del Exilarcado y de los *geonim* con sus academias de Sura y Pumbedita, más o menos a mediados del siglo XI, culminó un proceso que ya había comenzado mucho tiempo antes. Babilonia dejó de ser el centro espiritual del judaísmo. La vida judía se había desplazado hacia el Occidente y allí la herencia talmúdica había seguido adelante.

2. *Palestina*

También en Palestina la conquista árabe cambió a medio plazo la estructura de la población. Los judíos se distanciaron cada vez más de la agricultura, se concentraron en las ciudades y se especializaron en el comercio y en determinados oficios artesanales. Los asentamientos más importantes de los judíos de Palestina en época gaónica fueron Tiberias, Jerusalén, Ramla, Gaza, Ascalón y Haifa.

En época gaónica el incesante movimiento migratorio judío en dirección hacia el oeste llevó a numerosos judíos de Babilonia hacia Palestina. Estos babilonios también intentaron introducir sus costumbres aquí, lo que lograron en su mayor parte. Construyeron sus propias sinagogas en las grandes poblaciones judías y se sintieron superiores, en gran medida, a los judíos de Palestina. Pero también los judíos palestinenses se trasladaron, ante todo, por motivos económicos. A muchos les atrajo Egipto, donde fundaron la sinagoga de Fustat (El Cairo), cuya genizá habría de convertirse en una de las fuentes más significativas en la investigación de la tradición judía. Otros marcharon hacia el norte de África y Europa y, de este modo, difundieron cada vez más una espiritualidad marcadamente talmúdica.

Los historiadores árabes informan de que un acuerdo entre Omar y Sofronio, el patriarca cristiano de Jerusalén, prohibía el establecimiento de judíos en Jerusalén. Sin embargo, está bien atestiguada una comunidad judía en la ciudad. Un texto hallado en la genizá relata que los judíos de Tiberias le habían solicitado a Omar el permiso de emplazar en Jerusalén a doscientas familias judías. El patriarca cristiano aceptó solo cincuenta familias, pero Omar incrementó el número a setenta. Aunque los detalles son históricamente improbables, el documento refleja el hecho de que los primeros habitantes judíos de Jerusalén tras el 638 llegaron de Tiberias y de igual manera la oposición de la cúpula cristiana.

En breve llegaron judíos del mundo entero a una Jerusalén que por entonces volvía a ser accesible para los judíos. Sin embargo, la comunidad no estaba en situación de sustentarse por ella misma, ya que la ciudad se encontraba situada lejos de las rutas comerciales. Por esta razón, según atestiguan documentos principalmente de finales de este periodo, cada vez se hallaba más a expensas de la ayuda financiera de la Diáspora, sobre todo de la de Egipto, donde se tenía en alta estima a los judíos de Jerusalén. Además, al sostenimiento de la comunidad contribuía el peregrinaje judío, otra vez creciente. Entre otros objetos, a los peregrinos les gustaba comprar manuscritos bíblicos elaborados en Jerusalén. Como ya antes, Palestina volvía a ser apreciada como lugar de sepelio y los finados eran trasladados desde Egipto, incluso desde Italia y desde otros países, hacia Jerusalén y Hebrón.

En el plano espiritual, en poco tiempo Jerusalén fue de nuevo un centro importante. La escuela rabínica de Tiberias se trasladó en el siglo IX o el X a la ciudad y su director, con el título de gaón, fue reconocido como el representante de los judíos por parte de las autoridades árabes. Por la misma época también surgió en Jerusalén una fuerte comunidad caraíta —estos se habían escindido en Babilonia del judaísmo rabínico y rechazaban, ante todo, la Torá Oral—. Según noticias contemporáneas, durante la procesión anual de los judíos en la fiesta de los Tabernáculos se producían cada vez más enfrentamientos entre las dos comunidades judías.

Tiberias, capital del norte de Palestina bajo el dominio de los árabes, fue la patria de muchos eruditos incluso después del traslado de la academia talmúdica a Jerusalén. Los mejores exegetas de la Biblia, gramáticos y poetas litúrgicos vivieron aquí. La ciudad fue considerada el lugar de conservación de la lengua hebrea pura: los manuscritos bíblicos copiados en ella eran famosos por su fidelidad. Probablemente más importante llegó a ser la comunidad judía de Ramla, que, fundada por Suleimán en el 716, había sustituido a Lod como capital del sur de Palestina y que también prosperó económicamente con rapidez como parada importante de las caravanas comerciales. El gaón de Jerusalén tenía aquí un representante junto a las autoridades árabes, y también la escuela talmúdica se trasladó a este lugar temporalmente.

El desplazamiento del califato de Damasco a Bagdad a mediados del siglo VIII conllevó un deterioro de la situación político-económica de Palestina y con ello también la de los judíos locales. Mientras que los Omeyas habían invertido mucho en la zona, con los Abasíes disminuyó paulatinamente el interés de los califas en Palestina. Los gobernadores de Palestina escapaban, en buena medida, de la vigilancia central, de manera que la administración fue cada vez más corrupta. Con el declive del califato se llegó a una anarquía casi total, con constantes insurrecciones e invasiones beduinas. En el siglo IX el turco Ahmad ibn Tulún fundó su imperio propio en Egipto, al que en el 878 consiguió anexionar también Palestina y Siria. No obstante, Siria rápidamente se pudo separar otra vez de Egipto. En lo sucesivo la pertenencia política de Palestina fue durante mucho tiempo un asunto controvertido.

Los permanentes disturbios desembocaron en una preocupante despoblación del territorio y debilitaron el poder islámico tanto que el emperador Nicéforo II Focas (963-969) planeó someter Palestina y Siria otra vez bajo su dominio. En gran parte, pudo alcanzar este objetivo en la llamada «cruzada bizantina»; sin embargo, el éxito no fue duradero, ya que también Bizancio se encontraba demasiado debilitado y con excesivas desavenencias.

El siguiente régimen, el de los Fatimíes, comenzó con visos positivos para los judíos. La dinastía originaria de Kairuán, que provenía de Fátima, la hija de Muhammad, conquistó Egipto en el 969 y seguidamente también Siria y Palestina. Bajo su dominio imperó una libertad religiosa de gran alcance. Algunos judíos y cristianos ascendieron a cargos estatales significativos. Paltiel el Judío fue consejero en la corte y el converso al islam Yaqub ibn Qillis llegó a ser visir. Además, tras su conversión, mantuvo buenas intenciones hacia los judíos. Por ejemplo, durante su administración fue subvencionada por el gobierno de El Cairo la escuela talmúdica de Jerusalén, hasta entonces financiada principalmente por los donativos de los judíos egipcios.

Sin embargo, esta época de tranquilidad no duro mucho. Tras unos pacíficos comienzos Al-Hakim (996-1021) abolió la libertad religiosa. Por orden suya, en la Palestina de aquel tiempo fueron destruidas iglesias (como la del Santo Sepulcro de Jerusalén) y también muchas sinagogas. Numerosos judíos y cristianos fueron asesinados, pero solo unos pocos se convirtieron al islam para salvar su vida. En breve llegó de nuevo la calma cuando el soberano, que aparentemente sufría una enfermedad mental, revocó en 1012 sus propios edictos religiosos. Pero dos terremotos (en 1034 y en 1067) destruyeron vastas regiones de Palestina y ocasionaron grandes daños, sobre todo en Ramla. En 1071 Palestina fue conquistada por los Selyuquíes y en 1099 por los cruzados. La escuela talmúdica de Jerusalén emigró en 1071 a Tiro y en 1099 a Damasco. El judaísmo de Palestina, debilitado por los convulsos acontecimientos de las últimas décadas, perdió con ello toda su importancia durante mucho tiempo.

II

LA ORGANIZACIÓN DEL JUDAÍSMO RABÍNICO

Después de la panorámica histórica sobre la época rabínica se han de examinar las formas esenciales de la organización interna de la comunidad judía. Esto implica que haya que diferenciar entre las dos zonas principales del judaísmo rabínico, Palestina en el Imperio romano y Babilonia bajo la dominación de los partos o de los persas. La posterior administración árabe común ya no experimentó muchas modificaciones en las estructuras establecidas antaño. Una vez que hayamos tratado el Patriarcado y el Exilarcado, describiremos el Rabinato, la educación escolar y las sinagogas como aquellas estructuras que han marcado la vida interna del pueblo judío en época rabínica.

1
EL AUTOGOBIERNO JUDÍO EN PALESTINA

En el Imperio romano solo existió un autogobierno judío con muchas restricciones. Se piensa en instituciones como el Patriarcado, que en determinados momentos fue interlocutor del gobierno, aun cuando la administración de la provincia ejercía todas las funciones regentes esenciales. Hay que mencionar la organización comunitaria local, donde la gran mayoría eran judíos. Se trata también de los pocos ámbitos jurisdiccionales adonde el brazo del derecho romano no alcanzaba o donde se quería y podía regular los asuntos propios de la vida cotidiana. Igualmente tenemos que aludir al reglamento de las comunidades sinagogales. En ningún momento se presupone con ello una autonomía garantizada por el Estado, ya que este no estaba interesado en cuestiones de religión.

1. El patriarca

a) Los comienzos

«Patriarca» es la denominación tradicional que le dieron los Padres de la Iglesia y la legislación romana al líder de los judíos de Palestina en época posterior al año 70, que responde a la traducción del título hebreo *nasí*, «príncipe». Además, los Padres de la Iglesia conocen también la designación de etnarca, que ya había sido utilizada con los Macabeos. El cargo del patriarca fue hereditario en la familia de Gamaliel, pero con el transcurso de los siglos experimentó grandes cambios.

Una tradición tardía remite a Hillel o incluso ya antes, a los «pares», el comienzo de la institución de los patriarcas. Esto sería imaginable, a lo sumo, si pensáramos en un líder de los fariseos, siempre y cuando se aceptara una continuidad inmediata entre la dirección farisaica y la rabínica. Sin embargo, en época del Templo no existió la figura del patriarca en el sentido de un representante del pueblo judío a nivel interno y frente al gobierno romano. Claramente esa función la detentaba el sumo sacerdote, si no un príncipe de la casa de Herodes. Probablemente Yojanán ben Zakkay como fundador de la escuela de Yabne apenas tuvo una influencia que alcanzara más allá de esta; tampoco pertenecía a la familia de Gamaliel, la cual instituyó después a los patriarcas. Por esta razón, muchos califican a Gamaliel II en Yabne como el primer patriarca. En cambio, según otros, lo fue solo su hijo, Simeón ben Gamaliel en Usha o incluso únicamente Rabbí. De hecho, el cargo evolucionó con lentitud. Gamaliel, como hijo de un destacado fariseo de Jerusalén en tiempos de la sublevación, podría haber albergado ambiciones que excedían el marco de la escuela de Yabne. Pero por aquel entonces Agripa II estaba mucho mejor situado como representante de los intereses judíos, cuando Roma verdaderamente le dio importancia a esta cuestión. Simeón, el hijo de Gamaliel, tenía en Usha una posición difícil entre los rabinos después del fracaso de Bar Kokba. Únicamente Yehudá ha-Nasí impuso su liderazgo no solo entre los rabinos, sino también en la comunidad judía, apoyado, según parece, por las autoridades romanas.

En cuanto a la denominación de Gamaliel como patriarca, hay quienes se apoyan en el texto de Eduy 7,7, según el cual consiguió una *reshut* de las autoridades romanas. Este término se entendió como la confirmación de la «autoridad» del patriarca; sin embargo, puede interpretarse sencillamente como un «permiso». El relato de la destitución de Gamaliel como mucho muestra lo poco que estaba asegurado su liderazgo sobre la escuela de Yabne. Se supone que murió antes de la revolución de Bar Kokba. Es probable que otros, que no provenían de su familia, dirigieran después el reciente movimiento. A pesar de que quizás estos quisieron impedir el levantamiento, su influencia sobre el pueblo era demasiado pequeña. En los años 132-135 Bar Kokba reclamó el título de Nasí e instauró a su lado al sacerdote Eleazar. No se había previsto ningún espacio para el joven movimiento rabínico.

Después del fracaso de la insurrección de Bar Kokba se encontraron en Usha pequeños grupos de eruditos, entre los que no se hallaba Simeón ben Gamaliel. La nueva fundación de la escuela rabínica se llevó a cabo sin su participación. Por eso, solo con mucho empeño pudo ganarse después el respeto, tan pronto como reclamó su dirección. El hecho de que Simeón lograra obtener tal reconocimiento por las autoridades romanas en tiempos de los Antoninos —periodo positivo para los judíos— podría deducirse, a lo sumo, de la situación política general, en particular de la posición indiscutible de su sucesor Yehudá ha-Nasí, para la cual se puede suponer tal avance.

b) Yehudá ha-Nasí: el apogeo del Patriarcado

Según la tradición, Yehudá ha-Nasí (simplemente «el patriarca»), llamado Rabbí de forma concisa, fue el hijo de Simeón ben Gamaliel. No obstante, los textos rabínicos son poco explícitos al respecto. Así, S. Stern ha expresado su sospecha de que Yehudá no proviniera, en absoluto, de la línea de Gamaliel, la cual probablemente apenas tenía propiedades en Galilea y en la que el nombre de Yehudá no está documentado con anterioridad. Más bien, Yehudá fue un rabino rico de Galilea, que supo servirse de la tradición familiar de Gamaliel —en la época de los emperadores adoptivos no hubiera sido imposible, aunque tampoco se puede demostrar—. Los propagandistas de la casa patriarcal sostienen la afirmación de que su familia descendía de David. De este modo, R. Leví se remite a un árbol genealógico encontrado en Jerusalén: «Hillel proviene de la casa de David» (TJ Taa 4,2 68a; comp. GnR 97,10, Th-A 1219). Con ello se reclama un derecho real, incluso casi mesiánico, del patriarca. Para Semuel bar Abba (Meg 11a) el patriarca es una figura salvífica nacional, igual que Daniel o los Macabeos. No obstante, algunos rabinos se oponen a esta propaganda. Justamente los hijos del influyente R. Jiyya alegan en un banquete de Rabbí: «El hijo de David no llegará hasta que desaparezcan dos casas de Israel: la del exilarca de Babilonia y la del patriarca de Israel» (Sanh 38a, en base a Jr 8,14). Además, el extraño dato en Teodoreto acerca de que los patriarcas descendían de Herodes podría provenir del grupo enemigo del patriarca y consistir en contrapropaganda judía. Pero tales críticas se dan con bastante rareza.

Según una tradición tardía, Rabbí nació cuando murió Aqiba (Qid 72b), de lo que se dedujo una fecha de nacimiento en torno al 135, que más o menos encajaría. Sin embargo, en esta afirmación se encuentra fundamentalmente la aceptación de una continuidad directa entre los dos grandes maestros, vinculando a Rabbí con la época de la revolución de Bar Kokba. Se han mencionado distintos rabinos como maestros de Rabbí. Tal hecho podría haber favorecido su buena disposición a la síntesis en la enseñanza, que se aprecia en la redacción de la Misná. La tradición le atribuye a él, probablemente con razón, esta labor, fuera cual fuera su participación directa en ella. Su amplia erudición y, según parece, su buena relación con los rabinos le confirieron la autoridad necesaria como director de la escuela rabínica.

Al mismo tiempo, Yehudá ha-Nasí fundó la institución del Patriarcado como tal y la llevó a un primer florecimiento. Él es el primer patriarca cuyo reconocimiento por Roma se puede aceptar con certeza, incluso aunque la tradición rabínica sobre «Antonino y Rabbí» sobrevalore desde una perspectiva legendaria la relación de cercanía con el gobierno romano. Orígenes escribe que el patriarca judío no se diferencia en nada de un rey (*Epistola ad Africanum* § 14). Según TosShabb 7,18 (L.28), tras la muerte de un patriarca se prende una llama en señal de duelo (el texto ya nombra como ejemplo el caso de Gamaliel). En contra de varias normas de pureza, los sacerdotes tuvieron que tomar parte en las ceremonias fúnebres por Rabbí; además, se guardó por él un año entero de duelo (Ket 103b).

Una corte adecuada a tales exigencias costaba naturalmente dinero; en cualquier caso, la casa del patriarca en tiempos de Rabbí ya era próspera. Esta riqueza se basaba, sobre todo, en las extensas propiedades y en el comercio con los productos allí elaborados. Rabbí podría haber heredado una parte de estas posesiones, especialmente si nos aferramos a su filiación con la línea de Gamaliel. Antonino le pudo haber arrendado a Rabbí en Yablona (¿Golán?) dos mil yugos de tierra (TJ Shebi 6,1 36d). TJ Yeb 4,11 6a está al corriente de la cooperación de Rabbí con el gobierno romano en la cría de ganado vacuno. Las plantaciones de bálsamo mencionadas en Ber 43a se encontraban tal vez en la depresión del Jordán. Además, Rabbí habría poseído barcos comerciales propios (TJ AZ 2,10 42a). A pesar de que la tradición rabínica exagere en la caracterización de Rabbí, se ha de contar probablemente con los correspondientes ingresos. No se sabe si ya en su época también existieron los «impuestos para el patriarca» documentados posteriormente en las leyes romanas.

Mediante sus actividades económicas Rabbí entró en estrecho contacto con la clase social acomodada judía, lo que dio origen a la crítica por parte de muchos rabinos (Erub 85b-86a), pero también le ayudó a ejercer su influencia sobre las comunidades judías. Gracias a su poder económico Rabbí y sus sucesores también pudieron asociar a su persona de forma más estrecha a los rabinos, prestarles su apoyo en épocas de necesidad y hacerlos dependientes (BB 8a; Ket 10b). Solo Rabbí podía ocupar su tribunal, pues ninguna otra instancia estaba en disposición de anular su anatema (TJ Sanh 1 19a). Además, controlaba la actividad docente de los rabinos, manteniéndola bajo su supervisión (por ejemplo, MQ 16a).

En repetidas ocasiones Rabbí visitó las comunidades judías y algunas veces instituyó jueces a petición de estas (los habitantes de Simonia le solicitaron un maestro y juez en una sola persona: GnR 81,1, Th-A 969-972). También se dice que el patriarca cubría los cargos municipales por medio de legados (TJ Jag 1,7 76c acerca de Yehudá Nesia). Los textos no cuentan nada sobre los viajes de Rabbí al extranjero ni tampoco sobre los legados enviados a la Diáspora, según está documentado para época posterior. El testimonio de Justino (*Diálogo con el judío Trifón* § 108), acerca de que los judíos mandaron desde Jerusalén a gentes ordenadas mediante la imposición de manos para que calumniaran a los cristianos por todo el mundo, recuerda a Hch 8,3 (donde se dice que Saulo persiguió a los cristianos por orden del sumo sacerdote). En cualquier caso, este testimonio no se puede aplicar a la época de Justino. Los patriarcas tuvieron buenas relaciones con Babilonia. Algunos babilonios fueron a la corte patriarcal para estudiar y sirvieron como mediadores con el exilarca. Por su parte, otros maestros palestinenses se trasladaron a Babilonia y difundieron allí sus tradiciones. Incluso algunos rabinos viajaron sin cesar de acá para allá entre Babilonia y Palestina, probablemente por motivos comerciales en general.

Evidentemente la acumulación de competencias que reunía Rabbí trajo problemas consigo. Rabbí todavía fue capaz de solaparlas, pero sus atribuciones no pudieron pasar sin más a sus sucesores. Con frecuencia Ket 103b es leído como el «testamento» de Rabbí con una división de sus funciones en tres partes; sin embargo, el texto está demasiado remodelado desde una óptica babilónica como para que sea aprovechable a nivel histórico. El hijo más joven de Rabbí, Gamaliel, le sucedió como *nasí*, pero en la literatura rabínica pasó bastante desapercibido. Con Rabbí llegó a su fin una época, como así lo expresa Git 59a: «Desde los días de Moisés hasta Rabbí no encontramos en una misma persona (conocimiento de la) Torá y grandeza (en los asuntos mundanos)».

c) La evolución después de Rabbí

El carácter hereditario del Patriarcado llevó a que cada vez menos gente capacitada asumiera también esta posición, en ocasiones incluso jóvenes, según Eusebio y Jerónimo señalan de forma polémica en sus comentarios a Is 3,4. Además, paulatinamente los patriarcas se dedicaron a sus menesteres profanos en detrimento del estudio de la Tradición. Por esa razón, dejaron de tener influencia sobre la evolución de la enseñanza rabínica. Entre los eruditos perdieron su prestigio y a menudo los patriarcas solo pudieron defenderse de la fuerte oposición mediante el uso de la violencia. De hecho, el nieto de Rabbí, Yehudá Nesia, podría haber empleado «godos», probablemente esclavos no judíos, contra R. Simeón ben Laqis (TJ Hor 3,2 47a).

El tema de los impuestos se fue convirtiendo en motivo concreto de disputas. Según parece, el patriarca tenía influencia en la distribución de las cargas fiscales mediante la exención de los que estaban a cargo del servicio comunitario (BB 8a). R. Yehudá Nesia se creó enemigos al recurrir a los rabinos para determinadas tareas comunitarias, como la construcción de la muralla de Tiberias (BB 7b), o incluso más, cuando vendió algunos cargos comunitarios (Shabb 139a, Ket 17a recogen la protesta contra tales jueces), probablemente porque sus ingresos menguaron muchísimo en esta época de inseguridad económica. De esta manera, se fortaleció la crítica contra el Patriarcado (comp., por ejemplo, TJ Shabb 6,1 8a; TJ Sanh 2,1 19d-20a; GnR 80,1, Th-A 950s.). Algunos rabinos, como Yojanán, director de la escuela de Tiberias, llegaron a ser bastante independientes, y el patriarca tuvo incluso que dirigirse a Roma para pedir ayuda, como parece documentar un edicto de Diocleciano del año 293 acerca de un tal Yehudá, mencionado sin detalles: «El consentimiento de las personas particulares no hace juez a nadie que no presida un tribunal ni aquello que decida tal persona tiene la autoridad de una sentencia legítima» (CJ III 13,3).

d) Los patriarcas en la legislación romana

Acerca de los patriarcas posteriores a Rabbí tenemos solo pocos y no inequívocos indicios de que fueron reconocidos por Roma y apoyados por las autoridades. Sin embargo, desde Constantino las leyes romanas se ocuparon en reiteradas ocasiones de los patriarcas. Así, la primera vez tuvo lugar en el año 330 (CTh XVI 8,2): quien atiende a tiempo completo «las sinagogas de los judíos, a los patriarcas o a los presbíteros» está dispensado, al igual que otros asistentes religiosos, del servicio en las curias locales. No está claro si los presbíteros pertenecen a la corte patriarcal o son los jefes de las comunidades locales. En cualquier caso, este decreto robustece ciertamente la dirección central del judaísmo.

De la misma manera, una ley del año 392 (CTh XVI 8,8) fortalece al patriarca: los judíos no pueden dirigirse a un tribunal ordinario en contra del anatema del patriarca. Los patriarcas son denominados en esta ley *viri clarissimi et inlustres*, el tratamiento de la clase de funcionariado más alta en el Imperio. Su uso en un texto oficial indica la concesión de la prefectura honorífica para los patriarcas. Esto está atestiguado por primera vez aquí, pero probablemente es más antiguo, si se entiende como título la mención de los ilustres patriarcas (*lamprotatōn patriarchōn*) en la inscripción dedicatoria de la sinagoga de Hammat Tiberias (de mediados del siglo IV).

Una ley del 396 (CTh XVI 8,11) prevé el castigo de quienes agravien a los patriarcas. En el 397 se renuevan los privilegios de los asistentes religiosos judíos que están sometidos a la jurisdicción de los patriarcas (CTh XVI 8,13) y en el año 404 (CTh XVI 8,15) son ratificados todos los privilegios patriarcales anteriores. El patriarca Gamaliel V (¿o IV?) protestó con éxito contra las agresiones del gobernador romano en Constantinopla (Jerónimo, *Ep.* LVII 3).

Un decreto del emperador Honorio del 399 (CTh XVI 8,14) prohibió el envío del dinero al patriarca, que los mensajeros (*apostoli*) mandados por él habían recaudado en las comunidades judías del Imperio romano occidental. El dinero debía ir a parar a las arcas del Estado y el patriarca debía cesar la explotación de las comunidades. La ley tenía sus raíces en la disputa entre las dos partes del Imperio. Tras la reconciliación con el Imperio romano de Oriente, Honorio la derogó de nuevo en el 404 (CTh XVI 8,17).

Por primera vez son mencionados en una fuente oficial los mensajeros de los patriarcas que en su nombre recaudan dinero de las comunidades de la Diáspora. Sin embargo, una carta (probablemente verdadera) del emperador Juliano al patriarca Hillel ya le exige (seguramente en el contexto del proyecto de la reconstrucción del Templo de Jerusalén) que renuncie a los «impuestos de los mensajeros» (*apostolē*). También los textos cristianos de la época informan acerca de unos embajadores que reúnen en la Diáspora dinero para el patriarca (así Epifanio, *Panarion* XXX 11). Los detalles no son seguros. Es posible que fueran donativos voluntarios para el mantenimiento de la corte patriarcal y de las escuelas rabínicas, que con el transcurso del tiempo se convirtieron en un derecho consuetudinario y en unas tasas fijas. CTh XVI 8,29 del 429 habla de una suma fijada anualmente que los patriarcas reclaman bajo el nombre de «dinero de coronación» (*aurum coronarium*). Si la denominación lo describe correctamente, esta manifiesta las pretensiones de reinar de los patriarcas.

Después de las positivas leyes en relación a los patriarcas, sorprende CTh XVI 8,22 del año 415: «Ya que Gamaliel (IV) creía que podía infringir las leyes de manera impune» (*impune delinquere*: según parece, el patriarca no se atenía a determinadas leyes antijudías), le fue arrebatado el rango de prefecto honorífico, se prohibió la nueva construcción de sinagogas, además de ser ordenada la demolición de las situadas en zonas aisladas. Más tarde la ya mencionada ley del 429 marca el final del Patriarcado. Tras el ocaso del Patriarcado (*post excessum patriarcharum*), los responsables de los judíos en los sanedrines de ambas Palestinas (pues entre tanto la administración autónoma judía se había descentralizado) y en las otras provincias tienen que entregar a las arcas públicas del Estado los fondos destinados y en el futuro reunir anualmente la suma que antaño habían exigido los patriarcas.

Por consiguiente, el Patriarcado llegó a su fin probablemente después de la extinción de la familia de los patriarcas, al menos de la línea directa. El nombramiento de un nuevo patriarca seguramente habría requerido la aprobación del gobierno; sin embargo, desde su punto de vista, ya no era viable una administración autónoma judía centralizada. Una cierta sucesión de las funciones del patriarca la asumieron quizás los llamados archiferecitas en la *Novella* 146 de Justiniano (denominados *resh pirqa* en el *Sedem Olam Zutta*, lo que propiamente significa jefe de la escuela). No sabemos qué otras potestades detentaron además de la dirección de la escuela rabínica de Tiberias.

Como colofón presentamos un árbol genealógico de la familia patriarcal (sin Hillel, del que la tradición posterior hizo descender la familia). Las fechas son solo aproximaciones que han de facilitar una cierta cronología.

Gamaliel I	(mencionado en Hch 22,3 como maestro de Pablo)
Simeón ben Gamaliel I	(en activo antes de la guerra contra Roma)
Gamaliel II	(*ca.* 80-120 en Yabne)
Simeón ben Gamaliel II	(después del 130 en Usha)
Yehudá ha-Nasí (Rabbí)	(*ca.* 175-220 en Bet Shearim, después en Séforis)
Gamaliel (ben Rabbí) III	(*ca.* 220-230 en Séforis)
Yehudá (Nesia) II	(a mediados del siglo III en Séforis, después en Tiberias)
Gamaliel IV	(de él en adelante todos los patriarcas en Tiberias)
Yehudá III	(*ca.* 280-320)
Hillel II	(mediados del siglo IV)
Gamaliel V	
Yehudá IV	
Gamaliel VI	(muerto antes del 429)

2. *¿Un sanedrín?*

La investigación más clásica reúne los datos aislados en las obras de Josefo y en literatura rabínica sobre un consejo de ancianos (*gerusia*: AJ XII 138) o una «reunión del consejo» (en griego *synedrion*, hebraizado como sanedrín: AJ XIV 167ss.) o una «asamblea de judíos» (*jeber ha-yehudim*, mencionada junto con el rey en las monedas), para presentar un doble liderazgo del judaísmo en tiempos del Segundo Templo y también de época rabínica (con la correspondiente adaptación a la coyuntura del momento). Al lado del rey o del sumo sacerdote y después del patriarca habría estado un sanedrín, que al mismo tiempo habría hecho las veces de asamblea y de corte suprema. El Nuevo Testamento juega un papel fundamental en su reconstrucción: se habla de un consejo (*synedrion*) de ancianos y maestros de la Ley bajo la autoridad de un sumo sacerdote, que juzgaron a Jesús (Mc 15,1 y paralelos) y ante el cual los apóstoles tienen que responder (Hch 5,21 se refiere a él como *synedrion* y *gerusia* indistintamente). Para poder aprovechar todos los textos, se solía aceptar que el sanedrín evolucionó de una institución principalmente política en los comienzos a un cuerpo colegiado ante todo religioso en época rabínica. También se admitía que eventualmente, junto al sanedrín presidido por el sumo sacerdote, existió un segundo sanedrín bajo el poder de los fariseos, el cual habría tenido su continuación con los rabinos. Por el contrario, los nuevos estudios tienen sus dudas acerca de que estas instituciones, mencionadas en amplios intervalos de tiempo y con distintas denominaciones, puedan asociarse a un cuerpo que se mantuvo a lo largo del tiempo y que fue algo más que un grupo de asesores convocado *ad hoc*, un consejo del sumo sacerdote o el consejo municipal de Jerusalén, al que las fuentes igualmente llaman *synedrion*.

Por ello es también cuestionable hasta qué punto podemos relacionar los testimonios rabínicos acerca de un sanedrín o de una «corte suprema» (*bet din ha-gadol*) con los antiguos *synedria*. La Misná (Sanh 1,5-6) habla de un «Gran Sanedrín», que cuenta con setenta y un miembros, en correspondencia con los setenta ancianos presididos por Moisés (Nm 11,16); frente a él, un Sanedrín Menor estaría compuesto por veintitrés miembros. No se dice cómo son elegidos los miembros de este grupo. Las funciones atribuidas al Gran Sanedrín son las de una constitución ideal: solo él está en posición de juzgar a una tribu apóstata, a una ciudad disidente, a un falso profeta o al sumo sacerdote o incluso declarar una guerra. Tales casos se deducen de la Biblia, pero no corresponden al escenario real del periodo anterior al 70 y mucho menos a la época posterior del malogrado levantamiento contra Roma. Únicamente con un sinfín de hipótesis era posible explicar cómo un pequeño grupo de expertos en la Tradición fue capaz de hacerse con una autoridad de tanto alcance, de carácter legislativo y con las atribuciones propias del tribunal supremo, que no podía estar basada en instituciones anteriores ni servir a los intereses de la administración romana.

Desde el punto de vista tradicional, los textos rabínicos que se refieren a las decisiones tomadas en Yabne o posteriormente, en los que está implicado un gran número de rabinos, son interpretados como sesiones del (Gran) Sanedrín. En Yad 3,5 se habla del día «en que instituyeron a R. Eleazar ben Azaria [el paralelo 4,2 añade: en la sesión]». A partir de aquí, algunos textos rabínicos posteriores (TJ Ber 4,1 7cd; Ber 27b-28a) confeccionaron el relato de la destitución temporal de Rabbán Gamaliel en Yabne y de su sustitución por parte de R. Eleazar; la formulación de la Misná no es tan clara. Únicamente el uso de la lengua posterior entiende «sesión» (*yeshibá*) como «academia», pudiéndose equiparar al sanedrín. Además, resulta más sencillo entender ese «instituir» como la admisión de un miembro que como el nombramiento de un presidente.

Según se cuenta en Yad 3,5, acerca de este día existe una tradición recibida de boca de los setenta y dos ancianos (del sanedrín) que dice que «el Cantar de los Cantares y Qohelet manchan las manos». Abreviando, esta afirmación se ha entendido como la «canonización» de estos libros. En aquel mismo día se habrían votado («contaron y decidieron») otra serie de asuntos: que una determinada forma de la palangana para los pies puede ser impura, en qué momento ciertos sacrificios no son válidos como cumplimiento de su obligación, si hay diezmo de los pobres en la zona de Moab y de Ammón y otras cuestiones parecidas. En cualquier caso, no eran resoluciones de la transcendencia propia de las más altas instancias de un pueblo. A menudo algunas decisiones en detalles relativos a cuestiones de pureza, emitidas por treinta y ocho eruditos (SNm § 124, H. 158) o por treinta y dos ancianos en Lod (TosMiq 7,11, R. 286), se perciben como sesiones del Sanedrín en las que no todo el mundo participaba. Además, se acepta que las *taqqanot* (disposiciones sin fundamento bíblico) atribuidas a Yojanán ben Zakkay en determinados aspectos litúrgicos (RH 4,1-4) habrían sido apoyadas en realidad por el sanedrín de Yabne. Sin embargo, esto no implica cambio alguno en el retrato de la situación: probablemente en el periodo de crisis después del 70 un liderazgo «nacional» habría tenido obligaciones más urgentes. En esos textos no se habla nunca de un «sanedrín» y tampoco encajan con su descripción en Sanh 1-2. El establecimiento del calendario con la fijación de la luna nueva y de la inserción de meses intercalares, considerado a menudo como función del sanedrín, porque era un asunto de interés religioso general, se atribuye en Sanh 1,2 a un grupo de tres personas, máximo de siete, y no a una reunión de setenta y dos miembros.

En los comienzos del movimiento rabínico su líder todavía está activamente implicado en el desarrollo de la halaká. La escuela rabínica enseña y decide simultáneamente la halaká, con lo que cumple a su vez con la tarea de un «tribunal» religioso. No obstante, solo puede imponer sus decisiones si consigue convencer a las comunidades locales y a sus representantes. Tan pronto como el líder de los rabinos en calidad de patriarca asume tareas públicas, surge en torno a él su «corte» y un tribunal propio independientemente de la escuela rabínica. Por esta razón, se hacen más habituales las disputas acerca de las competencias del patriarca, de su corte y, por otro lado, de la escuela en la sede del patriarca o también de rabinos particulares. TJ Sanh 1,3 19a expone de modo esquemático esta evolución y el compromiso alcanzado al final en el tema del nombramiento de determinados cargos.

Por consiguiente, no se puede probar la existencia de un sanedrín en el sentido de un liderazgo nacional del judaísmo palestinense bajo la dirección del patriarca. Tampoco las leyes romanas que hablan del patriarca y de otros responsables en el judaísmo del siglo IV al V mencionan jamás un sanedrín. Únicamente después del ocaso del Patriarcado, CTh XVI 8,29 (del 459) alude a los «principales de entre los judíos que son designados en los sanedrines de las dos (provincias) de Palestina» —ellos deben entregar al Estado los fondos que antaño iban a parar a manos del patriarca—. El texto habla de sanedrines, es decir, asambleas que aparentemente representan a las comunidades judías de las dos provincias de Palestina (la provincia del sur, *Palaestina Tertia*, no tenía una población judía digna de mención). Allí hay jefes regionales, acerca de los cuales no sabemos si son elegidos por los sanedrines o establecidos de alguna otra forma. Posteriormente estos sanedrines ya no son mencionados nunca más. Sin embargo, está claro que ellos no continuaron detentando las funciones de un antiguo sanedrín.

3. *La administración de la comunidad y su jurisdicción*

En una teocracia, por la que siempre se tuvo a Israel, no hay ninguna diferencia entre derecho profano y religioso. Esta solo se agudizó cuando Judea en el 6 e.c. fue a parar directamente a manos de la administración romana. Por aquel entonces la jurisdicción romana se introdujo, al menos, en el marco del derecho penal. En las cuestiones de derecho civil los tribunales judíos tuvieron la competencia antes del año 70, siempre que ambas partes fueran judías, pero, de lo contrario, actuaban los tribunales romanos. En los asuntos relacionados con el derecho religioso los tribunales judíos mantuvieron su autonomía bajo la observación del sumo sacerdote y de su consejo.

Tras la derrota del año 70 los judíos de Palestina perdieron cualquier clase de potestad jurídica y lo mismo volvió a suceder después de la insurrección de Bar Kokba: «En los días de R. Simeón bar Yojay se le arrebató a Israel la jurisdicción civil (*dine memonot*)» (TJ Sanh 1,1 18a). Solo poco a poco se pudo imponer de nuevo una jurisdicción judía, en especial sobre la administración comunitaria. A nivel oficial, la competencia legal fue (y así se mantuvo) un asunto de la administración romana; a su vez, el gobernador representó la máxima instancia judicial. Sin embargo, en el campo del derecho civil y de los asuntos penales menos importantes la administración romana seguramente permitió que en el oriente del Imperio también tuvieran validez las tradiciones legales regionales. En cuanto Palestina estuvo dividida en municipios con sus distritos (esto sucedió cada vez más con el transcurso del tiempo), también la jurisdicción pasó a pertenecer a las obligaciones administrativas de estas ciudades. En ciudades con alto porcentaje de judíos o incluso con mayoría judía, como, por ejemplo, en Séforis o en Tiberias, esta también se pudo atener muy posiblemente a las tradiciones judías. Este hecho se dio mucho más en las regiones de la Alta Galilea y del Golán, que no estaban organizadas por municipios y que por entonces eran un punto esencial de asentamiento judío. Aquí se mantuvo la administración tradicional de las aldeas por medio de los antiguos notables, los cuales ejercieron también la autoridad jurídica local. El aceptar sus decisiones dependía de la cohesión social. Siempre quedaba la posibilidad de una apelación a los tribunales romanos; pero es probable que la animadversión hacia el gobierno de Roma y algunas tradiciones religiosas lo hicieran algo excepcional (como el caso de Tamar, que condenada por R. Jiyya a causa de su comportamiento inmoral, se dirigió al tribunal romano de Cesarea: TJ Meg 3,2 74a).

Algunos textos rabínicos hablan de tribunales locales fijos que pueden obligar a una persona a comparecer, en los que no es posible elegir al juez e incluso se debe aceptar la sentencia sin cuestionarla. Hay testimonios de ello desde finales del siglo II (SDt § 17, F. 27). Es frecuente también la existencia de jueces escogidos libremente. Los rabinos se pronuncian en contra de los jueces unipersonales: «No actúes de juez en solitario, pues solamente [puede actuar de] juez en solitario el Único», es decir, Dios (R. Yismael ben R. Yosé en Abot 4,8). Sin embargo, a menudo también están documentados los jueces unipersonales en estos textos rabínicos. La aceptación voluntaria del tribunal por las partes exige que incluso desde el comienzo del proceso uno pueda marcharse y ejercitar su derecho a ser juzgado en cualquier otro lugar (TosSanh 1,7, Z. 413).

Por regla general, a los jueces no se les pagaba: «Si un juez acepta dinero por juzgar, su sentencia es nula» (Bek 4,6). Los jueces debían ser independientes desde el punto de vista financiero y no dedicarse a ninguna profesión. R. Eleazar de Modiim añade que, no obstante, también tienen que estar versados en la enseñanza (Mek *Amaleq* 4, L. II 184; antes se dice que deben ser ricos para ser incorruptibles). Naturalmente el tribunal y la administración local eran por tradición un dominio de los ricos. Desde Rabbí los patriarcas intentaron ganar cada vez más influencia en el nombramiento de los jueces. Tradicionalmente la judicatura era un asunto de la comunidad local, que elegía a sus propios jueces. Pero a partir de aquel momento también el patriarca los designó, aunque siempre a petición de una comunidad, según era la costumbre (ya se ha mencionado el caso de los habitantes de Simonia). Solo paulatinamente los patriarcas tomaron el control sobre la investidura de los jueces judíos. El hecho de que a menudo prefirieran para ello a las antiguas clases de notables desataba la ira de los rabinos. A los jueces ricos les recriminaban su ignorancia (por ejemplo, Mek *Kaspa* 3, L. III 168) o incluso su corruptibilidad (por ejemplo, SDt § 144, F. 198s.); de ahí que afirmaran generalizando: «Cualquier desgracia que le sobreviene al mundo, le sobreviene por culpa de los jueces de Israel» (Shabb 139a). Sin embargo, con más y más frecuencia el patriarca eligió a rabinos como jueces, los cuales intentaron hacerse respetar por su conocimiento del derecho judío. Sobre ello alegaron que un rabino instruido, a diferencia de un juez lego, no estaría obligado a indemnizar, en el caso de que tomara una decisión errónea en cuestiones patrimoniales, según ya había opinado R. Aqiba: «Aquel que es considerado un experto ante el tribunal, no está obligado a indemnizar» (Bek 4,4).

Algunos jueces judíos podían estar en activo en el ejercicio del derecho penal exclusivamente en el marco de las competencias de las ciudades y de las comunidades locales donde tenían la mayoría. En la instrucción del derecho civil podían imponerse si ambas partes eran judías y, al menos, una acudía a la corte judía: el juez tenía potestad para obligar al otro a presentarse o, en ausencia, también para condenar (siempre y cuando esa persona no apelara al tribunal romano). Sin embargo, también era posible presentarse por propia voluntad a una corte judía, aun cuando una parte o incluso ambas no fueran judías. Por ejemplo, TJ BQ 4,1 4b alude a dos gentiles que fueron ante el tribunal rabínico. De acuerdo con la explicación rabínica, los tribunales judíos siempre debían juzgar a los gentiles en función de su propio derecho (por ejemplo, Sanh 56a). La apelación a los jueces judíos por los gentiles demuestra la confianza que se depositaba en la eficiencia e imparcialidad de estos. Solo una ley del 398 (CTh II 1,10) redujo las competencias de los magistrados judíos, incluso en lo que respecta a los judíos. CTh XVI 8,22 del 415 se dirige contra Gamaliel IV, entre otros asuntos, con la recriminación de haber juzgado a judíos y no judíos. Naturalmente los jueces judíos bajo la autoridad del patriarca gozaban de competencia absoluta en asuntos religiosos, lo que comprendía, ante todo, el derecho de familia (la validez de matrimonios y divorcios, la anulación de la obligación del matrimonio por levirato mediante la *jalitzá*, etc.), pero también el derecho de sucesión, regulado según la Biblia, por el que fácilmente se podía entrar en conflicto con la legislación romana.

Para forzar la aceptación de la sentencia en caso necesario, el anatema sobre aquel que no la acataba resultaba un medio idóneo. Solo podía anularlo quien lo había decretado. En el supuesto de que esto no fuera posible (por ejemplo, si entre tanto el juez moría), el patriarca pasaba a ser el responsable. El anatema era un mecanismo de presión social extremadamente efectivo, pues el excomulgado quedaba totalmente aislado dentro de su comunidad. Las autoridades romanas no impidieron su aplicación, según se dice explícitamente en una ley del 392: «Está claro que ellos pueden dictar sentencia en el marco de su religión e imponer el anatema según su juicio y parecer» (CTh XVI 8,8). También entraban en acción los castigos corporales y sobre todo las penas pecuniarias (por ejemplo, TJ BQ 8,8 6c). En cambio, resulta problemática la afirmación de Orígenes (*Ep. ad Africanum* § 14): Los judíos «no solo mantienen procesos secretos según la ley (judía), sino que condenan a muerte a algunos. En ello actúan sin completo conocimiento de las autoridades, pero tampoco totalmente en secreto». La carta escrita en el 240 pasa revista quizás a sucesos aislados que podrían situarse en la época de la gran autoridad de Rabbí. Con todo, no es posible hablar de una tolerancia romana oficial respecto a las ejecuciones por los tribunales judíos.

Una ley del año 398 (CTh II 1,10) intervino decisivamente en la jurisdicción judía y limitó sus atribuciones a cuestiones religiosas y al arbitraje voluntario. Las dos partes judías tenían que someterse a este arbitraje en un acto formal: solo así la sentencia era válida y era ejecutada por las autoridades romanas. Por lo demás, a partir de entonces la autoridad romana en exclusiva pasó a ser también la responsable en la jurisdicción civil, quedando restringido el derecho judío al terreno puramente religioso. Mediante esta ley y otras medidas similares el gobierno fue confinando el judaísmo cada vez más al estatus de una comunidad religiosa sin otras competencias legales.

2

EL AUTOGOBIERNO JUDÍO EN BABILONIA

1. *El exilarca*

El líder del judaísmo babilónico en época talmúdica e islámica se llama «exilarca», en arameo *resh galuta*, «jefe de la diáspora». Con «diáspora» siempre se alude a Babilonia (por ejemplo, Esd 1,11). Ocasionalmente al exilarca se le llama *nasí*, «príncipe», al igual que al patriarca palestino (Git 14b-15a). Como denominación honorífica detenta el título de *mar*, «señor», similar al título de *rabbán* de los patriarcas.

a) Los comienzos del Exilarcado

Los orígenes del Exilarcado permanecen en la oscuridad. Solo en el siglo III comienzan a existir noticias al respecto, aunque únicamente en fuentes judías —los documentos oficiales partos o persas mencionan al exilarca tan poco como los textos cristianos de su época.

El *Seder Olam Zutta* (de finales del siglo VII o principios del VIII) ofrece una lista de exilarcas que comienzan con Jeconías en el Exilio babilónico. La obra pretende probar que la línea davídica de los exilarcas terminó con Mar Zutra, cuando este a inicios del siglo VI emigró a Palestina. Por esta razón, los exilarcas posteriores no fueron legítimos, de manera que tampoco pudieron ser considerados por los rabinos como la autoridad suprema. El texto no sirve como testimonio de la fase inicial del Exilarcado. Los primeros nombres de su lista remiten a 2Re 25,27 (indulto de Jeconías por el rey de Babilonia) y 1Cr 3,17-24 (lista de nombres de los descendientes de Jeconías). Se ha de aceptar que la Diáspora babilónica siempre había necesitado una cierta organización para conseguir sobrevivir como minoría, pero la cuestión de cómo se constituyó permanece tan abierta como la pregunta de si el liderazgo lo

desempeñaron sucesores de la dinastía davídica, aun cuando sea imaginable e incluso hasta probable.
Según el texto ya citado de Hor 13b, el padre de R. Natán (segunda mitad del siglo II) lleva el cinto (*qamara*), que en la administración persa distingue al titular de una autoridad religiosa a la vez que jurídica. Por eso, podría haber sido el líder de una minoría judía, responsable de temas tanto religiosos como legales. La referencia en Git 14ab sobre funcionarios judíos con grandes privilegios encajaría bien con esto. En cierta ocasión J. Neusner dedujo a partir de Hor 13b-14a una mayor antigüedad del cargo de dignatario del padre de Natán y supuso que la creación del Exilarcado habría tenido lugar en la reforma administrativa de Vologeses I (51-79). Este les habría dado a los judíos de Babilonia una organización central, para hacerlos más independientes del centro palestinense después de la destrucción del Templo y con ello del Imperio romano. Así pues, aunque la argumentación por sí misma resultaría plausible, el texto tardío del Talmud de Babilonia apenas puede servir como base.

La institución del Exilarcado está realmente atestiguada solo desde el siglo III. Sin embargo, el Talmud únicamente ofrece noticias aisladas e incoherentes sobre los exilarcas. De algunos de ellos a menudo no se conoce más que el nombre y alguna que otra anécdota; con frecuencia tampoco es seguro el cargo exacto de algunos personajes mencionados en el Talmud. Según parece, los exilarcas no fueron lo bastante importantes ni para los rabinos ni para los padres de la tradición talmúdica. Por tanto, resulta también casi imposible la elaboración de un árbol genealógico de los exilarcas o de una historia ininterrumpida del cargo.

b) Autoridad y competencias del exilarca

La autoridad del exilarca se basaba, sobre todo, en su reconocimiento por parte del gobierno persa, que lo designaba e incluso tal vez ponía a su disposición los medios correspondientes. Parece que como alto dignatario también había tenido acceso a la casa real (Ket 61ab narra la visita de Amemar y Mar Zutra a Yazdayird). El respaldo de las autoridades estatales le posibilitaba al exilarca, que probablemente residía en Mahoza o Ctesifón, el hacerse respetar entre sus conciudadanos judíos, en caso necesario, por la fuerza (Sanh 5a).

Al menos igual de importante es el prestigio del exilarca dentro de la comunidad judía por su presunto linaje davídico. Esta procedencia aparece afirmada en el *Seder Olam Zutta*, pero también se presupone en Shabb 55a cuando Semuel relaciona Jr 21,11s.: «Casa de David, así dice el Señor, haz justicia de mañana» con el exilarca Mar Uqba. Por su ascendencia el exilarca es incluso superior al patriarca, como lo atestiguan las propias fuentes palestinenses. Según GnR 33,3 (Th-A 306; más breve en TJ Ket 12,3 35a), Rabbí le concedería la supremacía al exilarca Rab Huna, si este fuera a Palestina: «Pues él desciende de Judá, yo de Benjamín; él desciende de la línea masculina, yo de la línea femenina». Jull 92a también pone de relieve el origen regio del exilarca. En este pasaje Rabba interpreta Gn 32,27 (la lucha de Jacob) de este modo: «Le indicó que dos príncipes saldrían de él: el exilarca en Babilonia y el patriarca en Israel». R. Jiyya, que probablemente estaba emparentado con la casa del exilarca, advierte a Rabbí en Hor 11b (el paralelo de Sanh 5a no menciona a Jiyya) de la autoridad superior del exilarca frente al patriarca: «Allí está el cetro, pero aquí un legislador; pues se enseña: "Nunca cesará el cetro de Judá", [refiriéndose] al exilarca en Babilonia que somete a Israel con su báculo; "y el legislador (en este contexto se puede traducir así) de entre sus pies" (Gn 49,10), [aludiendo] a los descendientes de Hillel, que públicamente le enseñan a Israel la Torá». Jiyya contrapone el amplio poder del exilarca en el terreno secular a la autoridad legal meramente religiosa del patriarca. El exilarca ejerce la jurisdicción interna del judaísmo en Babilonia. Si los rabinos quieren estar activos en la política y en la comunidad, depende siempre del exilarca. Esta situación tiene como consecuencia que, al menos en los comienzos del periodo amoraítico, los rabinos no dirigen sus críticas prácticamente nunca hacia el exilarca.

Los rabinos le reconocen al exilarca una serie de privilegios. Cuando hace la lectura litúrgica, no tiene que ir al arcón de la Torá, sino que «se le trae la Torá al exilarca». R. Yosé beR. Bun lo justifica así: «Puesto que procede de la familia de David, se le tratará como a su antepasado» (TJ Sot 7,6 22a). Gracias a su posición, está dispensado también de ciertas prescripciones religiosas, mientras que del patriarca se espera que se atenga a la halaká de manera ejemplar (no obstante, también goza de privilegios por su trato con el gobierno romano: TJ AZ 2,2 41a). Así, al exilarca se le permite utilizar la litera también en sabbat, porque el público lo necesita y por eso no debe fatigarse precipitadamente (TJ Betz 1,6 60c); su mujer puede llevar determinadas joyas incluso durante el sábado, que a otras mujeres les están prohibidas (TJ Shabb 6,1 7d) y a los criados del exilarca les está permitido realizar trabajos, normalmente prohibidos, en casa de su señor para preparar la tradicional recepción del sábado, etc. Cuando un exilarca muere, esta noticia se le da a conocer a todo el pueblo; también existen determinadas muestras de respeto por el fallecimiento de un miembro de la familia del exilarca (MQ 22b) y cambios en la liturgia (en TJ Ber 4,6 8c se dice que la oración de *Musaf* se suprime en la sinagoga, porque el hijo del exilarca ha muerto).

Un problema en la evolución del Patriarcado fue que la competencia del patriarca decreció rápidamente en cuestiones relacionadas con la Ley religiosa: sus otras obligaciones no le dejaban suficiente tiempo para su estudio. En cambio, el exilarca, a diferencia del patriarca, no provenía del movimiento rabínico, por lo que tampoco podía ser valorado desde el estándar de los rabinos. Aunque también se le reprochó al exilarca y a su corte la ignorancia de la tradición judía y el incumplimiento de la Ley, este hecho no hizo peligrar nunca su posición entre el pueblo. Más frecuentes son las quejas de los rabinos acerca de que los sirvientes de los exilarcas se tomaban la libertad de atacarlos (Git 67b; AZ 38b; etc.).

Poco se puede decir sobre la evolución del Exilarcado. Justo después de los comienzos de la institución, en los albores del siglo III, se produjo ya una crisis con la toma de posesión del gobierno de los Sasánidas (Ardasir I, 226-242). Para empezar, los judíos perdieron su independencia administrativa y su autonomía jurídica (Ber 58a; BQ 47a). Posteriormente pudo haber un exilarca, pero este perdió totalmente su importancia. Serira Gaón (§ 154, Schl. 205) menciona a Mar Rab Uqba como sucesor de Huna; sin embargo, a Mar Uqba no se le denomina jamás exilarca. El personaje más significativo del judaísmo babilónico en este tiempo fue Semuel, al que la tradición le atribuye el acuerdo con el nuevo gobierno persa, al prometer la minoría judía atenerse a la ley persa estatal. Semuel reconoció a Mar Uqba como la autoridad legal suprema (MQ 16b; Shabb 55a), aun cuando tal vez este no alcanzó el título de exilarca.

Desde finales del siglo III aumentó la tensión entre el exilarca y los rabinos, los cuales le reprochaban su desconocimiento de la tradición judía. Geniba, un discípulo de Rab, dedujo de Prv 8,15 («Por mí [la sabiduría divina] reinan los reyes y los principales ejercen la justicia») que el exilarca había de someterse a los rabinos expertos en la Torá. En este conflicto se impuso el exilarca solo por su poder político, entregando a este crítico a las autoridades persas para su ejecución (Git 7a). Estas estaban interesadas en mantener a un exilarca fuerte, que fuera responsable de la minoría judía frente a ellas.

También surgieron problemas porque los rabinos exigieron sin demora la exención de la *karga*, la capitación que se cobraba a las minorías. Por consideración a la población judía común, el exilarca no podía consentirlo. Apoyándose en Esd 7,24 («Nadie está capacitado a imponerles tributo, impuesto o peaje a ninguno de los sacerdotes, levitas [...] servidores de la Casa de Dios») Raba rechazó todos los gravámenes impuestos a los eruditos y, para escapar de la capitación, hasta defendió la opinión de que a un estudioso de la tradición talmúdica incluso le estaría permitido desmentir que era judío (Ned 62b; comp. Sot 10a; BB 8a). El exilarca no podía transigir en este punto. En caso de que fuera responsable ante el gobierno persa de la suma total de la capitación de la minoría representada por él, tendría que haber aumentado las cargas fiscales de los otros para eximir a un grupo. Esta desavenencia por el tema de los impuestos, sobre la que los documentos provienen, en particular, de la primera mitad del siglo IV, habría acabado seguramente con la victoria del exilarca. La gran crisis del Exilarcado llegó con la amenaza generalizada del judaísmo babilónico en la segunda mitad del siglo V. Según Serira Gaón, el exilarca Huna V fue ajusticiado bajo el dominio del rey Peroz en el año 470. Los disturbios siguientes condujeron a un intento del exilarca Mar Zutra de independizarse a nivel político. Derrotado por los persas, fue crucificado. Su hijo, Mar Zutra III, nacido el día de la ejecución de su padre, huyó después a Palestina. Aunque para el siglo VI la tradición nombra algunos exilarcas, se pierden los rastros concretos. Probablemente bajo el poder de Cosroes II ya no existía una administración autónoma judía, con lo que tampoco un exilarca hasta la conquista árabe en el año 640.

Hubo un nuevo comienzo bajo los auspicios de los árabes, que reconocieron a Bustanay como exilarca. Se sabe muy poco sobre sus sucesores: parece que el Exilarcado no tuvo ninguna gran relevancia. En el siglo VIII una disputa entre los descendientes dentro de la familia derivó en graves consecuencias: el candidato perdedor, Anán, provocó la segregación de los caraítas del judaísmo rabínico. En relación al siglo X, los hallazgos de la geniza de El Cairo han arrojado algo de luz sobre el Exilarcado. Natán ha-Babli se hace eco del solemne ceremonial de esta época en la toma de posesión del cargo de exilarca y nos informa de sus fuentes de recursos. No obstante, lo que en general sabemos del exilarca todavía hoy se resume, ante todo, en una historia de continuas disputas y luchas de poder. A continuación, la función del exilarca, cuyas competencias ya eran muy limitadas, desapareció con mucha rapidez. Jizqiyya, mencionado como exilarca en torno al 1021, fue el último que ocupó esta posición después de Abraham ibn Daud (hasta *ca*. 1060). Otras fuentes se refieren al nieto de Jizqiyya, de igual nombre, como exilarca (hasta *ca*. 1100) y también llevaron todavía ese título varios de sus sucesores.

2. *La jurisdicción judía*

No sabemos si los judíos de Babilonia ya tenían una jurisdicción propia en época parta ni cuál sería su alcance. Desde el siglo III el gobierno de los Sasánidas resultó complicado para los judíos, hasta que se ratificó su autonomía con el acuerdo de Semuel y también fue reconocida una cierta autoridad jurídica propia. En el derecho penal los tribunales judíos no tenían ninguna competencia. De tiempos de Rab y Semuel no ha llegado ni un solo caso concreto seguro de derecho penal. Un tribunal judío no podía dictar sentencias de muerte. De hecho, cuando Rab Kahana hizo ajusticiar a un hombre, tuvo que huir a Palestina para no ser acusado de asesinato por los persas (BQ 117a). Incluso en el derecho patrimonial los tribunales judíos solo eran responsables de casos menores, y esto solo cuando aplicaban el derecho persa, ateniéndose al principio de *dina demalkuta dina*, «la ley del Estado es la ley (vigente)» (BQ 58b).

El exilarca solía emplear a rabinos en su administración, los cuales ocupaban tanto los tribunales locales comunes como también la corte central (así, por ejemplo, Semuel llevó el título de «juez del Exilio»). El Talmud menciona con frecuencia la «puerta del exilarca», es decir, su tribunal de justicia superior (por ejemplo, en BB 65a), y a los «rabinos de la casa del exilarca», que dirigían su administración (Shabb 58a; Sukk 31a). Naturalmente el exilarca designó también a otros como magistrados, los cuales eran menospreciados por los rabinos con el calificativo de «jueces ignorantes». Entre los rabinos y los jueces legos surgieron tensiones, de la misma manera que entre los rabinos y el exilarca. En el ámbito en que los rabinos fueron fuertes, intentaron imponer el derecho misnaico. En cuestiones de Ley religiosa el exilarca les dio plena libertad; sin embargo, en asuntos significativos a nivel político y económico insistió en su autoridad y en la salvaguardia del derecho persa.

Donde los judíos son mayoría, el exilarca y sus jueces ejercen su competencia, sobre todo, en el derecho civil y en el control del mercado. De tal modo, el exilarca designa a Rab como inspector de mercado (*agoranomos*). Este intenta atenerse a la interpretación palestinense, donde el inspector de mercado solo debe controlar los pesos, pero no los precios; sin embargo, el exilarca lo manda a la cárcel hasta que transija a controlar ambos (TJ BB 5,13 15b; BB 89a). Posteriormente las funciones de dicho cargo se amplían más aún. Por ejemplo, decide acerca de la admisión en el comercio de un judío no residente y observa que se cumplan las prescripciones rituales del degüello de animales (Sanh 25a). Para tal objeto dispone de un medio de presión —donde la comunidad se ciñe a las leyes alimenticias rabínicas, él puede incitarla a boicotear a un matarife y así fácilmente arruinarlo.

Los jueces judíos se ocupan, en particular, de temas patrimoniales. Su nombramiento por el exilarca es requisito indispensable para no cargar con un eventual error (Sanh 5a). Ellos sancionan los delitos de la propiedad (BQ 58b; 96b) y abordan todas sus formas de cesión. Son responsables en cuestiones de herencia (BB 33a; 125b) y en el derecho de obligaciones (cobro de las deudas, en Shebu 41b). El derecho matrimonial —enlace, divorcio, segundas nupcias— es competencia de ellos, sobre todo porque implica también temas de bienes. En este ámbito es determinante, a su vez, la redacción válida de documentos (por ejemplo, en Git 35a se habla de actas de divorcio). En casos particulares el tribunal también puede obligar a ello a un cónyuge que no se quiere divorciar (Git 34a). Del mismo modo, la ejecución de la *jalitzá* (la renuncia al matrimonio por levirato) es asunto del tribunal.

En temas religiosos los tribunales son los garantes, sobre todo, de hacer respetar la santificación del sabbat y de los días festivos; se ocupan de prescripciones rituales y están capacitados para anular votos. No obstante, no pueden obligar a que se acepten sus decisiones en la mayoría de cuestiones religiosas. A menudo al tribunal solo le queda maldecir a aquel que no se atiene a sus fallos. Además, el anatema impuesto por los rabinos únicamente surte efecto si afecta al particular en un entorno judío en su gran parte o en exclusiva, pero no si hay grupos enteros a los que no les importa (como en Jull 132b donde se menciona a los carniceros de Huzal, que estaban ya veintidós años bajo anatema). Es comprensible si se establece este principio: «No se ha de dictar una ley si la mayoría de la comunidad no es capaz de cumplirla» (AZ 36ab).

3

EL RABINO

1. *Los comienzos del Rabinato*

Los testimonios más antiguos donde aparece el título de rabino se remontan a tiempos de la destrucción del Templo. Se originó a partir del tratamiento como *rabbí* del maestro versado en la tradición, en el sentido de «mi señor, mi maestro». Así, en el Nuevo Testamento a menudo se dirigen a Jesús como *rabbí*. Sin embargo, el sufijo de la palabra *rab* pierde pronto su significado como posesivo, de manera que *rabbí* se convierte en el título incluso sin que implique una relación directa entre maestro y discípulo. La Tosefta intenta esclarecer del siguiente modo este cambio semántico y las diferencias que ello conlleva en la denominación de los maestros de la tradición tannaítica: «A quien tiene discípulos y [también] sus discípulos [los tienen] se le llama *rabbí*; si fueron olvidados sus discípulos, se le llama *rabbán*; si fueron olvidados unos y otros, se le llama [solo] por su nombre» (TosEduy 3,4, Z. 469). Con ello la Tosefta indica que a los maestros citados por los rabinos de época anterior al 70 se les llama por su mero nombre y sin el título de *rabbí*, mientras que después del 70 algunos rabinos llevan el honorable título de *rabbán*, «nuestro maestro» (Yojanán ben Zakkay, Gamaliel y su hijo Simeón ben Gamaliel, esto es, los primeros tres líderes de los rabinos tras el 70).

La aparición de la denominación de *rabbí* como título no es solo una evolución insignificante propia de la historia de la lengua; más bien, está ligada a la formación de una nueva élite religiosa en el judaísmo después del 70 y con el hecho de su propia percepción como tal. Los rabinos se consideran los sucesores de los sacerdotes, los cuales habían perdido sus funciones con la destrucción del Templo. Naturalmente tal cambio en la comprensión de su propia posición no podía suceder de repente. No obstante, al menos algunos grupos dentro del judaísmo se acostumbraron pronto a que el Templo no iba a ser reconstruido tan rápido, a que su época ya había pasado desde hacía tiempo y a que una nueva era comenzaba, era que después fue designada, según los rabinos, como la «época rabínica».

Es evidente que los rabinos tienen precursores históricos. A menudo se les concibe como sucesores de los fariseos. Pero con ello no se explica el amplio espectro del Rabinato, que asume también el ideal de los doctores de la Ley y los elementos sacerdotales. Los fariseos, como doctores de la Ley, ya representan antes del 70 una posición religiosa que después permitió superar con más facilidad la pérdida del Templo. Los fariseos tomaron en serio la concepción de Israel como el «pueblo santo», en cuyo centro se halla Dios. Por eso, para ellos estaban vigentes las prescripciones de pureza que regulaban el acceso al Templo y la participación en el culto; y no solo allí, sino que estas determinaban la vida cotidiana. El cumplimiento de las prescripciones de pureza del Templo en el día a día era una postura fundamental de los fariseos que los rabinos asumieron. Por esta razón, pero también por los sacerdotes presentes en sus propias filas, las normas de pureza ocuparon un volumen tan grande en la Misná y la Tosefta.

La posición central de la Torá y de su estudio en el Rabinato es fruto, más bien, de la herencia de los doctores de la Ley, los cuales, sin embargo, no fueron un grupo distinto al de los fariseos, sino que en parte pertenecieron a estos, aunque sin coincidir totalmente. Mientras que los fariseos transfirieron las normas de pureza propias del culto en el Templo a la vida cotidiana, despojando al Santuario de su importancia exclusiva, los doctores de la Ley realmente vieron en la Torá y en el estudio el medio para sustituir el culto y el Templo. Ambas tendencias se fusionaron y fortalecieron la una a la otra después del 70.

2. *¿Cómo se convierte uno en rabino?*

A diferencia de lo que sucedió en época postalmúdica, el ser rabino no fue ninguna profesión en los siglos posteriores al 70, sino una forma de vida. En los comienzos del movimiento no había requisitos formales para tomar parte en ella: los miembros de las comunidades fariseaicas y doctores de la Ley, representantes ambos de una determinada formación religiosa, fueron los implicados principales; pero también estuvieron abiertos a otros que se identificaron con sus metas y asumieron su modo de vida —sobre todo, en cuanto a las normas alimenticias y de pureza y al pago escrupuloso de todos los tributos prescritos en la Biblia.

No obstante, desde muy pronto se llegó a una instrucción propia del futuro rabino. Aquel que era capaz de leer y escribir y tenía conocimientos básicos en la Biblia y en la tradición judía, podía unirse a un *rabbí* en calidad de discípulo. La faceta escolar de la formación de un rabino se tratará en un capítulo posterior, pero en este punto pondremos de relieve elementos igualmente importantes en la instrucción vital mediante el discipulado.

Los textos rabínicos se refieren al discipulado que lleva a término el estudio de la Biblia y de la tradición como «servicio» de los discípulos de los Sabios. Al hecho de estar de aprendiz en casa de un rabino se le llama servir. No es solo una forma de hablar, sino que se ha de tomar literalmente. En una ocasión dice R. Yojanán que durante todos los años en que Rab había servido a Rabbí y a R. Jiyya sentado, él mismo había servido de pie (Jull 54a). Con ello se expresa probablemente una diferencia en el grado del discipulado: Yojanán asistía todavía a sus maestros en sentido real, mientras que Rab ya estaba sentado ante ellos; es decir, se dedicaba principalmente a su aprendizaje. El discipulado dura años, durante los que el discípulo suele vivir en casa de su maestro, en especial si no es oriundo del mismo sitio. En este tiempo normalmente aplaza la creación de una familia propia. Pero si él ya está casado, a menudo no verá a su familia en meses, en casos extremos tampoco en años, según cuenta la leyenda acerca de Rabbí Aqiba (Ned 50a). Solo a quien hubiera soportado este discipulado se le consideraba un miembro de plena valía del círculo rabínico. Por el contrario, quien no hubiera servido nunca a un maestro, a pesar de que se hubiera aplicado mucho en el estudio, no pasaba de ser, sin embargo, un *am ha-aretz*, un ignorante (Sot 21b-22a). La discrepancia en la enseñanza también desembocó en que con el aumento del número de estudiantes en la escuela de Hillel y en la de Sammay, los discípulos ya no sirvieran a sus maestros tanto como en realidad hubiera sido necesario (Sanh 88b).

En el contacto diario con su maestro el estudiante aprendía, ante todo, a comportarse correctamente. Al comer con su maestro interiorizaba las bendiciones sobre la comida. Lo imitaba en la forma de vestirse, en la manera de hablar y en todas las expresiones de la vida cotidiana. Se le daba gran importancia a la ropa cuidada, los buenos zapatos, la limpieza y el orden (Shabb 114a; BB 57b-58a) y se diferenciaba de la población común incluso en la forma de hablar. En esta convivencia, que en todos los aspectos tomaba con seriedad el modelo del maestro, se desarrolló un marcado tradicionalismo.

Naturalmente esta estrecha vida en común tuvo también consecuencias negativas. Las fuentes informan, en particular, de la rivalidad de los rabinos por tener el mayor número posible de estudiantes, a los que no les suelen permitir cambiar de maestro. Juegan un gran papel los celos y el desprecio hacia otros rabinos. Quien no busca nunca incrementar su propio honor a costa del de los demás es considerado un ejemplo modélico y recibe como pago una larga vida (Meg 28a). A pesar de esa tensión entre los rabinos y sus discípulos, se formó una marcada conciencia de clase, que con frecuencia también condujo a la herencia de la condición rabínica. Sin embargo, también se tuvieron malas experiencias al respecto. Así, algunos rabinos babilónicos mantuvieron la siguiente discusión: «¿Por qué los discípulos de los Sabios (es decir, los eruditos) no suelen engendrar hijos [que también sean] discípulos de los Sabios?». Rab Yosé responde: «Para que no se diga que la Torá es su herencia». Algunos opinan que se considerarían superiores a la comunidad, otros que llamarían asnos a la gente y que no recitarían la bendición antes de estudiar la Torá, porque el ocuparse de la Torá les parecería algo cotidiano (Ned 81a).

Así pues, la meta de la formación, que no tenía una duración determinada, era capacitar a uno para tomar decisiones por sí mismo en cuestiones de derecho religioso de manera libre e independiente y poder preparar a sus discípulos. A ello estaba ligado el título de *rabbí*, que en Babilonia era usado como *rab*. Un rabino famoso podía estar al servicio del patriarca o del exilarca e impartir justicia en sus tribunales o también en la corte local.

Sanh 5a responde con dos ejemplos a la pregunta de qué significa tener una autorización rabínica (*reshuta*): «Cuando Rabba bar Jana iba a bajar a Babilonia, dijo R. Jiyya a Rabbí: El hijo de mi hermano va a bajar a Babilonia. ¿Podrá enseñar? Que enseñe. ¿Podrá juzgar? Que juzgue. ¿Podrá declarar permitidos los animales primogénitos [para el uso profano]? Podrá. Cuando Rab iba a bajar a Babilonia, dijo R. Jiyya a Rabbí: El hijo de mi hermana va a bajar a Babilonia. ¿Podrá enseñar? Que enseñe. ¿Podrá juzgar? Que juzgue. ¿Podrá declarar permitidos los animales primogénitos [para el uso profano]? No podrá». En el primer caso Rabbí le permite al susodicho decidir de modo independiente la halaká y enseñar, juzgar y aprobar los animales primogénitos para el uso profano; en cambio, Rabbí no autoriza al segundo en el tercer punto. A partir de otros textos se puede deducir como competencias adicionales de un rabino la anulación de votos, la imposición del anatema y la participación en el tribunal que hacía efectiva la inserción de un mes intercalar.

Las tres preguntas hechas a Rabbí y sus respectivas respuestas en cada caso concreto se interpretaron después como el ritual oficial general en el acto de investidura de un rabino. Tradicionalmente se habla de una *semiká* («imposición de manos, ordenación») y se remite al modelo de Moisés, que «le impuso sus manos» a Josué y lo instituyó como su sucesor (Nm 27,22s.; Dt 34,9: «Josué, el hijo de Nun, estaba lleno del espíritu de sabiduría, porque Moisés había impuesto las manos sobre él»). En vista de los distintos textos se reconstruyó la institución de la ordenación rabínica, que debía de integrar al nuevo rabino en la cadena de tradición de la Torá. No obstante, esta solo se practicó en Palestina y como muy tarde fue abandonada al final del Patriarcado. La imposición de manos, que en origen dio el nombre al ceremonial, ya había dejado de realizarse con anterioridad a fin de distanciarse, según algunos, del rito de ordenación cristiano.

Esta reconstrucción es insostenible. De *semiká* en ese sentido (y no como parte del ritual sacrificial) solo hablan algunos textos babilónicos (iaunque no el testimonio principal de donde se deriva el rito!). En Palestina se utiliza siempre *minnui*, «nombramiento». Únicamente TJ Sanh 1,2 19a menciona *semiká* como una forma de expresión babilónica. En los textos palestinenses no se alude a la imposición de manos. El Talmud de Babilonia (Sanh 13b-14a) niega su necesidad, pues basta con decir el nombre del candidato al que se va a transferir la legislación rabínica. Ni un solo texto describe de qué manera fue efectuado alguna vez tal rito. Sanh 14a cuenta que las autoridades romanas, después de la insurrección de Bar Kokba, prohibieron la ordenación durante mucho tiempo. Sin embargo, Yehudá ben Baba ordenó a cinco discípulos de R. Aqiba, por entonces ya ajusticiado, y a causa de ello pagó con su vida. El texto es una leyenda tardía babilónica sin rastro en la tradición palestinense. Este relato pretende mostrar cómo la enseñanza rabínica fue salvada por encima de la crisis fruto del levantamiento.

Con independencia del asunto de la *semiká* hay que ver el nombramiento de un discípulo como rabino y sus funciones concretas. Cada rabino según su criterio podía dar por terminada la tutela de su discípulo. Pero en cuanto se trataba de ciertos cargos en las comunidades o en la corte patriarcal, la decisión dependía de la comunidad o del patriarca, que cada vez se fue haciendo con más atribuciones y que posteriormente las leyes romanas ratificaron. Este desarrollo lo describe TJ Sanh 1,3 19a de manera simplificada: al principio cada cual solía designar a sus discípulos; después los nombraba un tribunal con el consentimiento del patriarca, pero también a él se le adjudicó en exclusiva el derecho de llevar a cabo la designación. Solo al final se estableció: «Un tribunal no realiza el nombramiento sin la conformidad del patriarca y un patriarca no lo realiza sin la conformidad del tribunal».

3. Obligaciones y estatus económico del rabino

El ideal del rabino es el estudio de la Torá, a la que le dedica todo su tiempo. Su conocimiento no ha de ser una corona que proporcione reputación ni se debe abusar de ella como laya con la que ganarse su sustento (Abot 4,5). Esto significa que el rabino vivía de su patrimonio (a lo que se opone Gamaliel III en Abot 2,2: el estudio de la Ley sin ocupación conduce al pecado) o, como era lo habitual, tenía una profesión junto al estudio de la Torá. Muchos rabinos trabajaron como artesanos, herreros, curtidores, lavanderos, sastres, zapateros, etc. Algunos ejercieron también la profesión de escriba, más acorde con ellos (como R. Meir). La agricultura y el comercio fueron más importantes para la vida económica de los rabinos. Especialmente en Babilonia se les daba gran valor a las propiedades agrarias, pero también en Palestina la agricultura fue central, al menos antes de la crisis económica del siglo III. En general, probablemente los rabinos solo fueron pequeños campesinos o comerciantes, aunque hay quien consiguió hacer una considerable fortuna. Algunos se dedicaron al comercio a largas distancias, donde sacaron partido a los continuos contactos de los rabinos palestinenses con los babilónicos. En particular, resultó lucrativo el comercio de la seda: esta se importaba a Palestina a través de Babilonia, allí se refinaba y después continuaba la exportación a Italia. Parece que en este negocio no solo tomaron parte las casas del patriarca y del exilarca, sino también otros rabinos (como quizás R. Abba según BQ 117b).

Además, algunos rabinos obtuvieron privilegios en el mercado. Se les permitió ofrecer en él sus productos en un puesto fijo, antes que otros mercaderes o incluso el comercio exterior. BB 22a cuenta sobre Rab Dimi de Nehardea que había reclamado ese privilegio, pero no lo obtuvo, ya que fracasó en una prueba halákica, no pudiendo vender la carga de higos que un barco suyo transportaba. Ya se ha mencionado que los rabinos de Babilonia pusieron su empeño sin éxito en librarse de la capitación. Según una narración en BM 86a con claros tintes legendarios, Rabba bar Najmani de Pumbedita fue perseguido por el gobierno y asesinado por instigar a que se rechazara el pago de impuestos bajo el pretexto del estudio de la Torá.

Sin embargo, el tema de la exención fiscal de los rabinos en Palestina fue todavía más importante que en Babilonia, ya que allí existían ciertas posibilidades legales para conseguirlo. Desde Antonino Pío (138-161) estaban exentos los médicos, maestros y filósofos de los pagos personales de impuestos y de los servicios (*munera*). En principio, esto se aplicó a los rabinos, así como también la exención fiscal de los sacerdotes paganos. El alcance exacto de esta exención no es posible especificarlo con certeza. Es probable que estuviera ligada al reconocimiento por parte del patriarca. Naturalmente él no podía dispensar a voluntad a muchos rabinos (también había cuotas determinadas para los médicos y otras profesiones). Además, la población estaba atenta, ya que la exención de algunos suponía el incremento de sus propias cargas fiscales. Por ejemplo, la ciudad de Séforis protestó contra el nombramiento de Jami bar Janina, de manera que Rabbí renunció a ello (TJ Taa 4,2 68a). En TJ 4,2 68a se dice que Rabbí siempre designaba únicamente a dos personas por año. Sin embargo, al morir, le dio a su hijo el consejo de efectuar todas las nominaciones posibles a la vez. Aunque el texto no es explícito, tras esta recomendación se ven, en buena parte, las cuotas de los rabinos eximidos de pagar impuestos.

Por la importancia económica de los nombramientos, no sorprende que la gente rica supiera ingeniárselas para comprarlos, según lamenta la tradición rabínica (TJ Bik 3,3 65d; Sanh 7b). Algunos rabinos se opusieron al abuso de los privilegios para favorecer sus proyectos económicos. R. Yojanán explica que solo se ha de establecer como responsable de una comunidad a quien está versado en todos los campos relacionados con la Ley religiosa y que los habitantes de un lugar deben librar del trabajo solo a aquel que se dedica a sus deberes religiosos completamente (Shabb 114a). La legislación romana también delimita la exención a las personas que «con total dedicación» (*devotione tota*) están al servicio de la sinagoga, de los patriarcas o de los ancianos. El emperador Constantino les ratificó su exención de las obligaciones personales y públicas (*munera*) en la curia municipal, inclusive de las tasas de transporte (CTh XVI 8,2.4 del año 330). CTh XVI 8,13 del año 397 revalida los privilegios para todos lo que están sometidos al patriarca o a los presbíteros «y para los demás que están al servicio sagrado de esta religión».

Con el siempre creciente volumen de conocimientos en la materia, muchos rabinos y sus discípulos ya no pudieron costearse su sustento, a menos que recibieran una posición como administradores de la comunidad o jueces. El apoyo por parte de la casa del patriarca o de los donativos de algunos piadosos jugaron un papel cada vez mayor para más de un rabino. Se tiene conciencia de los riesgos que están asociados a esta circunstancia. Por un lado, se exhorta a realizar donativos para los eruditos (Sanh 92a); pero, por otro, también se tiene presente que al estudioso de la tradición talmúdica que acepta donaciones el pueblo ya no lo tiene en tanta consideración (Sanh 52b). Por consiguiente, la situación económica de los rabinos no fue, en absoluto, uniforme, sino muy distinta a nivel individual y sometida a una evolución a lo largo del tiempo.

4. La influencia de los rabinos

Si la época del Talmud se describe también como el periodo del judaísmo rabínico, fácilmente dará la impresión de que los rabinos habían sido en el judaísmo de aquel tiempo el elemento dominante. Además, esta percepción es reforzada mediante la literatura rabínica, que naturalmente expresa los puntos de vista, los deseos y los ideales de los rabinos, mientras que la amplia masa del pueblo no ha dejado tras de sí ninguna literatura. Por tanto, lo que nosotros conocemos muestra, sobre todo, la propia valoración de los rabinos.

Los rabinos siempre fueron un grupo muy pequeño numéricamente tanto en Palestina como en Babilonia. A pesar de la gran cantidad de rabinos que se conocen por el nombre, a lo que se suma un gran número de sus discípulos, seguramente estos constituyeron mucho menos que un uno por ciento de la población judía, probablemente incluso en época posterior. Debido a sus conocimientos de la Torá, este pequeño grupo se sentía bastante por encima de la población común, el *am ha-aretz*. Pero, por otro lado, muchos de ellos dependían del pueblo a nivel económico y poco a poco intentaron ganárselo también por sus propias interpretaciones religiosas y halákicas. Solo con el transcurso del tiempo los rabinos participaron en la vida de la sinagoga de manera algo más intensa, aunque no pudieron tomar decisiones al respecto. En ese contexto, más bien debían tolerar aquello que no les era de su agrado, pero que no podían cambiar (hábitos de oración, equipamiento de las sinagogas). En primer lugar, sacerdotes y levitas eran exhortados a realizar la lectura de la Torá en la sinagoga (Git 5,8). Sobre este tema R. Yisjaq Nappaja opina (Git 60a) que tras ellos les tocaría el turno a los eruditos, en el caso de que estuvieran al servicio de la comunidad; después de sus hijos entrarían en consideración como lectores los responsables de las sinagogas y a continuación el pueblo llano. En el tribunal y en la administración comunitaria de Palestina seguía estando al mando la antigua clase gobernante de ciudadanos ricos y sacerdotes; los rabinos solo paulatinamente pudieron hacerse respetar como jueces. En Babilonia algunos rabinos tuvieron mayor influencia sobre la administración del exilarca, pero también entre estrechos márgenes. Para más de uno el cargo de *parnás* era un esfuerzo que merecía la pena. Al *parnás* le correspondía, sobre todo, la asistencia y la manutención de los pobres dentro de la comunidad. Esto fortaleció su influencia en los círculos de la población más desfavorecida.

Ciertamente los rabinos obtuvieron reconocimiento como conocedores de la Biblia y como intérpretes del derecho bíblico; por el contrario, aquellas doctrinas que no estaban basadas directamente en la Biblia o, al menos, en la antigua tradición solo se lograron imponer con dificultad. En la vida religiosa diaria la influencia de los rabinos dependió de la buena voluntad de la población, frente a la cual no poseían ninguna medida de presión. El pueblo honraba a algunos rabinos como milagreros o santones (Yeb 20a; BB 8a) y en Babilonia solían equiparar al rabino con el mago persa (Sanh 67b). La clase rabínica como tal disfrutó del prestigio de ser la verdaderamente versada en asuntos religiosos y sus opiniones se aceptaron allí donde consiguieron hacer comprensible la argumentación bíblica de su código de conducta. En cuestiones de pureza sexual (menstruación) o también en otras relacionadas con el sabbat se les reconoció como expertos. En cambio, en otros temas apenas pudieron imponerse; así, por ejemplo, despertaron el interés del pueblo en sus prescripciones alimenticias solo donde tuvieron el control del mercado (por ejemplo, Sanh 25a; Jull 48a).

Los rabinos disfrutaron de una influencia ilimitada tan solo dentro de su propio círculo de discípulos. No obstante, este círculo era pequeño, a pesar de que en Babilonia hallaron en las instituciones de *pirqa* y *kallá* los medios adecuados para dirigirse también con la enseñanza rabínica a un público más amplio. Conforme el pueblo fue aceptando los valores del grupo rabínico, estos eruditos se convirtieron lentamente en su ideal de vida, lo que nunca llegó a materializarse del todo.

4

LA SINAGOGA

1. *Los comienzos*

La palabra griega *synagōgē* traduce en la Septuaginta la expresión hebrea *qahal* o *edá*, designando al colectivo judío, sea a todo el pueblo o a la comunidad local. Desde el siglo I e.c. el término sirve para denominar el centro esencialmente religioso de una comunidad judía. En los comienzos para referirse al edificio sinagogal se utiliza, más bien, el vocablo *proseuchē*, «oración» o «lugar de oración». Más allá de la cuestión conceptual, nos interesa centrarnos en ciertas cuestiones problemáticas.

Antes se intentaba ver los inicios de la sinagoga en época preexílica: la reforma del rey Josías (622 a.e.c.), que logró que solo el Templo de Jerusalén fuera válido como el legítimo emplazamiento de culto, hizo necesaria la existencia de lugares locales de oración. Más extendida está la opinión de que la sinagoga es una creación del Exilio babilónico. Las casas de reunión locales habrían ayudado a los deportados a Babilonia a conservar su identidad judía, a guardar sus tradiciones religiosas y a recordar sus escritos sagrados. En este sentido se suele entender Ez 11,16: en las tierras de la dispersión Dios habría sido para su pueblo «un poco como un santuario», *le-miqdash meat*. Los rabinos lo entendieron como un «pequeño templo» y lo relacionaron con «las casas de oración y de enseñanza en Babilonia» (R. Yisjaq en Meg 29a). El mismo texto talmúdico remonta algunas sinagogas de Huzal y de Nehardea a tiempos del Exilio. Aunque resulta imaginable el desarrollo de la sinagoga bajo las circunstancias del Exilio, no hay ninguna prueba directa de ello.

En cuanto a los orígenes postexílicos en la propia Palestina, a veces se recurre a la tradición tardía que le atribuye a Esdras o a los «hombres de la Gran Asamblea» las principales oraciones de la sinagoga, las *Dieciocho bendiciones*, el *qiddush* y la *habdalá* (plegarias para la santificación del sabbat): una idea en la que los rabinos reúnen en un único grupo a las figuras más importantes de la época postexílica (Ber 33a). Detrás de esta afirmación se esconde el deseo de remontar tan lejos como sea posible instituciones tan significativas en época rabínica. Al mismo periodo remiten nuevas tentativas de entender la asamblea del pueblo descrita en Neh 8,1-8, en la que Esdras recita la Ley y la interpreta y que termina con una alabanza general a Dios, como prototipo del servicio religioso de la sinagoga. Quienes relacionan la sinagoga con la aparición del movimiento farisaico defienden unos inicios posteriores. Los fariseos habrían establecido, en correspondencia con las veinticuatro clases sacerdotales, a veinticuatro «representantes» (*maamadot*) laicos, que por turnos debían tomar parte en el servicio cultual del Templo, con el fin de personalizar allí al pueblo. Pero si no podían subir al Santuario, tenían que reunirse en las casas comunitarias y allí leer la sección correspondiente de la Torá en el momento del sacrificio en el Templo. No obstante, solo tenemos conocimiento de estos «representantes» por la Misná (Taa 4,2). Para la época del Templo están tan poco documentados como esa supuesta gran influencia que ejercieron los fariseos en las sinagogas, que se sigue defendiendo hasta la actualidad.

A pesar de todos los esfuerzos, la cuestión sobre los comienzos de la sinagoga permanece hasta hoy poco clara. Los testimonios arqueológicos más antiguos de la existencia de sinagogas no provienen de Palestina, sino de la Diáspora. Consisten en unas inscripciones de Shedia, cerca de Alejandría, y de El-Fayyum, en las que respectivamente una *proseuchē*, un «lugar para la oración», está dedicada a Ptolomeo III Evergetes (247-221 a.e.c.). El término *proseuchē* se halla también en inscripciones de sinagogas de la Diáspora más tardías. Filón muestra que este vocablo no delimita estrictamente la finalidad del edificio a una sala para orar: presenta la *proseuchē* como el lugar donde los judíos se congregan para llevar a cabo el estudio de la tradición y reúnen los fondos para los sacrificios en Jerusalén (*Legatio* 155-157). Viene a ser un tipo de centro comunitario, como también lo describen textos más tardíos.

En el siglo v a.e.c. ya había un templo judío en Elefantina de Asuán y posteriormente otro santuario en Leontópolis, que permaneció en pie desde la época de los Macabeos hasta después de la guerra judía (73 e.c.). Sin embargo, la mayoría de judíos de Egipto reconocieron el privilegio de Jerusalén y de su Templo como el lugar sacrificial central e hicieron en la sinagoga un lugar que lo complementaba, donde las comunidades judías consolidaron su identidad y su cohesión y mantuvieron durante el sabbat sus reuniones religiosas con la oración, la lectura y la explicación de las Sagradas Escrituras. Seguramente el origen de la traducción de la

Biblia griega en el Egipto del siglo III a.e.c. se ha de ver también en este contexto. Filón de Alejandría tiene conocimiento en su época de un gran número de sinagogas en la capital egipcia (*Legatio* 132). La gran sinagoga de Alejandría, que fue destruida durante la insurrección en la Diáspora, también es considerada en la tradición rabínica como un ejemplo especialmente lujoso de arquitectura sinagogal. En el siglo I e.c. las sinagogas están difundidas por todo el Imperio romano, según testimonian muchos pasajes del Nuevo Testamento y de Flavio Josefo, así como los hallazgos arqueológicos (aunque la mayoría de ellos tardíos). Los epitafios documentan unas trece sinagogas en la Roma imperial (pero solo se ha desenterrado hasta el momento la de la cercana Ostia, que tiene su origen en el siglo I o el II). Numerosas sinagogas del siglo III al VII han sido excavadas en Palestina o están atestiguadas mediante inscripciones; la literatura rabínica menciona otras muchas.

Probablemente el testimonio arqueológico más antiguo de una sinagoga en Palestina es Gamala, al este del Mar de Galilea, de comienzos del siglo I. Desde las insurrecciones de los años 66 al 73 en Judea fueron adaptadas como sinagogas unas estancias, antes profanas, del Herodion y de Masada. A excepción del lado de la entrada, en los muros instalaron bancos de piedra y subdividieron las habitaciones con columnas, del mismo modo que se conoce en las estructuras sinagogales posteriores. Además, en Masada la orientación del recinto hacia Jerusalén y el hecho de que se encontraran en él textos bíblicos probablemente indican el uso para el que estaba destinado.

Una inscripción de Jerusalén, que dataría de antes del 70, nombra al encargado de la sinagoga Teodoto, quien heredó el cargo de su padre y de su abuelo. Teodoto fue un repatriado de la Diáspora y la sinagoga sirvió a las necesidades de los judíos procedentes de esta que visitaban Jerusalén. Hch 6,9 menciona a «algunos de la llamada sinagoga de los libertinos, los de Cirene y los de Alejandría», que se volvieron contra Esteban. Aunque «sinagoga» aludiera aquí a un edificio y no sencillamente a una reunión de judíos, la referencia a la Diáspora vuelve a ser clara, como sucede también en los pocos documentos rabínicos tempranos: TosMeg 2,17 (L. 352) alude a una sinagoga de los alejandrinos en Jerusalén; el paralelo en Meg 26b habla de una sinagoga de los de Tarso. Podría relacionarse TosMeg con Hch 6,9 y ver documentada aquí una única sinagoga.

La tradición rabínica tardía no puede imaginar que en Jerusalén no hubiera existido ninguna o solo unas pocas sinagogas, por lo que habla de numerosísimas (TJ Meg 3,1 73d cita 480 y TJ Ket 13,1 35c menciona 460), las cuales se convertirían en escombros durante la destrucción de Jerusalén en el año 70. Ocasionalmente se acepta la existencia de una sinagoga incluso en el recinto del Templo. Aunque la descripción de la ceremonia de las aguas durante la Fiesta de los Tabernáculos (TosSukk 4,5, L. 273) alude a una sinagoga (*bet kenesset*) como una de las paradas del transcurso del día, no dice que esta se haya encontrado en el monte del Templo. El *jazzán ha-kenesset* y el *rosh ha-kenesset*, que le llevan al sumo sacerdote el rollo de la Torá para su recitación en el día de la Expiación (Yom 7,1), tampoco son el «asistente de la sinagoga» y el «encargado de la sinagoga», sino el asistente o el encargado «de la comunidad». Mucho menos indica que hubiera una sinagoga en este recinto el episodio de Jesús en el Templo con doce años, escuchando y preguntando a los doctores de la Ley (Lc 2,46). Un espacio tal no está documentado y tampoco es concebible en el marco del culto en el Templo. Mientras que estuvo en pie, este fue el centro religioso, dejando apenas lugar para la competencia.

Otra circunstancia se dio en la Diáspora, donde las sinagogas satisfacían las variopintas necesidades de las comunidades judías. Cuando el Nuevo Testamento alude a algunas sinagogas en Galilea (Mt 13,54 Nazaret y Mc 1,21 Cafarnaúm), esto podría reflejar las necesidades de las comunidades galilaicas, que solo rara vez tuvieron acceso al Templo debido a la distancia de Jerusalén, por lo que su situación era equiparable a la de la Diáspora. Las sinagogas mencionadas por Josefo en Cesarea, Dor y Tiberias también estaban todas bastante alejadas de Jerusalén.

2. *La arquitectura*

En la obra de Josefo y en la Tosefta se encuentran algunas descripciones de sinagogas del siglo I. La sinagoga de Tiberias detallada por Josefo (*Vita* 277.300) consistía en un recinto que también hacía las veces de centro de reunión para la comunidad y el consejo del gobierno local. Igualmente la sinagoga de Alejandría, alabada en TosSukk 4,6 (L. 273), es, ante todo, un centro comunitario: «Quien no ha visto la doble sala de Alejandría de Egipto no ha visto en su vida la gloria de Israel. Era una especie de gran basílica, una sala de columnas dentro de una sala de columnas; a veces se encontraba allí el doble [de gente presente] de los que salieron de Egipto. En aquel lugar había setenta y un tronos de oro en correspondencia con los setenta y un ancianos [...] y en el medio una tribuna de madera, sobre la cual el *jazzán* de la comunidad estaba de pie con un sudario en la mano. Lo tomaba y hacía señas con el sudario y ellos le respondían con *amén* a cada bendición [...] No se sentaban revueltos, sino los orfebres con los suyos, los plateros, los tejedores, los bordadores y los herreros, con el fin de que un extranjero pudiera venir, juntarse con los de su oficio y así encontrar sustento».

Probablemente el edificio sinagogal más antiguo constatado arqueológicamente es una construcción de la isla de Delos (siglo I a.e.c.). Una inscripción hallada en las cercanías menciona una *proseuchē* que seguramente se corresponde con los restos de la muralla desenterrados, aun cuando algunos lo pongan en duda. Los muros laterales de la sala principal son bancos adosados; un asiento de mármol junto al muro occidental se ha interpretado como la «cátedra de Moisés» (Mt 23,2). Poco más reciente es la sinagoga de Gamala, excavada desde 1976, que constaba de una gran edificación rectangular directamente junto a la muralla de la ciudad: los bancos de piedra a lo largo de los cuatro muros ofrecían sin impedimento alguno la visión del centro, que estaba rodeado por columnas y situado a un nivel un poco más bajo. Si la función de esta sala no está atestiguada por una inscripción o un símbolo, la distribución de las habitaciones del Herodion, Masada y sinagogas posteriores sugiere que también aquí se trata de una construcción sinagogal. La estancia era, sobre todo, un centro de reunión, por lo que estaba al servicio de todas las necesidades de la comunidad, entre las cuales la religiosa era solo una más. A menudo algunas casas privadas se destinaban a este propósito —las sinagogas de Dura Europos del Éufrates y también la de Stobi en Macedonia eran en origen casas privadas—. Este hecho dificulta la identificación de las sinagogas en tanto que no se agreguen otras características específicas.

En torno al cambio del siglo III al IV se desarrolló una arquitectura sinagogal propia. Unas cien sinagogas de la Palestina de los siglos III-VII se han excavado de manera sistemática o están documentadas gracias a los restos de las estructuras o las inscripciones. En Babilonia no se encontró ninguna, probablemente porque allí la piedra como material de construcción no era usual. Las sinagogas de Palestina pueden clasificarse en tres tipologías (con algunas formas intermedias). En la tipología más extendida en Galilea y el Golán la fachada, proyectada de modo artístico, está orientada hacia Jerusalén. No hay un ábside o nicho para el arcón de la Torá: los rollos de las Escrituras se guardaban en una habitación anexa y se traían por el lado de la entrada para la lectura exclusivamente. Los participantes estaban sentados en bancos de piedra a lo largo de los muros laterales y en la parte posterior de la estancia de tres naves. El ejemplo más famoso de este tipo de sinagoga es Cafarnaúm. En época rabínica todavía no existía la galería de mujeres, a menudo aceptada en el pasado. La segunda tipología es la de la casa amplia. En este caso la entrada se encuentra en uno de los dos laterales menores del edificio. El muro principal, orientado hacia Jerusalén, tiene un ábside o nicho como lugar fijo para el arcón de la Torá. Este modelo está extendido por Judea, aunque esporádicamente también se encuentra en el norte. La mayoría de las veces el suelo no está revestido con losas de piedra, sino con mosaicos. La tercera tipología se asemeja arquitectónicamente a las iglesias cristianas de la época. A través de un vestíbulo o de un atrio se accede a la basílica, dividida en tres naves mediante columnas, cuyo ábside, orientado a Jerusalén, contiene el arca de la Torá y el estrado para el lector. Con frecuencia esta zona está delimitada por una balaustrada. Los mosaicos pavimentales están muy extendidos. Entre los muchos testimonios de este modelo arquitectónico basta con mencionar la sinagoga de Bet Alfa (siglo VI) y la de Hammat Tiberias (reformada en el siglo V).

Durante mucho tiempo esta clasificación se ha entendido como una sucesión histórica y por esta razón se dataron de fecha muy temprana la sinagoga de Cafarnaúm y otras similares en el Golán. Las excavaciones han mostrado que Cafarnaúm no fue edificada hasta los siglos IV-V y que otras sinagogas semejantes del Golán provienen del siglo VI. Los tipos de edificios hay que atribuirlos, más bien, a preferencias y modelos regionales, aun cuando con el transcurso del tiempo se impuso la basílica con ábside en casi todas partes.

Según la concepción rabínica (TosMeg 3,23, L. 360), la sinagoga ha de ocupar el lugar más alto de la localidad. A veces se atuvieron a esta idea, como sucedió en las localidades galileas de Merón y Khirbet Shema, pero, en general, no llegó a ser lo habitual. Incluso se podía justificar lo contrario, la edificación de la sinagoga en un emplazamiento situado en una hondonada, apoyándose en el versículo «desde las profundidades te clamo» (Sal 130,1). Este versículo es citado con frecuencia en relación a la plegaria que se ha de efectuar en un lugar con cierta profundidad (por ejemplo, Ber 10b; QoR 4,17), pero nunca se aplica explícitamente a la elección del solar de una sinagoga, para la cual naturalmente los puntos de vista prácticos eran más importantes. Más significativa era la orientación del rezo hacia Jerusalén (por ejemplo, SDt § 29, F. 47), a la que, si era posible, se atenían. Para ello se acogen al modelo de Daniel, que oraba a través de la ventana abierta de su casa en dirección a Jerusalén (Dn 6,11). De igual manera, la lectura de la Torá debía efectuarse en el lado orientado hacia Jerusalén, bien entre las puertas de entrada o ante el ábside o nicho de la Torá, que señalan hacia esta ciudad.

El mueble más importante de la sinagoga era el armario en el que se guardaban los rollos de la Ley, el arcón de la Torá. Cuando no había ningún sitio fijo en la estancia principal de la sinagoga, tenían que traerlo para el servicio religioso o transportarlo sobre unas andas (como quizás está representado en el friso de la sinagoga de Cafarnaúm; comp. Erub 86b, según el cual los rollos de la Torá solo se trasladan a la sinagoga para el servicio religioso). Tan pronto como existe un lugar fijo para el arcón de la Torá, recordando al Arca de la Alianza en el Templo, se suele ocultar con una cortina (*paroket*), a semejanza del Santo y del Sanctasanctórum del Templo. Los rollos de las Escrituras están envueltos en paños y tienen sus propios estuches (Kil 9,3; Shabb 16,1). Junto al arcón de la Torá se encuentra a menudo una plataforma (*bimá*) con un atril para el lector. La ya mencionada «cátedra de Moisés», que también se halló en distintas excavaciones (por ejemplo, Corozaín), era el sitio de honor del responsable de la comunidad.

Algunos mosaicos muestran una serie de otros objetos rituales, como especialmente la menorá, el candelabro de siete brazos. En diversas sinagogas de época talmúdica se han encontrado menorás de piedra, como, por ejemplo, en Hammat Tiberias o Susiya; en la de Ein-Gedi se halló una pequeña menorá de bronce. Aunque algunos rabinos se opusieron a la equiparación de la sinagoga con el Templo y también a la utilización del candelabro de siete brazos (RH 24ab), la tendencia común fue, más bien, en sentido opuesto. Naturalmente también fue necesaria una iluminación adecuada en las sinagogas. Un aro de bronce, que según una inscripción pertenecía al «lugar santo de Kefar Hanania», era parte de una lámpara colgante, en cuyos doce orificios se instalaban lámparas de aceite de cristal.

La financiación del edificio de la sinagoga era una cuestión de todos los miembros de la comunidad. Como muestran las numerosas inscripciones dedicatorias, a menudo muchos individuos contribuyeron con pequeñas donaciones, pagando una columna, un peldaño de piedra o una sección de un mosaico pavimental. La sinagoga de Séforis, de dimensiones relativamente reducidas, transmite los nombres de unos veinte donantes y la de Sardes incluso casi ochenta. Pero también hay inscripciones que honran a los que hicieron donaciones anónimas, cuyos nombres solo Dios conoce (Jericó, Bet Shean).

3. *El funcionariado de la sinagoga*

La sinagoga de época rabínica no conoce funcionarios de oficio. Como bien indica el propio término, la sinagoga consiste en una reunión comunitaria y esporádicamente también responde a la agrupación de un gremio o asociación de compatriotas. En los inicios la comunidad como tal organiza el servicio religioso. El número mínimo de participantes es de diez varones libres y adultos desde el punto de vista religioso, lo que se conoce como el *minyán* (Meg 4,3). En ocasiones se exige la participación de diez *batlanim*, varones que no desempeñan ninguna profesión, los cuales pueden garantizar siempre la existencia de ese quórum para llevar a cabo la oración. Según Meg 1,3, una comunidad que no puede establecer un *minyán* no es una ciudad, sino una aldea. Las mujeres no cuentan para formar el *minyán*: ellas son solo participantes no obligatorias en el servicio religioso, pero suelen tomar parte en él. Algunos textos talmúdicos presuponen con frecuencia la presencia de mujeres en la sinagoga. No está documentado en los textos ni es demostrable por la arqueología que estas estuvieran separadas de los hombres.

El funcionario mencionado la mayoría de las veces es el encargado de la sinagoga (*archisynagōgós* o en hebreo *rosh ha-kenesset*). Él administra las finanzas de la sinagoga y es responsable tanto del mantenimiento del edificio como del desarrollo del servicio religioso. Exhorta a los miembros de la comunidad o también a los huéspedes a realizar el rezo y la lectura del texto bíblico en voz alta y vela por el orden externo de la sinagoga (Sot 39b; Lc 13,14; Hch 13,15). En comunidades numerosas tiene el apoyo de los ancianos, de los cuales tres pueden legítimamente representar a la sinagoga (TJ Meg 3,2 74a). Algunas inscripciones de la Diáspora muestran que en ocasiones el título de encargado de una sinagoga se compraba, incluso para jóvenes menores de edad. Cuando eran mujeres las que detentaron ese título o el de «madre de la sinagoga», se ha solido entender durante mucho tiempo como una simple dignidad honorífica. En cambio, hoy día se cuenta con la posibilidad de que en las comunidades de la Diáspora las mujeres muy probablemente pudieron tener funciones reales de responsabilidad en las sinagogas.

Muy importante también es la figura del asistente de la sinagoga (*hypēretēs* o en hebreo *jazzán*). Durante el servicio religioso le lleva al lector los rollos de la Torá y después los toma de nuevo bajo custodia; señala el comienzo y el final del sabbat con el toque de la trompeta (Shabb 35b) y seguramente también tiene que ocuparse de la limpieza de la sinagoga. A menudo a esto se le suma toda una serie de funciones diversas que ocasionalmente convierten al *jazzán* en el empleado oficial, remunerado, de la comunidad sinagogal.

4. *El servicio religioso sinagogal*

Como ya se ha constatado, en la Diáspora del periodo precristiano se habla normalmente de una casa de oración, de la *proseuchē*. Por el con-

LA SINAGOGA

trario, el término «sinagoga» no indica necesariamente el lugar de oración, sino que puede también aludir al centro comunitario profano. Sin embargo, después del 70 la sinagoga poco a poco se va especializando en la función religiosa: su servicio religioso fusiona tanto la lectura y la interpretación de las Escrituras como una oración fijada ya desde bien pronto. El *Midrás Rabbá* a Cant 8,13 lo resume así: «Los israelitas están dedicados toda la semana a su trabajo, pero el sábado se levantan temprano, vienen a la sinagoga, leen el *Shemá*, pasan por delante del arcón, recitan la Torá y concluyen con los Profetas».

El centro de la liturgia es la lectura de la Torá y de los Profetas (entre los que en la tradición judía se incluyen también los libros «históricos» de Josué, Jueces, Samuel y Reyes). Meg 3,4 enumera determinados textos para leer en los sábados del mes de Adar, pero no indica cuál debe ser su extensión. No obstante, cuando ese pasaje dice que después «se vuelve a su orden», presupone una lectura continua de la Torá. Según parece, las perícopas recitadas aquí se leen de nuevo en su lugar en la *lectio continua* (TosMeg 3,1-4, L. 3 53s.). En Palestina leían los cinco libros de Moisés en un ciclo de aproximadamente tres o tres años y medio (Meg 29b), mientras que en Babilonia en un ciclo de un año. Respecto a este último lugar se acepta un orden de lectura fijo para el Pentateuco. En cambio, en Palestina la división no era unitaria y las sinagogas podían recitar otras secciones en el mismo sabbat, en tanto que únicamente se acomodara la totalidad de la Torá en el tiempo previsto. La Misná habla también de unas lecturas propias de los días de mercado, los lunes y los jueves, pero no está regulado de forma homogénea si estas lecturas de los días laborables se toman en cuenta dentro del ciclo o no (Meg 3,6; TosMeg 3,10, L. 355). En época postalmúdica el uso babilónico del ciclo anual sustituye lentamente al palestinense en todo el mundo judío.

La Misná fija la manera de leer la Torá: «El lunes, el jueves y el sábado durante el servicio religioso vespertino la leen tres, ni más ni menos, y no se finaliza con [la perícopa de] los Profetas. El que inicia y el que concluye la lectura de la Torá recita la bendición antes y después de ella [...] Esta es la regla general: siempre que haya oración de *Musaf* (adicional) y no sea día festivo, la leen cuatro; si es día festivo, cinco; si es el día de la Expiación, seis; si es sabbat, siete. No han de ser menos de estos, pero pueden ser más. Se finaliza [el servicio religioso con [la lectura de] los Profetas [...] El que lee la Torá no lee menos de tres versículos; para el traductor no lee más de un solo versículo, pero tres de los Profetas. Si estos tres integran tres perícopas [distintas], se leen de uno en uno. En [el texto de] los Profetas es posible saltar [un versículo], pero no se puede en [el de] la Torá» (Meg 4,1-4).

Evidentemente podía ocurrir que una comunidad sinagogal no tuviera el número de lectores prescrito en el pasaje anterior. TosMeg 3,12 (L. 356) prevé para un grupo, en el que solo hay un único lector apto, que este se siente cada vez entre las distintas secciones que normalmente recitan diversos lectores, para que con este gesto se mantenga en la memoria el orden de lectura correspondiente. Por tanto, la sección de lectura de la Torá en el sabbat abarcaba al menos veintiún versículos. A cada versículo le seguía directamente la traducción del *meturgemán*, el targum (la traducción de la Biblia al arameo), una costumbre que Meg 3a le atribuye a Esdras (Neh 8,8). Solo determinados textos (por ejemplo, el relato del becerro de oro de Éx 32,21-25) eran leídos, pero no traducidos. A fin de distinguir con claridad el texto de la Torá revelado de la traducción, el lector no debía hacer las veces de traductor. Además, el lector estaba obligado a utilizar el rollo de las Escrituras, incluso aunque se supiera de memoria el pasaje; en cambio, al *meturgemán* no le estaba permitido usar ningún texto escrito: «Las palabras que han sido entregadas oralmente, [hay que transmitirlas] oralmente; las palabras que han sido entregadas por escrito, [hay que transmitirlas] por escrito» (TJ Meg 4,1 74d).

En el servicio religioso matutino del sábado y de los días festivos (en Babilonia también por la tarde: Shabb 116b) a la lectura de la Torá seguía la sección de los Profetas, la *haftará*, mientras que en otros servicios religiosos esta última no se daba (Meg 4,2). La *haftará* no estaba tan estrictamente regulada como la lectura de la Torá. Según indica el texto citado de la Misná, no había prescrita una *lectio continua*. Durante mucho tiempo la selección del texto no estuvo reglamentada; no obstante, en cuanto al contenido el pasaje de los Profetas tenía que estar en armonía con la lectura de la Torá (Meg 29b). No estaba permitido emplear ciertos textos como *haftará*, por ejemplo, el pasaje de Ez 1, que fue tan importante para la mística.

La traducción de la Biblia al arameo en la sinagoga no se realizaba al pie de la letra, sino que consistía en una reproducción más o menos libre con una tendencia edificante. Además, en ella se podían introducir nuevos contenidos didácticos e inculcar la halaká, de manera que la traducción casi resultaba como un sermón. No obstante, con el paso del tiempo se impuso el afán de unificar la traducción, especialmente la de la Torá y el Targum de Onqelos se convirtió en su texto estándar. Así pues, los traductores no tuvieron tanta libertad de movimiento como para haber podido arriesgar la unidad esencial del judaísmo. La consecuencia fue de nuevo una separación clara entre traducción y sermón.

Naturalmente las reglas para la traducción de la Biblia al arameo en el servicio religioso eran válidas primero para las comunidades de

Palestina y de Babilonia. En general, en el resto de la Diáspora se había impuesto la Septuaginta, que únicamente fue desplazada por traducciones griegas más literales —Aqila, Teodoción, Sínmaco— a causa de su adopción por parte del cristianismo. Solo en el siglo VI se hicieron patentes también en la Diáspora de habla griega las aspiraciones de leer, antes del texto bíblico griego, el hebreo o, en realidad, de dejar como vigente solo este último. Tras la intervención de determinados círculos judíos, Justianiano tomó medidas en contra con la *Novella* 146. Lógicamente en la Diáspora fue necesaria además una explicación después de la lectura de la Biblia, que, por supuesto, también fue ofrecida desde el comienzo.

Las oraciones fijas más antiguas fueron el *Shemá* y las *Dieciocho bendiciones*. El *Shemá* («Escucha» Israel) se compone de tres pasajes bíblicos: Dt 6,4-9; 11,13-21; Nm 15, 37-41. A veces se pone en duda si también el tercero de los textos perteneció a la forma original de la plegaria; sin embargo, Ber 2,2 ya da garantía de ello para la época rabínica más temprana. Además, se añaden algunas bendiciones antes y después del texto bíblico (Ber 1,4), el cual, más que en una oración en el sentido propio, consistía en el credo de la comunidad. Según TJ Ber 1,5 3c, la costumbre de recitar también el Decálogo junto con el *Shemá* se prohibió por culpa de los *minim*: tal realce de los diez mandamientos, frente al resto de las prescripciones bíblicas, habrían podido ser interpretadas, por ejemplo, por los cristianos, de tal manera que solo estos preceptos fundamentales tendrían vigencia permanente o serían considerados revelación directa a Moisés.

Las *Dieciocho bendiciones* (en hebreo *Shemoné Esré*) era la verdadera oración principal, por lo que simplemente se la conoce también como «la Plegaria» (en hebreo *tefillá*). Se compone de dieciocho bendiciones en la versión palestinense y de diecinueve en la babilónica. Algunos textos rabínicos mencionan únicamente los temas y las fórmulas de despedida. Solo se encuentran textos completos en la genizá de El Cairo con muchas variantes de las dos versiones principales. Por tanto, la formulación exacta fue libre todavía durante mucho tiempo. La investigación más clásica intentó demostrar la antigüedad de la Plegaria. En contra, argumentó especialmente E. Fleischer, para el que no habría existido una oración obligatoria fija antes del 70: solo después se habrían instituido las *Dieciocho bendiciones* en sustitución del culto en el Templo. Por eso, habría que tomar en serio la información de Meg 17b, acerca de que Simeón, el comerciante de lino, habría «ordenado» la oración en Yabne ante la presencia de Rabbán Gamaliel, incluso aunque hubiera recurrido a formas más antiguas del rezo y a tradiciones de algunos grupos. Tuvo que haber transcurrido mucho tiempo hasta que se impuso la Plegaria en todas partes: la unificación de su texto abarcó varios siglos.

La oración se pronunciaba de pie en la sinagoga, como indica el otro nombre por el que se la conoce, *Amidá* («estar de pie»). Durante el servicio religioso matutino de los sábados y de las fiestas no se rezaba las *Dieciocho bendiciones* en su totalidad, sino una versión resumida de siete: a las tres primeras bendiciones de la *Amidá* les seguía la súplica por la santificación del sabbat u otros días festivos y a continuación ya venían las tres últimas.

En este punto hay que mencionar también la *bendición sacerdotal* (Nm 26,24-26), que en la sinagoga sigue a las *Dieciocho bendiciones*. Según Meg 4,5, «quien lee [el texto de] los Profetas, recita también el *Shemá*, pasa por delante del arcón de la Torá (para rezar las *Dieciocho bendiciones*) y eleva las palmas de las manos (para realizar la *bendición sacerdotal*); si todavía es menor de edad, su padre o maestro lo hacen en su lugar». Evidentemente se ha de ser sacerdote para formular la *bendición sacerdotal*. Sin embargo, contra lo que se dice en Ber 5,4, según lo cual el oficiante tampoco puede impartir la *bendición sacerdotal*, sí le está permitido al que lee el texto de los Profetas. Esta bendición proviene del servicio religioso del Templo, pero, a diferencia de lo que allí sucedía, estaba prohibido proferir el mismísimo nombre de Dios (Tam 7,2).

Lo habitual era que la comunidad reunida no recitara en común las oraciones. Un oficiante, el *sheliaj tzibbur* (literalmente «el legado de la comunidad»), representaba a los asistentes, que en voz baja rezaban todos juntos. La comunidad respondía solo con determinados *responsoria* o bien con el aquiescente *amén*. En la formulación de los rezos, que únicamente estaban reglados en lo que respecta al orden, al tema y a ciertos giros, el oficiante disfrutaba de mucha libertad; solo poco a poco las oraciones se fueron consolidando. Con la idea de embellecer los servicios religiosos de los días festivos, desde aproximadamente el siglo IV algunos oficiantes comenzaron a reemplazar los rezos fijos por poemas litúrgicos (*piyyutim*), que ellos mismos redactaban cuando había la ocasión o los tomaban de otros. Cuando ya no estuvo permitido sustituir las oraciones fijas, entonces los *piyyutim* pudieron complementarlas.

5. El sermón

Ya en los primeros tiempos la interpretación del texto bíblico estuvo ligada a su lectura en la sinagoga. Así, acerca de la recitación de la Torá por parte de Esdras, que se suele entender como el prototipo del servicio religioso sinagogal, ya se dice que los levitas «le hacían entender la Ley al pueblo» (Neh 8,7). Entre las sinagogas de la Diáspora del siglo I se habían difundido instrucciones sobre la lectura de la Torá, según es posible deducir de las obras de Filón de Alejandría. Quizás sus comentarios bíblicos incluso tienen su origen en sermones sinagogales; en cualquier caso, pudieron servir como indicaciones a los predicadores en comunidades instruidas. Los Hechos de los Apóstoles se hacen eco de cómo a Pablo, cuando estaba de huésped en las sinagogas de Asia Menor, se le pidió que hablara a la comunidad para dirigirle «una palabra de aliento al pueblo» justo después de las lecturas (Hch 13,16; comp. 17,2 y otros). La enseñanza de Jesús en las sinagogas de Galilea tiene lugar en el mismo escenario (Mt 4,23). Ya se ha mencionado que el caso de Galilea se correspondía más con lo que sucedía en la Diáspora que con lo que pasaba en Judea, que se encontraba determinada por el Templo.

Se sabe poco acerca de hasta qué punto fueron habituales los sermones en las sinagogas de Palestina después del 70, especialmente desde el siglo IV, cuando estas cada vez estuvieron más extendidas. Como ya se ha mencionado, la interpretación de la lectura se efectuaba, sobre todo, mediante el targum. El traductor tenía gran libertad a la hora de reproducir el texto bíblico, de manera que se difuminaron los límites entre la traducción y la interpretación. Donde el sermón estaba separado del targum, es probable que en su origen no ofreciera mucho más que una sencilla explicación del texto bíblico y su aplicación en el contexto actual. Predicar le estaba permitido a cualquiera que se creyera capaz de decir algo sobre el texto. Incluso se llega a decir después que todo hombre honrado que conociera la haggadá podía pronunciar el sermón penitencial.

Desde el siglo III los rabinos intentaron ejercer progresivamente su influencia en las sinagogas locales. Algunos textos describen de qué manera estos interpretan un pasaje bíblico en una sinagoga o en una casa de estudio. Pero en la mayoría de ocasiones les falta un contexto litúrgico. Se alude, sobre todo, a los discípulos del rabino, de modo que solo raras veces se trata de sermones en el verdadero sentido. En gran medida, el sermón no fue más que un asunto de oradores populares instruidos. Ya no se pronunciaron homilías más extensas en el servicio religioso, sino únicamente después de pasado cierto tiempo o incluso solo en la tarde del sábado. Aquí se desvanecieron las fronteras entre el sermón y la enseñanza.

Los sermones de los buenos oradores no solo implicaban una instrucción religiosa, sino que también debían ofrecer su correspondiente motivo de conversación y ser un contrapeso para la atracción que ejercía el teatro gentil (comp. proemio 17 de LamR, B. 14). A menudo tales predicadores iban de pueblo en pueblo y también la gente iba desde las villas de los alrededores para escucharlos (TJ Hor 3,7 48b).

En lo que se refiere a la estructura y al contenido del sermón, la literatura rabínica apenas nos da información. Shabb 30ab es considerado un raro ejemplo de una homilía completa, al menos en su versión abreviada. Tal y como está el pasaje, nos encontramos ante un texto literario, del que no se puede decir si alguna vez fue pronunciado así o de modo similar. Además, los llamados midrasim homiléticos —la Pesiqta de Rab Kahana y la Pesiqta Rabbati a las lecturas del ciclo festivo anual y la literatura Tanjuma a las lecturas del sábado— no contienen verdaderos sermones, sino interpretaciones que desde el punto de vista literario toman como formato el modelo de la homilía. Quizás alguno de ellos remontaría a los sermones, pero siempre con un trabajo de revisión, resumen y fusión con otras interpretaciones del mismo texto bíblico. Solo con reservas se consiguen reconstruir formas básicas homiléticas en época talmúdica a partir de estos textos literarios, pero también se puede aceptar que estos escritos determinaron la praxis del sermón posterior.

La introducción y la conclusión de la prédica estaban bastante reguladas, mientras que el cuerpo central podía elaborarse con libertad. La forma básica de introducción se llama proemio o *petijá* («apertura»), debido a que el texto se suele iniciar con la fórmula: Rabbí X *pataj*, «abrió» su interpretación. Está estructurada según reglas fijas, aun cuando hay ciertas variantes formales. Normalmente comienza con un versículo de una sección bíblica a la que no pertenece la lectura. Cuando el texto que se va a comentar es, como de costumbre, de la Torá, el predicador comienza con un versículo de los «Escritos», de los Salmos o de un libro sapiencial; más raro es que lo haga con un texto de los Profetas. En unas pocas frases el intérprete ha de ponerlo en relación con el principio de la lectura. Aquí el predicador puede desplegar todo su ingenio.

La estructura dispuesta, por así decir, del revés y la poca extensión de estas unidades hace pensar que los proemios habrían sido sermones breves, que se pronunciaban antes y no después de la lectura bíblica y que, en definitiva, debían conducir a su contenido. Es cierto que esta deducción resulta posible; pero, al mismo tiempo, seguramente la *petijá* siempre hacía las veces de introducción a una homilía más extensa, según evidencia su función literaria en los midrasim.

Una forma especial de *petijá*, que sobre todo se ha transmitido en el Tanjuma y en la literatura emparentada, comienza con una pregunta sobre la halaká, realizada de manera espontánea desde el público o probablemente convenida con el predicador de antemano, aunque puede ser simplemente un recurso literario del midrás homilético. La cuestión halákica, introducida con las palabras *yelammdenu rabbenu*, «ilústrenos nuestro maestro», daba la oportunidad de exponerle a la gente una enseñanza, al menos rudimentaria, en asuntos relacionados con la Ley religiosa. En realidad, los presentes a menudo tenían que estar ya al corriente del tema de la halaká. El predicador debía responder a la pregunta y, a su vez, servirse de ella como transición al comentario del texto bíblico a tratar.

La sección haggádica central de la homilía, que apenas estaba regulada, conecta, al principio de manera casi imperceptible, con el final. Este ha de tener un tono positivo y la mayoría de las veces se basa en un versículo de la lectura de los Profetas. En él se pone de relieve el contraste entre las experiencias negativas de este mundo y la visión de la era mesiánica y de la redención venidera. Esto se corresponde con una frase de R. Yisjaq, según la cual en tiempos difíciles el pueblo demanda palabras de consuelo: «Antes, cuando todavía había suficiente dinero (para cubrir las necesidades diarias), uno anhelaba la palabra de la Misná y la palabra del Talmud, pero ahora, que no hay suficiente dinero y que sufrimos bajo el poder extranjero, uno anhela escuchar la palabra de la Biblia y la palabra de la haggadá»; o bien, como se dice en un manuscrito, «palabras de consuelo» (PRK 12, M. 205; CantR 2,5 le atribuye la sentencia a R. Leví y lee: «bendiciones y palabras de consuelo»).

6. *La sinagoga como centro comunitario*

Las sinagogas no solo estaban destinadas al servicio religioso, sino que a menudo también hacían las veces de escuelas, en especial para la instrucción religiosa; de hecho, la inscripción de Teodoto ya dedica la sinagoga «a la lectura de la Ley y a la enseñanza de los preceptos». No obstante, muchos textos atestiguan que las sinagogas servían también como escuela general (por ejemplo, TJ Sanh 10 29a). Además, algunos rabinos se establecen en las sinagogas para ocuparse del estudio. R. Yehosúa ben Leví dice (TJ Meg 3,4 74a): «Las sinagogas y las casas de estudio son para los eruditos y sus discípulos». Abbaye dice que al principio rezaba en la sinagoga y estudiaba en su casa, pero el versículo de Sal 26,8 («Señor, amo la habitación de tu casa») le llevó después a trasladarse a estudiar en la sinagoga (Meg 29a).

Se mencionan, asimismo, comedores en el edificio sinagogal (como en algunas inscripciones de Jerusalén, Cesárea, Stobi; la sinagoga de Ostia tenía incluso cocina). Seguramente en la Diáspora, como en Stobi, imitan también con ello la costumbre griega de celebrar comidas en común en los santuarios. Es probable que TJ Ber 2,9 5d hable de una sesión conjunta de estudio de la Torá durante una comida en la sinagoga. Pes 100b-101a alude a que en el contexto del servicio religioso de la sinagoga también se recitaba el *qiddush*, en consideración a los viajeros que estaban allí hospedados y recibían también su refrigerio.

Además, la sinagoga servía como alojamiento, especialmente en la Diáspora, donde a menudo el edificio tenía numerosas salas adyacentes, pero también en Palestina. Así, la inscripción jerosolimitana de Teodoto se refiere «al albergue, las habitaciones anexas y las instalaciones de agua para el hospedaje de extranjeros que lo necesitan». Aunque los rabinos se oponen a que se coma y duerma en la sinagoga, algunos hacen una excepción con su propia persona y con sus discípulos (TJ Meg 3,4 74a).

La sinagoga de Tiberias se utilizaba como consistorio (Josefo, *Vita* 276s.; comp. Ket 5a; Shabb 150a). El recinto también era idóneo como tribunal: en este caso el asistente de la sinagoga también estaba encargado de infligir los latigazos decretados por la corte (Makk 3,12; Shebu 4,10). En la sinagoga se daban a conocer los hallazgos y los robos (BM 28b) y también se llevaban a cabo recaudaciones para fines caritativos. Con estas funciones y otras similares la sinagoga con sus salas anexas fue mucho más que la casa de Dios; se convirtió, especialmente en las pequeñas comunidades, en el centro social para todo.

7. *Los rabinos y la sinagoga*

El rabino del periodo clásico no estaba ligado de forma especial a la sinagoga. Ni ejercía una influencia directa en su organización, a menos que perteneciera a la dirección de la comunidad, ni tampoco podía determinar su liturgia. Solo en raras ocasiones se convirtió en el predicador predilecto de la sinagoga, aunque siempre tenía que contar con la competencia de un orador más popular. De igual manera, el rabino solía tener poco control en la composición del targum o del *piyyut*, la poesía litúrgica sinagogal. Todos estos factores distanciaban al rabino de la sinagoga. Por eso, los rabinos valoraron su estudio por encima de la oración en la sinagoga y algunos incluso rechazaron interrumpirlo para asistir al servicio religioso. Además, creyeron que la casa de estudio era superior en rango a la sinagoga, por lo que esta última se podía transformar en un *bet ha-midrash*, pero no al revés (TJ Meg 3,1 73d; Meg 27a).

Con todo, los rabinos fueron conscientes de que la influencia sobre el pueblo a la que aspiraban solo podría venir con el tiempo a través de la sinagoga. Por ello toleraron alguna que otra práctica en la vida sinagogal que nos les gustaba y potenciaron el prestigio y la importancia de estos centros. Algunos rabinos sostenían la opinión de que la *Shekiná*, la presencia de Dios, se hallaba en la sinagoga, por lo que Dios solo escuchaba la oración en ella (Ber 6a). Quien tiene una sinagoga en su lugar de residencia y no va allí a rezar, es considerado un mal vecino (TJ Ber 5,1 8d; Ber 8a). Una baraita en Sanh 17b menciona naturalmente la existencia de una sinagoga entre los requisitos de una población en la que un erudito se puede establecer. A largo plazo los rabinos estuvieron en lo cierto al aferrarse a la sinagoga, aun cuando allí no todo marchara según sus deseos. Solo gracias a ella lograron convertirse en un amplio movimiento, que, en definitiva, fue capaz de conformar la vida cotidiana del pueblo judío.

5

LA EDUCACIÓN

La fuerte y activa participación de la comunidad judía en el servicio religioso sinagogal presupone una formación ampliamente difundida, no solo en cuanto a saber leer —y en mucha menor medida escribir—, sino también respecto a ciertos conocimientos de la Biblia, que facultan para el ejercicio de la función de un *meturgemán*, un lector o predicador en la sinagoga. El judaísmo se convirtió en el «pueblo del Libro» principalmente por su sistema escolar, desarrollado ya en fecha temprana. Desde muy pronto el «aprender» es un ideal religioso, que no solo le concierne al *rabbí*, sino que cada cual, en la medida de sus posibilidades, está obligado a realizar. El objetivo final del movimiento rabínico era llegar a ser un pueblo de sabios.

1. *La enseñanza elemental*

El Israel bíblico conoció, a lo sumo, un sistema escolar organizado en la corte para formar a los funcionarios y en el Templo para instruir a los sacerdotes y los levitas. Los fundamentos básicos de la educación debía transmitirlos el padre a su hijo (Dt 11,19). SDt § 46 (F. 104) explica este punto: «"Las enseñaréis a vuestros hijos". A vuestros hijos y no a vuestras hijas —palabras de R. Yosé ben Aqiba—. De aquí dijeron: Cuando un niño comienza a hablar, su padre habla con él en la lengua santa y le enseña la Torá. Pero, si no habla con él en la lengua santa y no le enseña la Torá, más le valdría haberlo enterrado». También TosQid 1,11 (L. 279s.) incluye la enseñanza de la Torá entre las obligaciones de un padre hacia su hijo: «¿Cuáles son los deberes del padre hacia el hijo? Circuncidarlo, pagar el rescate (si es el primogénito), enseñarle la Torá, enseñarle un oficio y darle mujer... R. Yehudá dice: Cualquiera que no le enseña a su hijo un oficio, le enseña a robar» (comp. también con Qid 29a). Como es natural, muy a menudo el padre no se encontraba a la altura de cumplir con la tarea de instructor de sus hijos. Seguramente solo unos pocos podían permitirse un maestro particular (como, por ejemplo, algunos rabinos: TJ Pea 8,8 21b; Ket 111b). Por eso, hasta que no se instituyeron las escuelas, no hubo una enseñanza generalizada.

La tradición rabínica se lo atribuye a Simón ben Setaj, el cual habría ordenado, entre otras cuestiones, «que los niños fueran a la escuela» (TJ Ket 8,11 32c). De acuerdo con este dato, la escuela elemental habría sido introducida en la primera mitad del siglo I a.e.c.

El Talmud de Babilonia describe con todo detalle el origen de las escuelas infantiles y conecta su implantación general con Yehosúa ben Gamala, sumo sacerdote en los últimos años anteriores a la gran insurrección contra Roma y, según Josefo, un opositor a los zelotas. La tradición rabínica lo recuerda con gran aprecio, a diferencia de la mayoría de los sumos sacerdotes. Raba relaciona BB 2,3, acerca de que no se le puede impedir a nadie ejercer su profesión en un determinado barrio residencial «por causa del ruido de los niños», con «los escolares desde la prescripción de Yehosúa ben Gamala. Dijo R. Yehudá en nombre de Rab: Verdaderamente sea bendecido el recuerdo de ese hombre, cuyo nombre es Yehosúa ben Gamala. Sin él la Torá habría sido olvidada en Israel. Al principio quien tenía padre le enseñaba la Torá, pero el que no tenía no la aprendía. ¿Qué [versículo] interpretaron? "Las enseñaréis [a vuestros hijos]" (Dt 11,19), es decir, vosotros (los padres) las enseñaréis. Después se prescribió que se instituyeran maestros para los niños en Jerusalén. ¿Qué versículo interpretaron? "Pues de Sión saldrá la Torá" (Is 2,3). Incluso así, [siguió sucediendo lo mismo]: quien tenía padre lo hacía subir [a Jerusalén] a que le enseñaran, pero quien no tenía padre, no subía a aprender. Se prescribió que se instituyeran [maestros] en todos los distritos y que hicieran ingresar a los [jóvenes] a la edad de dieciséis o diecisiete años. Si el maestro se enfadaba con uno, este se rebelaba y abandonaba [la escuela]. [Esto pasó] hasta que R. Yehosúa ben Gamala prescribió que se designaran maestros en todas las provincias y todas la ciudades y que los hicieran ingresar a la edad de seis o siete años» (BB 21a).

Durante mucho tiempo el texto ha sido entendido como un testimonio histórico acerca del desarrollo escalonado de la escuela elemental en el judaísmo del Segundo Templo. Sin embargo, ya que ni Josefo ni otras fuentes de la época o del periodo tannaítico mencionan las escuelas, sino que solo se refieren a la instrucción en el seno de la familia, a través de maestros privados o en la sinagoga, hay que ver el pasaje, más bien, como una retrospectiva de un pasado idealizado. Solo desde el

LA EDUCACIÓN

siglo III algunos textos rabínicos aluden a menudo a unos maestros, que habitualmente enseñan, sobre todo, a leer la Torá en la sinagoga a los grupos de párvulos. Además, desde esa época se hace publicidad para fomentar progresivamente la enseñanza infantil. Pero esta no alcanzó más que a una parte de los niños. En el periodo rabínico nunca se dio una «enseñanza obligatoria» en el sentido pleno (y no solo sencillamente como ideal religioso).

Todavía en el siglo III hay rabinos que se lamentan por las localidades que no quieren contratar a ningún maestro. Así se dice en TJ Jag 1,7 76c: «R. Yudán Nesia envió a R. Jiyya, R. Assi y R. Ammi a pasar por los pueblos de la Tierra de Israel e instituirles maestros de Biblia y Misná. Fueron a un lugar y no encontraron ni un maestro de Biblia ni uno de Misná. Les dijeron (a los habitantes): Traednos a los 'guardianes del pueblo' (*neture qarta*). Les trajeron a los 'guardas del pueblo' (*santure qarta*). Les replicaron: Estos no son los 'guardianes del pueblo', sino los destructores del pueblo. Les preguntaron: ¿Quiénes son entonces los 'guardianes del pueblo'? Les respondieron: Los maestros de Biblia y de Misná, pues así está escrito: "Si el Señor no edifica la casa..." (Sal 127,1)».

Los rabinos no podían obligar a la contratación de maestros. Solo para sí mismos podían reivindicar el no vivir en un sitio en el que, entre otras cosas, no había ningún maestro de párvulos (Sanh 17b). A mediados del siglo IV Raba no ve, al menos en Babilonia, ninguna necesidad de trasladar a un niño de una localidad a otra (para asistir a una escuela); pero probablemente dentro de una misma población se le podía llevar de una sinagoga (que sirviera de escuela) a otra. Según este rabino, un maestro de escuela elemental enseña a veinticinco chicos; desde cuarenta niños debería tener un asistente y con cincuenta habría que emplear a un segundo maestro con los costes, por supuesto, a cargo de la comunidad (BB 21a).

De acuerdo con el texto antes citado de BB 21a, se debería enviar a los niños al maestro a la edad de seis o siete años. Abbaye le recomienda a un maestro infantil: «No aceptes [como alumno] a nadie que no tenga seis años de edad; en cambio, acepta a uno de seis años y aliméntalo (con el aprendizaje) como a un buey». En la frase siguiente apela a su madre: «Con seis [ha de iniciarse] en la Biblia, con diez en la Misná, con trece [ha de observar] el ayuno total de veinticuatro horas» (Ket 50a). La frase a menudo citada: «Con cinco [ha de iniciarse] en la Biblia, con diez en la Misná, con quince en el Talmud, a los dieciocho el matrimonio», etc. (Abot 5,21), es una adición posterior, que muestra un camino vital ideal y que, más bien, representa un modelo propio de la Edad Media, pero no para el periodo rabínico. Ya el poder cumplir con el ideal de aprendizaje rabínico no fue posible para muchos, bien por causas económicas o por falta de talento y buena disposición. Naturalmente los rabinos se ocuparon de la formación de sus propios hijos, pero para la mayoría de niños la enseñanza terminaba con el maestro de Biblia, con el que aprendían a leer y raras veces a escribir. Por lo demás, a la escuela iban solo los chicos. De hecho, aunque Ben Azzay recomienda aportarles también a las hijas, al menos, ciertos conocimientos de Torá, R. Eliézer se opone, argumentando que quien le hace aprender la Ley a una muchacha, solo la conduce al desenfreno (Sot 3,4).

En la escuela los niños aprendían, sobre todo, a leer el texto bíblico. Al comienzo el maestro escribía sobre una tablilla el alfabeto. Luego los niños recibían pequeños fragmentos de la Torá en un rollo (TJ Meg 3,1 74a menciona algunos textos en los que Génesis llega solo hasta el relato del diluvio [5,32], Levítico hasta el capítulo 9, Números hasta 10,38: la pregunta es si tales textos también pueden ser utilizados en el servicio religioso sinagogal). Únicamente a los alumnos avanzados les daban rollos de la Torá completos como libro de texto.

ARN A 6,10 (B. 80s.) describe los inicios de R. Aqiba, que, según la tradición, comenzó a estudiar tan solo cuando ya había cumplido los cuarenta años: «Fue con su hijo y se presentó ante un maestro de párvulos. Le dijo: *Rabbí*, enséñame Torá. R. Aqiba sujetó una pizarra por un extremo y su hijo por el otro extremo. [El maestro] le escribió *alef-bet* y lo aprendió; *alef-taw* (el alfabeto completo) y lo aprendió; el Levítico y lo aprendió. Continuó estudiando hasta que hubo aprendido toda la Torá entera».

Por consiguiente, el primer libro con el que el alumno comienza no es Génesis, sino Levítico, según se ha seguido haciendo en las escuelas judías tradicionales casi hasta nuestros días. R. Issi justifica esta costumbre argumentando que, como los niños y las ofrendas son puras, los puros se deben ocupar de lo puro (LvR 7,3, M. 156). Seguramente este razonamiento es secundario. No obstante, tampoco se puede probar la suposición, manifestada con frecuencia, de que este uso se remonta a la tradición de escuelas sacerdotales.

La enseñanza tiene como objetivo la práctica constante de la memoria. Al alumno se le animaba a leer siempre en voz alta su materia de aprendizaje, lo que, además, no solo vale para los niños, sino también para las escuelas rabínicas. Característico de ello es el texto de Erub 53b-54a: «Beruria se encontró con un discípulo que estudiaba en voz baja. Le dio un puntapié y le dijo: ¿Acaso no está escrito: "Bien ordenado en todo y seguro" (2Sam 23,5)? Si [el estudio] está 'bien ordenado' en los doscientos cuarenta y ocho miembros, estará 'seguro', pero si no, no estará 'seguro'. Se ha enseñado: R. Eliézer tenía un discípulo que estudiaba en voz baja. Después de tres años olvidó su estudio... Le dijo Semuel a R. Yehudá: Sagaz, abre tu boca y lee [la Torá], abre tu boca y aprende [la Misná], para que tu Torá en ti se asiente y vivas muchos años». Quien vive al lado de una escuela a menudo percibe la enseñanza de los párvulos en voz alta como una molestia a causa del ruido; sin embargo, por ello no deben impedir la lección (TJ BB 2,3 13b). Para memorizar con facilidad inventaron todo tipo de recursos mnemotécnicos. No obstante, el fundamento absoluto era la continua repetición: «No es comparable quien repite su sección cien veces a quien la repite ciento una vez» (Jag 9b). El maestro de la escuela de párvulos o de Biblia estaba por debajo del erudito (*jakam*), pero por encima del asistente de la sinagoga (*jazzán*), según se deduce de un relato tardío de la Misná (Sot 9,15). En cualquier caso, en las pequeñas comunidades con frecuencia este último era también el maestro de Biblia. En general, al maestro le pagaba la comunidad, que les exigía a los padres el dinero para tal fin. LvR 27,2 (M. 624) elogia a un soltero que de igual manera aportó la contribución para el sueldo del maestro, a pesar de no haber estado obligado. En sí, el maestro de Biblia no debería aceptar ningún dinero a cambio de la instrucción de la Torá, pues esta no ha de ser para él una laya con la que ganarse su sustento (Abot 4,5). No obstante, apenas había quien enseñara sin recibir una gratificación: probablemente era excepcional el maestro que no les exigía nada a los niños que no podían pagarle la clase (Taa 24a). Por eso, R. Yehudá opina que en ese caso se le debe pagar a un maestro de Biblia, pero que a partir de tal circunstancia este no puede deducir el derecho a reclamar después su remuneración (Bek 29a). En general, los otros servicios del maestro, además de la propia enseñanza, se consideran tan valiosos que este consigue su sueldo o al menos es indemnizado por las ganancias perdidas.

Normalmente la escuela era la sinagoga o una de sus habitaciones anexas, pero también había maestros privados que enseñaban en sus propias casas. Se desprende de muchos textos que la enseñanza en las sinagogas era lo habitual. Por ejemplo, PRK 15,5 (M. 255) habla de las voces de los alumnos en las sinagogas e igual sucede con MidrSal 93a (B. 108b), donde R. Jaggay relata cómo solía escuchar el rumor de los escolares en la gran sinagoga de Tiberias.

En teoría, con el maestro de Biblia se debía estudiar la totalidad del texto hebreo con su traducción aramea, el targum. Solo unos pocos que querían continuar iban más tarde al maestro de Misná. Incluso mucho después se dice en QoR 7,49 (a 7,28): «Normalmente mil comienzan [a estudiar] la Biblia, de ellos cien llegan a la Misná, de ellos diez al Talmud, de ellos solo termina uno».

Con Misná y Talmud no se alude aquí a los respectivos escritos, sino que designan los distintos grados de la enseñanza en la tradición judía. En el siglo II ya se discute sobre las definiciones: «¿Qué es Misná? R. Meir dice: Halakot; R. Yehudá dice: Midrás». El que también denomina la Torá como la materia de estudio del *bet midrash* entiende Misná como la interpretación (midrás) de la Torá (Qid 49a).

Toda una serie de sinagogas excavadas tiene habitaciones adyacentes, que muy probablemente podrían haber servido para enseñar (como Cafarnaúm, Merot, Hammat Gader y otras); en todo caso, no disponemos de una prueba segura al respecto. La única excepción es Dabbura en el Golán occidental, donde un dintel lleva la inscripción: «Esta es la escuela (*bet midrash*) de R. Eliézer ha-Qappar». Eliézer vivió a finales del siglo II y la inscripción proviene, como muy temprano, del siglo III. No es posible constatar si este *bet midrash* estaba dedicado a la instrucción de jóvenes o, más bien, a un círculo rabínico de discípulos, al cual podría remitir el nombre del conocido rabino.

Mientras que la enseñanza elemental de la Biblia o de la tradición desde el siglo III fue cada vez más obligatoria y es probable que también encontrara una asistencia relativamente considerable, solo fueron unos pocos, como es natural, los que se unieron a un rabino e hicieron del estudio de la tradición rabínica prácticamente su tarea de por vida. No obstante, también los demás podían profundizar en sus conocimientos de la Biblia y de la Tradición judía durante toda su vida. En particular, a ello contribuían el sermón y la lección magistral en la sinagoga y el *bet midrash* durante el sabbat. «Por causa de la distracción del *bet midrash*», a la que se le teme, prohíben incluso la lectura de los hagiógrafos en sábado (Shabb 16,1). Según unos, este veto es válido para cuando se expone la lección y, según otros, lo es siempre (Shabb 116b). En Ber 6b R. Zeíra habla de cómo los *rabbanán* corren a la sinagoga en sábado para asistir a la lección (*pirqa*). Aunque, en esencia, sería indecoroso correr en sábado, aquí se interpreta como una muestra de celo por la Ley.

En el judaísmo babilónico había dos instituciones específicas para continuar la formación: la *rigla* (lecciones escolares especiales para el público común) y la *kallá* (dos meses de estudio en primavera y en otoño). Volveremos sobre ello al abordar la enseñanza rabínica en la Babilonia de la época talmúdica. En general, se considera que el aprendizaje de por vida resume el deseo constante del periodo rabínico. El estudio y el trato con los Sabios valen como ideal incluso para los que ejercen una profesión, pero tal ideal solo alcanza la perfección si se vive conforme a lo aprendido (Yom 86a).

LA EDUCACIÓN

2. Las escuelas rabínicas en Palestina

Las escuelas rabínicas de Palestina se llaman igual que las de los jóvenes: *bet ha-midrash*. Parece que la expresión *yeshibá* o la aramea *metibta* tan solo fueron utilizadas para referirse a estos centros en época postalmúdica. En algunos textos rabínicos el término se interpreta de forma literal y significa «la sentada», «la sesión» y ocasionalmente también la materia de estudio de una sesión. Esta locución también se aplica al tribunal: un punto esencial del aprendizaje fue siempre la participación en las sesiones de la corte y en las decisiones de un rabino. TosSanh 7,1 (Z. 425) habla del *bet ha-midrash* que había en el monte del Templo, en el que los sábados y los días festivos se reunían los miembros del tribunal de la sala de los sillares en el Santuario y fallaban sobre las consultas halákicas con la ayuda de la tradición o, en caso necesario, por votación; en concreto, se mencionan cuestiones de pureza. Josefo no está al corriente de una institución semejante. La representación de la Tosefta idealiza la época del Templo desde un punto de vista anacrónico, a pesar de que en su recinto debió de existir una instancia destinada a resolver los temas halákicos, la cual, no obstante, en primer lugar estaba ocupada por los sacerdotes.

Una baraita en Sanh 32b ha sido entendida a menudo como una serie de centros de estudio rabínicos en Palestina: «"Justicia, justicia perseguirás" (Dt 16,20). Irás tras los eruditos a su sesión (*yeshibá*): tras R. Eliézer a Lod, tras R. Yojanán ben Zakkay a Beror Hail, tras R. Yehosúa a Peqiín, tras Rabbán Gamaliel a Yabne, tras R. Aqiba a Bene Beraq, tras R. Mattay a Roma, tras R. Janania ben Teradión a Siknín, tras R. Yosé a Séforis, tras R. Yehudá ben Batyra a Nísibis, tras R. (Janina, el sobrino de R.) Yehosúa a la Diáspora (es decir, a Babilonia), tras Rabbí a Bet Shearim, tras los eruditos a la sala de los sillares». Este pasaje amplía la versión más breve que se cita justo antes: «Irás tras un buen tribunal: tras R. Eliézer a Lod, tras Rabbán Yojanán ben Zakkay a Beror Hail». En la composición de la lista incluso se menciona Roma y dos centros babilónicos. El orden en la segunda mitad de la enumeración varía en los manuscritos. Aunque nombra a maestros notables desde Yojanán ben Zakkay hasta Rabbí, no dice nada sobre sus escuelas. De todo ello no es posible deducir ningún dato a nivel histórico.

El relato ya mencionado anteriormente acerca de la destitución temporal de Gamaliel (TJ Ber 4,1 7cd) narra una lección magistral suya en una «casa de reunión» (*bet-waad*). Junto a él se nombra a un *meturgemán*, que quizás, como en algunos textos tardíos, ha de repetir en voz alta el discurso del maestro o, en general, dirigir la reunión. Asimismo, está presente un *jazzán*, que tal vez tiene que entonar una oración al iniciar y al clausurar la lección. Ambas funciones encajan mejor en el marco de la sinagoga que en el de la mera casa de estudio. De R. Eleazar, que sustituyó temporalmente a Gamaliel, se dice que lo «(a)sentaron» (*hoshibu*): simplemente podría significar que recibió un asiento; es decir, que fue incluido entre los eruditos de pleno derecho. Sin embargo, el contexto hace suponer que se trata de la cesión de la presidencia de la asamblea, si no Aqiba no tendría por qué afligirse de que él (que ya tenía un sitio) no fuera elegido. Además, el nombramiento de Eleazar tras la restauración de Gamaliel como «padre del tribunal» (*ab bet-din*) indica que este obtuvo otro rango como recompensa. Tal historia no se puede utilizar para reconstruir los primeros pasos de Yabne: ofrece una visión estilizada de una gran reunión rabínica de estudio, en la que el patriarca tiene la presidencia, resultando muy formal. Incluso para un periodo rabínico más tardío apenas refleja las circunstancias reales de la corte patriarcal.

Aunque, por lo general, se cuenta con una escuela firmemente organizada en la por entonces sede del patriarca, faltan testimonios concretos. En el entorno del patriarca siempre hubo rabinos sobresalientes que con sus respectivos círculos de discípulos determinaron de manera crucial la evolución de la tradición rabínica; probablemente fueron fomentados, en cierta medida, por el patriarca y tuvieron a su disposición estancias fijas (por ejemplo, la «gran escuela», *sidra rabba*, en Tiberias: TJ Sabb 6, 8a). Séforis también quedó como un emplazamiento importante incluso después del traslado del patriarca a Tiberias. Sin embargo, desde los siglos III-IV existieron, a su vez, otros centros rabínicos, como Cesarea y el «Sur», denominación con la que seguramente se refieren a Lod. En conjunto, la literatura rabínica menciona en repetidas ocasiones a los «rabinos de Cesarea» o a los «rabinos del Sur». No obstante, esto no estaba ligado a la existencia de sólidas instituciones escolares, «academias», a pesar de que seguramente el hecho de que algunos rabinos convivieran en un mismo lugar fomentó el desarrollo de tradiciones doctrinales comunes.

Los textos apenas nos brindan detalles sobre la organización y el funcionamiento escolares de los rabinos. Era habitual que los rabinos enseñaran en las sinagogas, en una «casa de estudio» (*bet midrash*), en su propio hogar o incluso al aire libre. Sus escuelas no fueron instituciones sólidamente estructuradas en un determinado sitio, sino, más bien, pequeños círculos de discípulos que se formaban en el domicilio correspondiente de un conocido maestro y que, a su vez, se disolvían tras su partida o muerte. Si daban su lección en un edificio público, como la sinagoga o una casa de estudio, evidentemente no solo tenían acceso

LA EDUCACIÓN

libre sus propios discípulos, sino también otras personas. Además, cuando se nombra la casa de estudio de un cierto *rabbí* (por ejemplo, la de R. Janina en TJ Meg 4,12 75c o la de Benaya en TJ Shabb 12,3 13c) se piensa, en primera instancia, en el lugar en el que este solía enseñar y no necesariamente en una casa de estudio propia, que él mismo gestionaba.

Tiberias, a la que al principio rehuían los judíos estrictos en la observancia de la halaká debido a que Herodes Antipas había fundado la ciudad en un cementerio (entre el 18 y el 22), es nombrada varias veces en la tradición rabínica como residencia de R. Meir, quien solía exponer sus enseñanzas en la sinagoga de Hammat Tiberias y también en la propia Tiberias (TJ Sot 1,4 16d; TJ Jag 2,1 77b). En el siglo III Yojanán bar Nappaja (fallecido en el año 279 según los datos de Serira) fue el maestro más prominente de Tiberias. Maimónides lo reconoce como el editor del Talmud palestinense, lo que resulta una datación excesivamente temprana, a pesar de que este maestro es muy citado por ello y los rabinos de Tiberias tienen una participación esencial en la redacción de la obra; en cualquier caso, este acontecimiento no se produjo hasta los inicios del siglo V. En época de Diocleciano se distinguen R. Ammi y R. Assi como eminentes maestros rabínicos de Tiberias; en el siglo IV hay que mencionar, sobre todo, a Zeíra, Yirmeya, Yona y Yosé.

Después del ocaso del Patriarcado, antes del 429, CTh XVI 8,29 nombra como instituciones judías los sanedrines de cada una de las dos Palestinas. No sabemos si los rabinos de Tiberias participaron en ellos. Se puede aceptar que la escuela rabínica continuó existiendo e incluso que quizás se consolidó. Según una tradición tardía, Mar Zutra III llegó desde Babilonia a Tiberias después del 520 y allí se convirtió en el director de la escuela. Esta sobrevivió también al periodo de transición al dominio islámico y llegó a ser un centro significativo, no solo para la tradición rabínica, sino también para la poesía litúrgica (el *piyyut*) y para la revisión crítica del texto bíblico hebreo (la masora). Solo con el traslado desde Tiberias a Jerusalén de los maestros destacados y del jefe de la escuela, que en tiempos islámicos detentaba el título de gaón, «su eminencia», esta sede perdió su extraordinaria importancia y su escuela se fue extinguiendo lentamente.

Séforis, un importante emplazamiento administrativo romano (conocido en griego con el nombre de Diocesarea), se convirtió en torno al 200 en un centro rabínico, cuando Yehudá ha-Nasí se mudó desde la cercana Bet Shearim. A Séforis y a Rabbí está especialmente unida la redacción de la Misná. Tras la muerte de Rabbí aparecen allí como rabinos significativos R. Janina bar Jama y R. Yannay. En el siglo IV enseñaron en Séforis, sobre todo, R. Mani y R. Janania.

También Cesarea fue en los siglos III-IV un centro de enseñanza rabínica. R. Hosaya enseñó aquí Torá (TJ Ter 10,3 47a) más o menos en la misma época en que también Orígenes creó su escuela cristiana. La gran reputación de Hosaya atrajo a numerosos estudiantes (Erub 53a). Su discípulo más destacado fue Yojanán, que hizo que Tiberias se convirtiera después en un centro reconocido, mientras que Cesarea perdió en importancia.

Los eruditos establecidos en Cesarea son mencionados unas ciento cuarenta veces en el Talmud palestinense como los «rabinos de Cesarea», con la excepción del orden *Neziqín* (relativo al derecho penal y civil) que no los nombra. Según S. Lieberman, esta era una obra suya, redactada para los abogados judíos que ejercían su profesión en Cesarea, centro de las autoridades romanas en Palestina, y que defendían las peticiones de la población judía. El orden *Neziqín* les habría servido a estos abogados como manual, la mayoría de las veces ignorantes en el derecho rabínico. La tesis de Lieberman, en gran medida aceptada en el pasado, está recibiendo ahora grandes críticas. Sin embargo, al menos da una idea de los problemas con los que se enfrentaron los rabinos de Cesarea más que los de cualquier otro sitio.

En otros tiempos Eliézer ben Hyrcanos enseñó en Lod. Como único centro rabínico del sur sobrevivió a la insurrección de Bar Kokba. Cuando en el Talmud de Jerusalén se habla de los «sabios del sur», es probable que siempre se refiera a Lod —con posterioridad ya no se cita Kefar Aziz en la frontera con Edom, donde en otro tiempo ejerció R. Yismael—. S. Lieberman localiza en Lod la redacción del midrás *Sifre Zutta*, aproximadamente a finales del siglo II. Como dice Lieberman, este midrás, tan independiente en lo que respecta a la Misná de Rabbí, solo podría haber surgido a gran distancia de Séforis, donde Yehudá ha-Nasí enseñaba. Si bien esta opinión ha de permanecer en el plano de la teoría, ofrece una explicación de lo poco homogéneo que era todavía el Rabinato en tiempos de Rabbí.

3. *Las academias rabínicas de Babilonia*

La historia de las escuelas rabínicas de Babilonia ha sido transmitida exclusivamente en las fuentes gaónicas de los siglos IX-X. Un añadido tardío del midrás Tanjuma remonta las grandes academias rabínicas de su época al periodo del Primer Templo: doce años antes de la destrucción de Jerusalén por Nabucodonosor Dios se las llevó de allí a Babilonia para protegerlas de su aniquilación. Por el contrario, el *Seder Tannaim*

LA EDUCACIÓN

we-Amoraim (de finales del siglo IX) habla de la fundación de academias en Nehardea y Mehasia, la ciudad gemela de Sura, en el siglo III.

Con el máximo detalle y en muchos puntos de manera divergente a sus predecesores, Rab Serira Gaón se ocupa de la historia de las academias babilónicas en su famosa *Carta* a la comunidad judía de Kairuán en el año 986 y ofrece una lista de sus presidentes desde los comienzos hasta su propio tiempo. La historiografía de los siglos XIX y XX se ciñó casi sin excepción a los datos de Serira, completando su tradición únicamente con testimonios del Talmud y esforzándose en la interpretación de su texto. Además, los años de la muerte de algunos rabinos, en general, solo se deducen del texto de Rab Serira. Sobre esta base se impuso el cuadro histórico que a continuación se presenta.

Las grandes escuelas rabínicas babilónicas se remontan al siglo III. Rab, que durante un extenso periodo destacó en Palestina, marchó a Babilonia ya antes de la muerte de Rabbí, donde fundó la academia de Sura en el Éufrates, siendo también su primer rector. Su contemporáneo Mar Semuel fue el director de la academia de Nehardea. A este lo sucedió Rab Huna, que continuó dirigiendo la institución tras cinco años de disturbios políticos —en el 259 la ciudad fue destruida por Odenato—. Finalmente R. Yehudá (bar Yejezqel) fundó la academia de Pumbedita y, después de morir Rab Huna, fue por mucho tiempo el director de escuela más estimado de Babilonia. Esta visión tradicional de la época rabínica se basa en su totalidad en los datos gaónicos, en los que ve se una fiel representación del material de archivo de las escuelas babilónicas.

No obstante, todos los informes gaónicos siguen determinadas tendencias. Subrayan la gran antigüedad de las escuelas babilónicas. Con ello también pretenden fundamentar con argumentos históricos la autoridad única de la tradición babilónica, que comienza a imponerse en el periodo gaónico en todo el mundo judío, incluida Palestina. Además, algunos informes se esfuerzan en realzar la primacía de las academias y de sus *geonim* frente al exilarca. En definitiva, la intención específica de Serira es la de impedir la tentativa de reactivar la academia de Sura, para que la de Pumbedita, dirigida por él mismo, no perdiera reputación e ingresos por culpa de la competencia. Por eso, en repetidas ocasiones pone el acento en que solo la casa de estudio de Pumbedita goza de una tradición ininterrumpida, de manera que no se necesitan, en absoluto, dos academias.

En teoría, tales tendencias se pueden tener como históricamente fiables, pero exigen cautela y la revisión de las informaciones contenidas en el Talmud de Babilonia, el cual, habiendo sido el resultado de estas academias, debería atestiguar la historia de estas instituciones.

D. Goodblatt demuestra en el análisis de los textos pertinentes del Talmud que no se puede probar la existencia de grandes academias en Babilonia en época talmúdica. En el Talmud de Babilonia a las escuelas rabínicas no se las llama *yeshibá* o *metibta* como en época gaónica, sino *be rab*, «casa del maestro», añadiendo normalmente el nombre del rabino que allí enseñaba. Esto no implica solo una cuestión terminológica; más bien, hace suponer una estructura del todo distinta de las escuelas en el periodo talmúdico. Según revelan además otros datos talmúdicos, los rabinos no instruían en academias muy organizadas, sino que enseñaban en sus mismos domicilios, y de vez en cuando incluso en edificios escolares propios, a un pequeño círculo de discípulos, que se volvía a disolver, a más tardar, con la muerte del maestro.

Ciertamente resultó que con el tiempo los maestros de más éxito formaron en torno a su persona un círculo mayor y entonces contrataron ayudantes para aliviarlos de trabajo. Siempre que el rabino ejercía además funciones judiciales, también sus estudiantes podían estar presentes en el tribunal y de este modo aprender con el ejemplo de su maestro; en ocasiones incluso asumir funciones propias en la corte bajo la supervisión del mismo.

Por consiguiente, la representación gaónica de las academias rabínicas proyecta sus propias circunstancias en la época talmúdica y reinterpreta anacrónicamente los datos rabínicos sobre el funcionamiento de la enseñanza. Las academias de Sura, Nehardea y Pumbedita no fueron más que la suma de los numerosos y notables maestros y de sus discípulos. Únicamente la interpretación de los *geonim* los agrupaba en grandes academias. Sin embargo, en su forma tardía estas se constituyeron tan solo al principio de la época islámica y probablemente tienen también modelos islámicos.

Apenas existieron grandes diferencias entre Babilonia y Palestina en lo que respecta al método de enseñanza en las escuelas rabínicas. Ya hemos puesto de relieve un aspecto esencial del estudio rabínico: el seguir a una persona y el discipulado frente al maestro. En relación a la transferencia del saber, también cuenta la primacía absoluta de la memoria en ese nivel de formación. Antes de que el estudiante se dirija a su maestro, debe haber aprendido de memoria el texto misnaico (Hor 12a). De algunos rabinos se dice que habrían repetido su texto de la Misná veinticuatro o incluso cuarenta veces antes de presentarse ante su maestro (Taa 8a). De este esfuerzo no depende que ya se entienda lo aprendido. Hay que estudiar continuamente, aun cuando no se comprenda lo que se recita en voz alta, pues solo después de memorizarlo se ha de reflexionar sobre el sentido del texto (AZ 19a; comp. R. Kahana en Shabb 63a). Tal método de aprendizaje se deduce también del relato sobre el intento de Meir y Natán de derrocar a Simeón ben Gamaliel: estos quisieron poner a debate un tratado en la casa de estudio que probablemente Simeón no dominaba; pero un rabino lo avisó repitiendo sin cesar y en voz alta el tratado en cuestión frente a su casa, hasta que Simeón le prestó atención y se lo aprendió (Hor 13b).

Cuando hay presente un número determinado de alumnos, la verdadera clase se divide entre el maestro y el *tanna*. El *tanna* («repetidor») enseña un texto mediante un incesante repaso y recitación. Bien es un maestro de profesión o con mayor frecuencia un alumno avanzado que hace aprender de memoria la materia a sus compañeros. En cierto modo, un buen *tanna* hace las veces de biblioteca, pues el uso de libros en la enseñanza no está permitido. La cantidad del material textual que tiene a disposición en su memoria varía según el talento del individuo; no obstante, Qid 49b determina como norma que un *tanna* debe conocer la halaká, Sifra, Sifre y Tosefta. Los rabinos dependen de la colaboración de un *tanna* en el sistema escolar, aunque lo desprecian por su saber meramente mecánico. R. Najmán bar Yisjaq cita el proverbio: «El mago murmura y no sabe lo que dice; el *tanna* enseña y no sabe lo que dice» (Sot 22a). Pese a esta crítica, la función del *tanna*, para la que hay diversos paralelos en la historia de la religión y de la escuela, se conservó hasta el periodo gaónico.

El centro de la instrucción es la lección magistral del maestro, que comenta la materia misnaica aprendida de memoria por los estudiantes y la acomoda a las distintas circunstancias vitales concretas. Esta lección no es ningún monólogo, sino que los estudiantes participan activamente: pueden hacer preguntas y plantear problemas, como lo ejemplifican Natán y Meir en el episodio ya citado de Hor 13b: excluidos de la propia velada de estudio, lanzan pizarritas con sus objeciones a la sala de la clase, donde a continuación también se les responde.

Después de haber puesto de relieve la importancia de la memorización, hay que abordar brevemente la cuestión de hasta qué punto, en realidad, se usaron textos escritos y apuntes en este sistema de enseñanza. R. Yehudá bar Najmani establece el siguiente principio: «Las palabras que están por escrito no has de exponerlas oralmente, las palabras [transmitidas] oralmente, no has de exponerlas por escrito»; además, en la escuela de Yismael se ha enseñado que no está permitido poner las halakot por escrito (Git 60b). Desde bien pronto este texto y otras afirmaciones similares llevaron a la tesis, todavía ampliamente difundida, de que la Misná y después el Talmud se transmitieron durante siglos solo de manera oral, hasta que finalmente se consignaron por escrito. Sin embargo, el ritual de la clase rabínica con el *tanna* como biblioteca viviente y con la forma de enseñanza exclusivamente oral era solo una parte del sistema. Estas reglas no valían en el ámbito del estudio privado. De hecho, en la literatura rabínica se alude con frecuencia a las anotaciones y las libretas de apuntes personales. Quien hubiera olvidado algo podía incluso abandonar la sala durante la lección e ir a consultar sus notas (Ber 19a). Probablemente también existieron textos misnaicos escritos, a pesar de no estar permitido usarlos en la clase.

4. La formación rabínica de adultos en Babilonia

Además de la formación rabínica en el círculo de discípulos, en la Babilonia de época talmúdica hubo dos formas de instrucción que sirvieron para el perfeccionamiento de los varones que ya habían terminado su estudio o buscaban divulgar la enseñanza rabínica también entre el pueblo. Nos referimos a las instituciones de la *kallá* y la *pirqa*, las cuales alcanzaron especial florecimiento y significado en el periodo gaónico, aunque también habían sido cultivadas en tiempos talmúdicos.

Lo más sencillo es describir la *kallá* como una reunión rabínica de formación. La etimología del término, que se escribe como la palabra hebrea «novia», no está clara, a pesar de que se suele interpretar como la expresión de la Torá como novia, a la que los eruditos se dedican con especial intensidad durante los días de la *kallá*. Natán ha-Bablí describió esta institución con gran detalle. Los datos rabínicos son mucho más escasos, pero en esencia coinciden con las informaciones de Natán. Así, pues, la *kallá* consiste en un encuentro de estudiantes y de antiguos alumnos de las escuelas rabínicas que dura varias jornadas. En época gaónica se reservan para tal fin dos meses, Elul en verano y Adar en invierno. Algunos deducen de textos como BM 86a que también fue así en tiempos rabínicos. Según este testimonio, las autoridades hicieron responsable a Rabba bar Najmani de que dos veces al año doce mil judíos se retrasaran un mes en la capitación; en cualquier caso, no se habla expresamente de una *kallá*.

Los días de la *kallá* están destinados en exclusiva al estudio. En este tiempo los estudiantes gozan del derecho especial para disponer de la atención de su maestro (BM 97a) y durante estas jornadas no se cita a nadie ante un tribunal judío (BQ 113a). En esta reunión, que es dirigida por un «jefe de la *kallá*», los participantes son mucho más numerosos que en las lecciones habituales de los rabinos. Solo se comienza si al menos están presentes diez varones (BB 12b); de hecho, el gentío en la *kallá* es proverbial (Ber 6ab). El tema se centra en un tratado de la tradición rabínica, luego del Talmud, que ya se conoce de antemano y sobre el que los duchos eruditos se preparan con esmero (BB 22a). El director del acto examina si se conoce el texto, antes de que se discutan los problemas más difíciles del tratado, el cual se concibe como un test particular de erudición rabínica (Taa 10b). Quizás esta institución, de la que por primera vez se pueden ofrecer pruebas desde comienzos del siglo IV, contribuyó considerablemente al desarrollo de las grandes academias rabínicas de la época gaónica.

Igualmente documentada solo desde los inicios del siglo IV y enormemente desarrollada en el periodo islámico, la *pirqa* consistió, según los testimonios talmúdicos, en una única conferencia destinada a una asamblea más numerosa. La expresión significa «párrafo, capítulo», refiriéndose al tema de la conferencia y después también a ella misma o a la reunión. Normalmente esta tiene lugar los sábados o los días festivos. Participan gentes sencillas a las que los oradores han de tener en consideración (Jull 15a), pero también asisten rabinos. Su presencia era considerada como una muestra de respeto hacia los disertantes y casi como un deber. Si un rabino faltaba, el orador se sentía ofendido y hacía que se indagaran los motivos (Ber 28b; Yom 78a). Los temas de una *pirqa*, mencionados en el Talmud, son, en correspondencia con el vasto público, mitad haggádicos y mitad halákicos (Sanh 38b le atribuye a R. Meir una división tripartita de su lección de *pirqa*: un tercio de halaká, otro de haggadá y un último de parábolas). Según algunos, hay que diferenciar entre dos clases (o partes) de la *pirqa*: una exposición haggádica destinada al pueblo y una enseñanza sobre la halaká para los rabinos. Pero muy probablemente también puede haberse tratado de un único evento, en el que también los rabinos debían participar y en el que después de una introducción de corte halákico le hubiera seguido una parte haggádica de mayor extensión y más orientada hacia las masas. En tiempos islámicos la *pirqa* se convierte en una institución regular, que cada sábado se celebra en la sinagoga de las academias y en la que el gaón o el exilarca dicta la conferencia. Seguramente en el área de influencia de las academias la *pirqa* contribuyó a la difusión de la espiritualidad rabínica y del ideal de los rabinos entre el pueblo.

III
EL MUNDO RELIGIOSO DE LOS RABINOS

Conocer la historia política y las formas de administración y organización que confieren un marco estable a la vida de un pueblo o de una comunidad resulta imprescindible para entender a ese grupo. Sin embargo, también se han de tener en cuenta las estructuras internas que dan vida y completan dicho marco. En lo que respecta a la situación de las fuentes, la descripción se limita necesariamente a la corriente rabínica casi en exclusiva, que solo con el paso de los siglos llegó a ser representativa para la gran mayoría del judaísmo. En cualquier caso, este no es el lugar para describir en detalle la práctica religiosa regulada mediante la Ley y el conjunto de las creencias. En este punto nos vamos a centrar únicamente en las concepciones básicas que se encuentran detrás de tal praxis y de tales credos: la idea de revelación, cómo se aborda tal acontecimiento y los rasgos fundamentales de la halaká y la haggadá. Este cuadro se completa con un esbozo de la mística judía en época talmúdica, pues esencialmente aquella también pertenece al mundo de la religiosidad rabínica. Solo incluyendo a esta última, la halaká y la haggadá, que con la mística integran una unidad orgánica, reciben también la importancia que se merecen.

1
LA REVELACIÓN EN EL SINAÍ

La realidad básica y determinante de todo en la vida religiosa de los rabinos es la conciencia de encontrarse bajo la revelación de Dios. Esta revelación, más exactamente la Torá, es la condición previa, la fuerza reguladora y la meta de la toda la existencia. En sentido estricto, la Torá designa los cinco libros de Moisés, el Pentateuco, aunque también puede incluir a los Profetas y los Hagiógrafos, que en ocasiones son igualmente citados como Torá. La Septuaginta traduce Torá como *nomos*, «ley». Esta reducción puede dar lugar fácilmente a un malentendido y a desvalorizar el judaísmo como la «mera religión de la Ley». En verdad, la Torá es una «instrucción» que determina la totalidad de la vida, una «enseñanza» divina que no solo se plasma en las leyes; también es posible hallarla en los textos narrativos y sapienciales de la Biblia. Únicamente la Biblia entera, en su conjunto, integra la normativa vital entregada por Dios.

El significado amplio de Torá viene a expresarse, en particular, en su equiparación a la sabiduría divina. Para ello es fundamental, sobre todo, el testimonio de Prv 8,22ss.: «El Señor me creó en el principio de su camino, antes de sus obras antiguas; desde la eternidad fui formada, en los orígenes, antes de la tierra... Cuando construyó los cielos, allí estaba yo... cuando estableció los cimientos de la tierra, allí estaba yo como artífice junto a Él».

Igual a la sabiduría divina es la Torá, según ponen de relieve también los textos rabínicos, el principio general que existe antes de mundo (SDt § 37, F. 70), la herramienta con la que Dios creó el universo (Abot 3,15; comp. SDt § 48, F. 114). Este surgió únicamente por la Torá (GnR 12,2, Th-A 99s.) y solo perdura gracias a ella. Como Ley de la creación la Torá es el código universal: mediante ella el ser humano alcanza la armonía con el cosmos creado por la divinidad. Un segundo aspecto de la Torá comprende la alianza de Dios, expresada y puesta en práctica a través de ella, con los hombres, con su gente. Mediante la revelación en el Sinaí y la aceptación del compromiso que surgió a partir de este episodio Israel se convierte en el pueblo elegido. A su vez, al recibir la Torá cada uno de los israelitas se sitúa bajo la alianza de Dios.

No obstante, la Torá no solo abarca la revelación escrita, que está documentada en la Biblia y cuya extensión se delimitó con mayor precisión en el periodo rabínico. La Torá es doble, según se dice en el relato acerca de un individuo que quiere convertirse al judaísmo y se dirige a Sammay con la siguiente pregunta: «Rabbí, ¿cuántas Torot fueron entregadas por los cielos? Le respondió: Una Escrita y otra Oral. Le dijo: Yo te creo en lo que respecta a la que se entregó por escrito, pero no en lo que respecta a la que se entregó oralmente». En vista de ello, Sammay despacha al hombre. En cambio, Hillel consigue mostrarle que tiene sentido aceptar la Torá Oral, si ya se está de acuerdo fielmente con la Escrita (ARN B 29,32-34, B. 362; comp. Shabb 31a).

La Torá Oral no es el *nomos agraphos*, la «ley no escrita» de la tradición griega, que consiste en la ley natural subyacente a la escrita. Por el contrario, la Torá Oral no es ninguna ley natural, sino el código entregado por Dios, de igual modo que la Torá Escrita. En una ocasión Eleazar utiliza el proverbio griego *para basileōs ho nomos agraphos* (TJ RH 1,3 57a), pero este no ha de ser entendido en el sentido de que la ley no escrita proviene del rey. La ley no vale para un rey terrenal, como si no estuviera escrita. En cambio, el rey celestial se atiene a su Ley, a la Torá. Ni la Torá Escrita ni la Oral satisfacen la naturaleza humana, sino que a menudo se dirigen contra el deseo intrínseco del hombre, como R. Eleazar ben Azaria subraya: «Que nadie diga: No tengo ganas de vestir tejido de mezcla, no tengo ganas de comer carne de cerdo... Realmente tengo ganas. ¿Qué puedo hacer? Mi Padre Celestial me lo ha prohibido» (Sifra *Qedoshim* 11, W. 93d).

La Torá Oral es la tradición que en todas las religiones del Libro acompaña a la Sagrada Escritura, la cual ilumina, completa y se adapta a la situación del momento. Si tal tradición no hubiera existido, no habría sido posible desde el principio poner en práctica gran parte de la Torá, ya que en esta faltan con frecuencia apreciaciones esenciales. Con el transcurso del tiempo la importancia de esta tradición fue creciendo, confiriéndole al texto vida y relevancia en la vida diaria.

El judaísmo rabínico está al corriente de la proliferación de muchas prescripciones y concepciones religiosas. Respecto a algunas, incluso transmite las circunstancias temporales de su promulgación. Por ejemplo, esto sucede con el caso del *prosbul*, la regla de Hillel que evita la prescripción de la condonación de la deuda periódica (Dt 15,9), de manera que también un pobre pueda recibir un préstamo en un cambio de la situación económica. Los rabinos son conscientes incluso de que a veces sus prescripciones contradicen directamente el texto bíblico. Aun así, se aferran a la idea de que la tradición procede de la misma fuente que el libro sagrado.

En principio, la Torá Oral, así como también la Escrita, fue entregada en su totalidad a Moisés en el Sinaí. Mucho de su contenido ha caído en el olvido y solo gracias a los rabinos se ha redescubierto: el pensamiento rabínico no concibe la evolución histórica como una sucesión de innovaciones constantes, sino como un redescubrimiento progresivo de los orígenes. Gran parte de lo que en los comienzos fue revelado simplemente llegó a ser relevante solo después, igual que también muchos versículos bíblicos adquirieron su sentido completo únicamente con posterioridad. No obstante, desde la tradición en toda su dimensión resulta válida la idea de que «Moisés recibió la Torá del Sinaí y la transmitió...» (Abot 1,1) a través de una cadena de tradición ininterrumpida hasta el día de hoy.

En lo que atañe a los inicios de la época rabínica, un importante número de tradiciones que son consideradas «Torá Oral» se conciben ya como transmisión indiscutible, innegable y santificada desde tiempos inmemoriales. Sin embargo, la Torá Oral se desarrolla constantemente, por lo que siempre requiere de nueva autoridad. Con el objetivo de lograr imponerse, se acentúa su rango divino: a menudo no solo la equiparan a la revelación escrita, sino que incluso afirman que tiene mayor valor. Así es como R. Jannay interpreta Éx 34,27, uno de los textos más importantes en este contexto: «"Conforme (hebreo: *al pi*, literalmente: sobre la boca) a estas palabras he hecho un pacto contigo y con Israel" —esto significa que la [Ley] Oral es la preferida». Otros rabinos mantienen lo contrario, la primacía de la Ley Escrita, pero todos están de acuerdo en que la alianza depende de la observancia de la Torá Escrita y de la Oral. R. Yehosúa ben Leví dice en el mismo pasaje: No solo Biblia, Misná, Talmud y haggadá, sino incluso lo que un estudiante juicioso expone ante su maestro, «ya le fue dicho a Moisés en el Sinaí», según se deduce de Qo 1,10: «¿Acaso hay algo de lo que se pueda decir: Mira, esto es nuevo? Ya aconteció en los tiempos que nos precedieron» (TJ Pea 2,6 17a).

ÉxR 47,1 completa esta tradición con el testimonio de que Moisés lo quiso poner todo por escrito en el Sinaí, pero Dios se lo impidió. Solo le estuvo permitido escribir la Biblia, mientras que Misná, Talmud y haggadá debían permanecer en su forma oral, diferenciando a Israel de los gentiles. La polémica anticristiana de esa argumentación emerge con mayor claridad en PesR 5,2 (U. 51): Moisés pidió tener la Misná por escrito, pero Dios vio «que los pueblos traducirán la Torá y la leerán en griego. Dirán: Nosotros somos Israel, nosotros somos los hijos de Dios». Por consiguiente, poseer la tradición oral, la Misná, el «misterio» de Dios, marca la distinción entre los verdaderos israelitas y los falsos. Naturalmente tales interpretaciones contribuyeron a que algunos rabinos prohibieran consignar por escrito la Torá Oral; pero, como ya se ha dicho, en la práctica se atuvieron a ello solo de forma muy limitada. Algunas prescripciones son consideradas como *halaká le-Moshe mi-Sinai* (por ejemplo, Pea 2,6; Eduy 8,7; Yad 4,3), como halaká que le fue revelada a Moisés en el Sinaí. No se encuentran en la Biblia, pero por su antigua praxis deberían ser incuestionables y por ello tienen vigencia como proposiciones reveladas (por ejemplo, el listado de defectos que hacen ilícita la carne de un animal para el disfrute humano: Jull 42a).

No obstante, la Torá Oral abarca además prescripciones que solo fueron promulgadas, según testimonio de los rabinos, en un momento histórico y bajo circunstancias conocidas. Gozan únicamente de autoridad rabínica, pero por su vigencia en la vida diaria a menudo pueden tener mayor importancia que los preceptos bíblicos. Los rabinos hablan de *taqqanot* y *gezerot*, que, en su opinión, pertenecen también a la revelación del Sinaí. Las *taqqanot* son ordenanzas rabínicas (como el mencionado *prosbul*: Shebi 10,3), que reinterpretan totalmente la ley bíblica según una nueva situación, con el fin de conservar el espíritu del enunciado bíblico. Una *taqqaná* ha de tener siempre un apoyo en la Biblia. En cambio, una *gezerá* no necesita ninguna fundamentación bíblica: prohíbe algo que en la Biblia está permitido y tiene validez solo mientras exista el motivo para ello; consiste en una disposición derogatoria delimitada a un cierto tiempo.

Las contradicciones entre Torá Oral y Escrita conllevan un problema particular. En teoría, no tendría por qué darse, puesto que la Torá en su conjunto responde a una unidad. Una de las tareas principales del estudio rabínico es guardar el equilibrio entre ambas. Sin embargo, no se ignoran todas las contradicciones de forma automática, como muestra un dicho de R. Yismael: «En tres lugares la halaká reemplaza a la Biblia y en un lugar al midrás», es decir, a la interpretación regulada de la Biblia (TJ Qid 1,2 59d). Contrariamente a Dt 24,1, Lv 17,13 y Éx 21,6, la halaká permite presentar el libelo de divorcio no solo sobre pergamino, cubrir la sangre de un animal no solo con tierra, atravesar la oreja de un esclavo que renuncia a su libertad no solo con una lezna, sino también con otro objeto.

También tienen presente que puede ser necesario anular un precepto bíblico en interés de la religión. Como argumento vale Sal 119,126:

«Señor, es tiempo de obrar; han quebrantado tu Ley». R. Natán lo interpreta así: «Es tiempo de obrar para el Señor, pues han infringido tu Torá» (Ber 9,5). Por tanto, bajo determinadas circunstancias la violación de la Torá puede ser una «obra para el Señor», pues es «mejor que sea extraída una letra de la Torá a que caiga en el olvido la Torá en Israel» (Tem 14b).

Los rabinos son muy conscientes de que la afirmación acerca del origen común de la Torá Escrita y de la Oral a partir de la revelación a Moisés es una ficción; no obstante, como tesis teológica conserva su amplio sentido. Esta conciencia de la problemática se deduce claramente de un relato acerca de R. Aqiba. R. Yehudá cuenta que Dios en una visión de futuro dejó participar a Moisés después de morir en una clase magistral de R. Aqiba. Moisés no entendió nada de las sagaces deducciones de Aqiba, pero recobró la paz interior cuando lo oyó decir que todo eso era la halaká revelada a Moisés en el Sinaí (Men 29b).

El principio de la revelación de la Torá Oral tampoco está en contradicción con el conocimiento de su origen, a menudo mucho más tardío. Incluso adquiere importancia el hecho de transmitir las afirmaciones de la Torá Oral en nombre de su autor. Eliézer ben Hyrqanos se jacta de que: «Nunca he dicho algo que no haya oído de la boca de mi maestro» (Sukk 28a). R. Aja incluso afirma: Cuando Moisés subió a los cielos, escuchó hablar a Dios sobre el tema de la vaca roja y citar al respecto una halaká en nombre de R. Eliézer (PRK 4, M. 73). Además, según se dice en el tardío *Alfabeto de R. Aqiba*, en el mundo venidero hasta Dios interpretará la Torá y con ello intervendrá en la configuración posterior de la Ley Oral.

Provengan de donde provengan los distintos elementos de la Torá, esta siempre permanece como una unidad, que solo está amenazada por un estudio insuficiente, según señala la Tosefta: «Cuando los discípulos de Sammay y de Hillel fueron numerosos y no sirvieron a sus [maestros] como es debido, aumentaron las disputas en Israel y aparecieron dos Torot» (TosSot 14,9, L. 238).

También Gamaliel subraya la unidad de la Torá, cuando dice en conexión con Ez 18,6: «Quien cumple con todas estas cosas, vivirá, pero no [lo hará] quien solo cumple una de ellas» (Sanh 81a). En SNm § 112 (H. 121) dice R. Eleazar de Modiin: «Quien profana lo sagrado, menosprecia las festividades y rompe el pacto de nuestro padre Abraham, aunque cumpla con muchos preceptos, merece ser borrado de este mundo». El texto continúa: «Si uno dice: De toda la Torá entera me hago cargo excepto de esto, se le aplicará [este versículo]: "Porque ha menospreciado la palabra del Señor" (Nm 15,31). Si uno dice: Toda la Torá proviene de la boca del Señor, pero esta palabra la dijo Moisés de su propia boca, se le aplicará: "Porque ha menospreciado la palabra del Señor"».

La Misná resume la unidad de la Torá de esta manera: «Todo el que cumple un precepto gozará de bienestar, se alargarán los días [de su vida] y heredará la tierra. En cambio, todo el que no cumple un solo precepto no gozará de bienestar, no se alargarán sus días y no heredará la tierra. Todo el que esté instruido en la Biblia, la Misná y en las buenas costumbres no pecará fácilmente... En cambio, quien no está instruido en la Biblia, Misná y en las buenas costumbres no pertenece a la comunidad humana» (Qid 1,10).

2

LA HERMENÉUTICA RABÍNICA

La Torá como texto fundamental del judaísmo exige una continua actualización en función de los cambios de las circunstancias vitales. En la «Torá Oral», cuyo desarrollo está basado en una gran parte en la interpretación bíblica, esta actualización se consigue por deducción directa de nuevos conceptos o disposiciones a partir de la Biblia o a través de la justificación posterior de una tradición mediante un pasaje bíblico. A este respecto, los métodos de exégesis bíblica desempeñan un gran papel. Con el paso del tiempo la tradición rabínica los reunió en grupos de reglas: las siete reglas (*middot*) de Hillel, las trece reglas de Yismael y las treinta y dos reglas de R. Eliézer (ben Yosé ha-Gelilí), una compilación tardía, que solo desarrolla las antiguas reglas que la tradición asocia a Hillel y Yismael.

Naturalmente antes de la versión de estos grupos de reglas existía un determinado método de exégesis. Ya en la génesis de los escritos bíblicos juega un papel destacado la interpretación y la actualización de redacciones textuales más antiguas. A los primeros expertos en la Biblia se les denomina *soferim*, derivado del término *sefer*, «libro», aunque también se ha de poner en relación con el verbo *safar*, «contar» (comp. Qid 30a). Entre otras tareas estos primeros eruditos contaban la frecuencia con la que aparecían las palabras en la Biblia y elaboraban listas de expresiones que solo se presentaban una o dos veces. Esas listas facilitaban la explicación de un texto mediante un paralelo y, en general, a partir del propio contexto bíblico. Este era el fundamento exegético más importante, pues toda la Biblia se consideraba una unidad. Así, se llega al principio de interpretación de la Torá desde la Torá, que TJ Meg 1,13 72b remontara hasta Noé.

Adquiere gran importancia la explicación de expresiones bíblicas a partir del uso terminológico común y mediante la comparación con otras lenguas. La interpretación sencilla del vocablo se suele introducir

con la fórmula «tal término significa realmente esto o aquello» (*ein...
ela*). No obstante, esta fórmula también se utilizó después donde la explicación no se desprendía del propio texto. El primer targum es un caso típico de interpretación bíblica sencilla mediante la traducción explicativa únicamente de los pasajes difíciles de comprender; pero el targum experimentó la misma evolución que la exégesis rabínica general de la Biblia.

A la hora de aplicar las reglas de interpretación hay que diferenciar entre halaká y haggadá. En general, la halaká ya está fijada antes de su fundamentación bíblica. Por eso, los rabinos se limitan, en mayor o menor medida, a ofrecer una justificación bíblica de la halaká existente; de aquí que la exégesis halákica esté más sujeta a la tradición que el comentario haggádico. Sin embargo, la halaká debe ajustarse a las circunstancias cambiantes, lo que tiene como consecuencia hallarse en un continuo proceso de adaptación. En cambio, la haggadá no ejerce influencia directa sobre la vida práctica, por lo que no tiene esa necesidad de adaptación. Con todo, también experimenta cambios como reacción a los desafíos culturales y religiosos del entorno y de la evolución de los ideales judíos internos.

Las siete reglas atribuidas a Hillel no tienen su origen en el propio rabino. Su nombre hace suponer que se trata de la época en que los judíos las adoptaron, todavía en tiempos del Templo. Estas muestran claros paralelos con las reglas hermenéuticas usuales en la retórica helenística, que también entraron en la interpretación del derecho romano. Las reglas de Hillel no se adoptaron necesariamente del mundo helenístico, aunque es probable que su ordenación y terminología tengan su origen en influjos helenísticos.

El texto de las siete reglas de Hillel ha sido transmitido en varios pasajes. En TosSanh 7,2 (Z. 417) se dice: «Hillel el Viejo explicó siete reglas ante los ancianos de Batyra: la argumentación de lo simple a lo complejo, la deducción por analogía, la generalización desde un solo texto y desde dos textos, la deducción de lo general a lo particular y de lo particular a lo general, la deducción a partir de otro pasaje bíblico y la argumentación a partir del contexto. Estas siete reglas las explicó Hillel el Viejo ante los ancianos de Batyra» (comp. Sifra, W. 3a).

En este fragmento las reglas de Hillel están presentadas como una sobria enumeración, mientras que Pes 66a (y con mayor detalle TJ Pes 6,1 33a) cuenta cómo Hillel empleó algunas de ellas ante las gentes de Batyra y encontró resistencia al respecto. La cuestión gira en torno a si se puede preparar la ofrenda pascual en un sábado, cuando este coincide con el 14 de Nisán. Hillel responde que sí, basándose en la argumentación de lo simple a lo complejo (si el sacrificio diario desplaza al sábado, a pesar de que la Biblia no obliga a su ofrenda bajo pena de exterminio, ¡con cuánta mayor razón entonces el sacrificio pascual, que está prescrito bajo pena de exterminio, desplazará el descanso sabático!). Al respecto presenta una argumentación por analogía: Del sacrificio cotidiano y del sacrificio pascual se dice que han de realizarse en un preciso momento, *be-moado* (Nm 9,2; 28,2), de modo que el sacrificio pascual se equipara al sacrificio cotidiano en que desplazan el sábado. Finalmente Hillel termina con la comparación (*heqqesh*): en ambos casos se trata de una ofrenda de la comunidad.

Pes 66a plantea entonces la pregunta: ¿Para qué necesitaba Hillel la argumentación de lo simple a lo complejo si también podía fundamentar su opinión con la deducción por analogía? La respuesta reza: Sus oyentes no conocían esta deducción por analogía a partir de la tradición; además, «nadie establece una deducción por analogía por sí misma (por su propia autoridad)», pero sí se puede construir una argumentación de lo simple a lo complejo.

Aparentemente eran muy conscientes de la posible arbitrariedad en la deducción por analogía como para haber dejado demasiado campo de acción a la hora de aplicarla. En el Talmud de Jerusalén el relato concluye diciendo que todas las deducciones lógicas de Hillel no pudieron convencer a sus oyentes; tan solo aceptaron las interpretaciones legales de este sabio cuando se remitía, apelando a la tradición, a sus maestros Semaya y Abtalión.

1) La primera regla de Hillel es la de *qal wa-jomer*, «lo simple y lo complejo», la argumentación *a minori ad maius*. En el relato anterior sobre Hillel ya hemos visto un ejemplo de esta regla, a la que se recurre con frecuencia. Otro ejemplo lo encontramos en Ket 111b acerca de que los muertos se levantarán vestidos, es decir, resucitarán corporalmente. «Por *qal wa-jomer* [se deduce] del grano del trigo: si este es enterrado desnudo y germina vestido, ¡con cuánta mayor razón se ha de esperar de los justos, que son enterrados vestidos!». Esta regla no puede emplearse para justificar que se agrave una pena: «Basta con que la ley deducida sea igual que aquella de la que se deduce» (BQ 2,5).

2) También se ha hecho referencia ya a la segunda de las reglas, la *gezerá shawá* (literalmente, «ordenación/principio equivalente») o deducción por analogía. En sentido estricto, solo se debe usar si en los dos pasajes de la Torá que se van a comparar, y posiblemente solo allí, aparecen las mismas expresiones. Además, estas expresiones sobre las que se construye la argumentación por analogía no tienen por qué ser necesarias para entender la frase, de manera que se puede aceptar que la Biblia por sí misma ya las ha enunciado con vistas a que se construya

esta deducción analógica (Shabb 64a). También la *gezerá shawá* se ha de aplicar con mucha reserva y siempre con el respaldo de la tradición. El Talmud advierte: «No debes utilizar a la ligera la *gezerá shawá*» (Ker 5a). Solo bajo estas condiciones (a las que después se ceñirán de manera menos estricta) resulta legítimo también aplicar la disposición mencionada en un pasaje de la Torá a otro pasaje. Así, la Misná deriva de Lv 27,7 —sobre el determinado valor que «un hombre de sesenta años o más» tiene a la hora cumplir un voto—, que el «o más» vale también para otras informaciones sobre la edad donde no se indique expresamente (Lv 27,3.5). Se entiende que se trata de años cumplidos, aun cuando esto signifique agravarlo en un caso y aligerarlo en otro. El término 'año' siempre se ha de interpretar igual (Arak 4,4).

3) La generalización de una ley particular (en hebreo: *binyan ab*, literalmente: «construcción de una familia») puede partir de la base de un único pasaje bíblico. R. Eleazar ben Pedat dice: «En todo lugar donde se dice "Y Dios" se hace referencia a Dios y a su corte de justicia. [Se trata de] un *binyan ab*: en todo lugar con *wa-yomer* ("y dijo") se indica una desgracia» (TJ Sanh 1,1 18a). SDt § 148 (F. 202) deduce de Dt 17,6 que se requerirán siempre dos o tres testigos donde se utiliza la expresión *yimmatze* («se encontrará») en un determinado contexto.

4) Esta generalización también puede fundamentarse en dos textos bíblicos. Por ejemplo, la prescripción acerca de que un esclavo queda libre si su dueño le ha dañado un ojo o un diente (Éx 21,26-27) adquiere carácter general: por cualquier daño irreparable el esclavo obtiene como indemnización la libertad (Mek *Neziqín* 9, L. 3, 72s.).

5) La deducción de lo general a lo particular y de lo particular a lo general está desarrollada en la lista de Yismael en ocho reglas distintas. Un ejemplo típico de generalización de lo particular se encuentra en la explicación de Éx 23,19: «No cocinarás el cabrito en la leche materna». El targum (por ejemplo, el Neófiti) amplía en la traducción: «No cocinarás ni comerás carne con leche». Para la escuela de R. Yismael la mención por tres veces de la prohibición (además de Éx 23,19 también en Éx 34,26 y Dt 14,21) adquiere un significado: muestra la triple prohibición de cocinar, de comer y del disfrute en general de la carne con la leche (Jull 115b). La introducción de Sifra (W. 2a) explica la regla de la siguiente manera: «¿Cómo [se argumenta] de lo general a lo particular? "[Si la ofrenda] es de bestias" (Lv 1,2) [se trata de] lo general; "del ganado mayor o del menor" [se trata de] lo particular. [En la deducción de] lo general a lo particular, en lo general [se incluye] solo lo que [se especifica] en lo particular. ¿Cómo [se argumenta] de lo particular a lo general? "Si alguien entrega a otro un asno, un toro o

un cordero" (Éx 22,9) [se trata de] lo particular; "o cualquier bestia en custodia" [se trata de] lo general. [En la deducción de] lo particular a lo general, lo general se convierte en una adición a lo particular».

6) La deducción desde otro pasaje bíblico es similar a la argumentación por analogía, aunque no tan estrictamente regulada. Como muestra nos puede servir el comienzo de Mekilta (L. 1,1-3): en contra de la idea de que «lo que se menciona primero en la Biblia precede también en la realidad» se aducen algunos versículos bíblicos en los que cambia el orden dado. Así, por ejemplo, se dice en Éx 3,6: «El dios de Abraham, el dios de Isaac y el dios de Jacob»; en cambio, en Lv 26,42: «Me acordaré de mi pacto con Jacob, de mi pacto con Isaac y de mi pacto con Abraham».

7) La argumentación a partir del contexto resulta razonable, de manera que se acepta universalmente. Sanh 86a apela a ella de forma explícita como una de las trece reglas de Yismael (que habían asumido las de Hillel): los rabinos interpretan «no robarás» (Éx 20,16) como el secuestro de gente, ya que por el contexto se trata de personas; en cambio, «no robaréis» muestra que se refiere a robo de dinero basándose en otro contexto (Lv 19,11).

En el fondo, las trece reglas de R. Yismael son solo una ampliación de la lista de Hillel. Es nueva la regla decimotercera, que se ocupa de resolver una supuesta contradicción entre dos versículos bíblicos por medio de un tercero. Más importantes resultan algunas de las treinta y dos reglas de R. Eliézer, cuyo texto, entre otros, lo recoge la introducción al Génesis del *Midrás ha-Gadol* (M. 22s.). Aunque la colección está documentada desde la Edad Media, algunas de sus reglas se remontan a la época tannaítica.

Las primeras dos reglas observan una inclusión o una limitación, cuando la Biblia utiliza respectivamente los términos *af* y *gam* («también») o la partícula de acusativo *et* o bien de los vocablos *ak*, *raq* («solo») o *min* («de»). GnR 1,14 (Th-A 12) interpreta Gn 1,1: «Dios creó *el* cielo y *la* tierra» (en hebreo dos veces *et*) de la siguiente forma: «*el* cielo: este incluye sol, luna, estrellas y constelaciones; *la* tierra: esta incluye árboles, plantas y el jardín del Edén». Un ejemplo de limitación representa Gn 7,23: «*solo* quedó Noé». Según GnR 32,11 (Th-A 298), significa que «*solo* indica una limitación: también él escupió sangre a causa del frío»; es decir, Noé solo sobrevivió enfermo.

En la actualidad las reglas 29 y 30 nos dan la impresión de ser extrañas. La *gematría* —el término proviene del griego *grammateia* o *geōmetria* (estudio de las letras y de los números)— calcula el valor numérico de una palabra, partiendo de la base de que las letras siempre son números. Por ejemplo, en Gn 14,14 se dice que Abraham persiguió a los secuestradores de Lot con 318 hombres. En PRK 8 (M. 139) Simeón ben Laqis interpreta que el número se refiere «solo a Eliézer, pues el nombre de Eliézer [suma] 318».

Emparentado con la *gematría* está el *atbash*, un código en el que la primera letra del alfabeto hebreo corresponde a la última, la segunda a la penúltima, etc., de manera que *a* sería *t*, *b* sería *sh*, etc. Así, según esta regla, el targum de Jr 25,26 traduce «rey de Sheshak» como «rey de Babel».

El *notariqón* indica que cada letra de una palabra responde a una abreviatura. Así pues, GnR 90,4 entiende *Tzafnat-Paneaj*, el nombre que el Faraón le asigna a José (Gn 41,45), descomponiendo las letras de una en una (naturalmente según la grafía hebrea): vidente, redentor, profeta, salvador (en hebreo: *tzofé, poré, nabí, tomek*), etc. Según esta regla, una palabra se puede fragmentar y las partes se pueden interpretar como vocablos independientes. GnR 71,3 (Th-A 825) divide el nombre de Rubén en *reu ben*, «mirad, un hijo».

Las últimas dos reglas se ocupan de la sucesión temporal de los enunciados. Al respecto, la escuela de Yismael ofrece una explicación: «En la Torá no existe el antes y el después» (SNm § 64, H. 61). La frase muestra hasta qué punto les resulta extraño a los rabinos el adentrarse en la Biblia desde una perspectiva histórica, pero también hasta qué grado la percibían como una unidad.

Algunas de las reglas aquí referidas tienen su origen en la interpretación contemporánea de los sueños. Sobre ello comenta la introducción del *Midrás ha-Gadol* a Génesis (M. 39): «Si un sueño, que no tiene consecuencias positivas ni negativas, se presta a muchas interpretaciones, cuánto más vale para las palabras importantes de la Torá que una sola palabra bíblica pueda tener muchos significados».

Una parte de estas reglas exegéticas se le atribuye a la escuela de R. Aqiba. Esta defiende la opinión de que cada palabra y cada particularidad lingüística o gráfica que se halla en la Biblia tiene su relevancia, por lo que se la ha de someter a interpretación. Desde su perspectiva, la Biblia no habla en un lenguaje natural; la comunicación divina no se parece a la lengua de los hombres, sino, más bien, a un código que debe ser descifrado. Por el contrario, la escuela de Yismael no le concede importancia, por ejemplo, a las repeticiones puramente estilísticas en la Biblia: «Son repeticiones estilísticas que la Torá emplea a su manera» (TJ Yeb 8,1 8d). En general, esta escuela mantiene la opinión de que «la Torá habla en la lengua de los hombres» (SNm § 112, H. 121). Con esta idea encaja bien la máxima: «Ningún versículo bíblico se aparta de su sentido literal» (Shabb 63a).

La diferencia entre ambas escuelas exegéticas no se sostiene en la práctica, pues casi todos los párrafos del midrás mezclan los dos elementos. Detrás de ambas se halla la concepción fundamental de que la Torá es revelación divina en lengua perfecta, en la lengua de Dios, la cual preexistía a toda la creación y mediante la cual todo fue creado. Sus palabras son más reales que cualquier otra cosa, de modo que son la base de toda interpretación, intraducibles a ninguna otra lengua. A su vez, la Torá es un texto perfecto, una unidad cerrada sin contradicciones internas y sin repeticiones innecesarias. Como palabra divina para todos los seres humanos y por toda la eternidad es invariable y atemporal; precisamente por esa razón, ha de ser reinterpretada una y otra vez desde los parámetros de la propia época.

3

LA HALAKÁ

A menudo el judaísmo se representa como una religión del hacer, mientras que el cristianismo como una religión del creer. Esta idea simplifica la cuestión, pero en esencia es acertada. Pese a la importancia de las concepciones religiosas y de las creencias, en el judaísmo no existe ninguna profesión de fe. En este punto, cada intento de escribir una «teología judía» encuentra sus limitaciones. Normalmente aquel que se adhiere al judaísmo reconoce al Dios de la Biblia, la elección de Israel y ciertas convicciones ligadas a ello. Es fundamental que el hombre asuma su nueva condición mediante la circuncisión y que la mujer lo haga con el baño de inmersión, simbolizando así la aceptación de la Ley entera.

Por tanto, el concepto central del judaísmo rabínico es la halaká, que se puede definir de manera imprecisa como «ley religiosa». La palabra viene del verbo hebreo *halak*, «ir» y alude al hecho de caminar con rectitud, a la conducta que Dios desea. La halaká es el sendero por el que el ser humano debe marchar y que determina la vida entera. En este sentido, el judío se encuentra totalmente sometido a la «Ley». Describir el judaísmo como la «religión de la Ley» resulta, sin embargo, una definición demasiado escueta. La Torá, que se concreta en la halaká, es mucho más que una Ley.

1. *La entrega de la Torá en el Sinaí*

El fundamento de la religión judía es la revelación en el Sinaí y el consecuente pacto entre Dios y su pueblo. En aquel tiempo Israel asumió el «yugo del reino de Dios» (literalmente: reino de los Cielos) y el «yugo de los mandamientos»: en el futuro cada judío habrá de aceptarlo (comp. Ber 2,2).

Numerosas leyendas talmúdicas ofrecen sus explicaciones a lo acaecido en el Sinaí. Un tema que ocupa especialmente a los rabinos es el de la elección de Israel, que por encima del resto de naciones está en disposición de recibir la revelación y la alianza. En una interpretación de Dt 33,2 («El Señor vino del Sinaí y los iluminó desde Seir») se dice: «Cuando se reveló el Santo, Bendito Sea, para darle la Torá a Israel, no solo se le reveló a Israel, sino a todas las naciones. Primero se dirigió a los hijos de Esaú (esto es, a los romanos) y les preguntó: ¿Aceptaréis la Torá? Le respondieron: ¿Qué está escrito en ella? Les dijo: "No matarás" (Éx 20,13). Replicaron: Toda esta gente y sus padres fueron asesinos, según se dice: "Y las manos son las manos de Esaú" (Gn 27,22) y "sobre tu espada vivirás" (Gn 27,40)». A continuación, Dios se dirigió a los ammonitas y a los moabitas, cuyo origen se encuentra en la unión de Lot con sus hijas (Gn 19,36), por lo que rechazaron la prohibición que afecta al adulterio. Los hijos de Ismael se opusieron al «no robarás», apelando a Gn 16,12: «Y será un onagro humano». Así, pues, Dios les ofreció la Torá a todas las naciones. Sin embargo, como ni siquiera pudieron cumplir los siete mandamientos de Noé (preceptos noáquicos), finalmente Dios le dio la Torá a Israel (SDt § 343, F. 395s.).

El paralelo de la Mekilta (Ba-jodesh 5, L. 2,235) completa el episodio: Israel fue digno de la entrega de la Torá, ya que, cuando Dios se llegó a él, enseguida respondió sin cuestionarlo: «Todo lo que ha dicho el Señor, lo haremos y escucharemos» (Éx 24,7; normalmente en el contexto se traduce por «obedeceremos»). Israel se declaró dispuesto a cumplir la Torá y solo posteriormente le prestó atención a su contenido. Poco después el texto subraya de nuevo esta idea (Ba-jodesh 6, L. 2, 238), cuando Dios les dice a los israelitas: «Yo soy aquel cuyo reinado habéis aceptado en el Sinaí... aceptad también mis decretos».

Las numerosas variantes del relato son la prueba de su importancia. Abdimi bar Jama entiende Éx 19,17 literalmente: «Ellos se detuvieron bajo la montaña (en lugar de «al pie de la montaña») y deduce «que el Santo, Bendito Sea, puso la montaña sobre ellos como una cubeta y les dijo: Si aceptáis la Torá, bien; si no, aquí estará vuestra tumba». R. Aja bar Yaaqob objeta que en este caso Israel podría declarar que su aceptación de la Torá no tiene validez, por lo que no tendrían que atenerse a ella. Raba replica que, de todas formas, en época de Ester Israel ratificó libremente su aceptación de la Torá (Est 9,27). Por consiguiente, no se cuestiona la validez del compromiso de Israel (Shabb 88a).

Existe una típica tensión entre la idea de la revelación de la Torá en el Sinaí y la interpretación de esta como Ley que sirvió a Dios como herramienta en la creación del mundo y que desde los inicios fue cada vez más reconocida y seguida. A los rabinos les es ajena la idea de que se llega al conocimiento y reconocimiento de la Ley de Dios mediante la propia razón. R. Yojanán dice: «Si la Torá no hubiera sido dada, habríamos aprendido la castidad del gato, [el precepto acerca del] robo de la hormiga, [el precepto sobre las] relaciones sexuales ilícitas de la paloma y los buenos modales del gallo» (Erub 100b). Esto no significa, sin embargo, que la Torá como tal le sea comprensible al hombre por sí mismo, como explica Yom 67b: «Nuestros rabinos enseñaron: "Guardad mis mandamientos" (Lv 18,4) —los preceptos que, si no estuvieran escritos, habrían de ser escritos; estos son: idolatría, inmoralidad sexual, derramamiento de sangre, robo y blasfemia del Nombre. "Mis ordenanzas guardaréis"— los preceptos contra los que Satán y los pueblos gentiles ponen objeciones; estos son: comer carne de cerdo, vestir con mezcla de tejidos... Para que no digas que son disparates, el Texto enseña: "Yo soy el Señor" – Yo, el Señor, lo he decretado y tú no tienes derecho a criticarlo». Esta insistencia en que todos los mandamientos tienen su origen en un decreto divino y en que no son perceptibles mediante la reflexión humana conduce a la afirmación de R. Janina: es más grande quien cumple el precepto que se le manda que quien lo cumple sin mandárselo (Qid 31a).

Según el libro de los *Jubileos* (siglo II a.e.c.), los ancestros ya guardaban la Ley bíblica: Eva cumplió con las leyes de pureza después del nacimiento de sus hijos, Abraham con las prescripciones sacrificiales y Jacob dio el diezmo. Esto supuso un problema para los rabinos, pues se ponía en duda el carácter radicalmente nuevo de la legislación en el Sinaí. Abraham es una excepción: «Consideramos que nuestro padre Abraham había cumplido con toda la Torá entera antes de que fuera dada, ya que se dice: "Por cuanto escuchó Abraham mi voz y guardó mis preceptos, mis mandamientos, mis ordenanzas y mis leyes" (Gn 26,5)» (Qid 4,14). TosQid 5,21 (L. 299) añade: «Esto enseña que le fueron reveladas las palabras de la Torá y las palabras de los Sabios».

Apoyándose en Prv 14,14, R. Leví opina que Abraham aprendió la Torá por sí mismo, que la discernía de manera natural (GnR 95,3, Th-A 1189). No obstante, es habitual que los rabinos vean la revelación de la Torá anticipada de algún modo en los Patriarcas, lo mismo que, por otro lado, uno también puede tomar parte en época posbíblica de lo sucedido en el Sinaí. Por ejemplo, R. Eliézer ben Yaaqob le cuenta a la gente de Usha que tras la marcha por el desierto Moisés les dijo a los israelitas: *Hoy* te has convertido en el pueblo de Dios (Dt 27,9). «¿Acaso han recibido hoy la Torá en lugar de hace ya cuarenta años? ¿Y dices que 'hoy'? Pero esto enseña: Cuando Moisés les repitió la Torá y la recibieron con una expresión de alegría en sus rostros, la Escritura les supo como si la hubieran recibido aquel día sobre el Monte Sinaí. Por eso se dice: "Hoy te has convertido en el pueblo de Dios, tu Señor". ¡Cuánto más vosotros, hermanos míos, hijos de Usha, que habéis recibido a vuestros maestros con una expresión de alegría en los rostros!» (CantR 2,16 a 2,5).

Otros rabinos van todavía más lejos. Aquel que le enseña la Torá al hijo de su prójimo es como si «creara las palabras de la Torá», de acuerdo con lo que se dice en Dt 29,8: «Guardaréis las palabras de este pacto y las cumpliréis (o haréis)». No solo toma parte activa en la legislación en el Sinaí, sino que «es como si él mismo se hubiera creado», según añade Raba (Sanh 99b): el ejercicio de un mandamiento es como participar en la obra de la creación.

2. La evolución de la halaká

Ya hemos hablado del desarrollo de la halaká. Con el paso del tiempo esta sobrepasó ampliamente los parámetros de la Ley bíblica, la completó e incluso en parte entró en contradicción con ella. Durante mucho tiempo se ha discutido la polémica acerca de cómo la halaká más tardía se relaciona con la Biblia. Según unos, la halaká que excede la Ley bíblica fue elaborada mediante la interpretación del texto de la Biblia y solo después experimentó una formulación que prescindía ya del mismo. Según otros, sucedió justo lo contrario: solo con posterioridad se les buscó una justificación bíblica a las leyes por mucho tiempo acreditadas en la praxis. ¿Es acaso más antigua la forma midrásica de la evolución halákica que representan los midrasim halákicos (Mekilta, Sifra y Sifre), o lo es la forma misnaica (sin la prueba bíblica) que aparece en la Misná y la Tosefta? Este debate se ha atemperado en la actualidad por la visión de que desde siempre ambas formas coexistieron.

Algunas prescripciones, que ni se plasmaron por escrito ni se encuentran en la Ley Escrita, fueron desde siempre un complemento de la Ley bíblica a la hora de hacerla viable en la práctica. Este es el caso tanto del culto en el Templo y de las normas de pureza como de casi todos los otros ámbitos del derecho bíblico. Ya en los comienzos de la época rabínica existen numerosas halakot, que, a pesar de no estar documentadas en la Biblia, se encuentran fuera de discusión. La tesis rabínica de una Torá Oral junto a la Escrita sencillamente no fortalece su propia autoridad: esta responde a las dos raíces distintas del derecho religioso. Además de la halaká fijada en la Biblia o derivada de ella, existió desde los inicios una halaká que no estaba fundamentada en este corpus.

Principalmente se distinguen tres grupos en la halaká rabínica: leyes que se derivan de la Biblia, que mayormente son citadas también junto con sus justificantes textuales; leyes que tienen un origen independiente al bíblico y que se aducen por sí mismas sin una referencia; leyes que no derivan de la Biblia, pero a las que más tarde se les busca el apoyo de testimonio bíblico. La Misná lo resume así: «[Las leyes sobre] la dispensa de los votos están en el aire y no tienen nada sobre lo que puedan apoyarse. Las halakot sobre el sábado, las fiestas y los sacrilegios son como montañas que penden de un cabello, pues la Biblia es breve, pero las halakot son numerosas. Las leyes civiles, las relativas al servicio sacrificial del Templo, las normas de pureza y de impureza y las leyes sobre el incesto tienen donde apoyarse. Son la esencia de la Torá (*gufe Torá*)» (Jag 1,8).

Como es natural, el estímulo más importante en la evolución de la halaká siempre fue el desarrollo histórico de las condiciones de vida. En circunstancias cambiantes a veces fue necesario fallar en contra del texto de la Biblia, con el fin de mantener el espíritu de la Ley bíblica. Ya ha sido referido el ejemplo clásico: la introducción, atribuida a Hillel, del *prosbul*, con el que se evita la condonación de un préstamo prescrito en la Biblia cada séptimo año. Lo que en su origen se formuló como una ley social tuvo después consecuencias antisociales —antes del año sabático al pobre le resultaba casi imposible recibir un préstamo necesario— y por consiguiente tuvo que ser derogada.

Precisamente ciertos problemas halákicos surgen a partir de una interpretación muy estricta de las prescripciones bíblicas. Cuando esta resultaba impracticable, había que volverla a revocar en parte. Un ejemplo es el descanso sabático, cuya severa interpretación prohibía la realización de toda actividad; no obstante, ya durante las guerras macabeas se permitió la defensa de la propia vida en sábado, pues cualquier otra cosa hubiera supuesto el autosacrificio (1Mac 2,29-41). Otro aspecto del descanso sabático afecta a la libertad para transportar algo de un sitio a otro. En contra de una interpretación radical, que (como en Qumrán) no permite apenas el desplazamiento en sábado, los rabinos instituyen el concepto del *erub*, la «mezcla» simbólica de patios y otras zonas mediante la acción de depositar alimentos: un determinado lugar se convierte con ello en una especie de segundo domicilio. Un patio común en el que los vecinos contribuyen a la comida se convertirá en una posesión comunitaria durante el sábado. Esta maniobra ritual-simbólica guarda el mandamiento del descanso sabático con plena consciencia y a su vez permite un mínimo de movimiento. Una ley difícil de observar se ajusta de modo regulado a una nueva situación y, haciendo concesiones, se consigue cumplir en lo esencial. Otras innovaciones legales pueden remontarse a influencias no judías. Esto sucede, por ejemplo, con la implantación de la *ketubbá*, el contrato matrimonial, que regula la situación económica de la mujer después de un eventual divorcio o tras la muerte del marido, sustituyendo la dote de la novia de tiempos bíblicos que le compete a su padre. A partir de ese momento la mujer es considerada una persona que goza de su propio derecho y que puede disponer de sí misma dentro de unos determinados parámetros. En este punto también hay que mencionar la introducción del testamento, que probablemente se difundió bajo el influjo del derecho romano. El derecho bíblico (Nm 27,8-11; Dt 21,16s.) no le dejaba espacio a la libre facultad del testador en lo que respecta a la sucesión. El derecho rabínico (BB 149a y otros pasajes) supone una reorganización al tener previstas las donaciones de un enfermo, que tan solo serían efectivas una vez que hubiera fallecido.

Las decisiones rabínicas, tanto las que amplían el derecho bíblico como también las numerosas precisiones sobre este derecho, tenían la misma validez para los rabinos que los estatutos directos de la Torá, pero con la diferencia de que, ante la duda, se juzgaba desde el punto de vista más estricto en cuestiones relativas a las leyes de la Torá y desde un punto de vista más laso en aquellas que se resolvían a partir del derecho rabínico (AZ 7a). Para justificar la obligación de cumplir con las prescripciones rabínicas, los rabinos citan una y otra vez Dt 17,11: «Obrarás según la ley que te enseñen y según la sentencia que te fallen; no te apartarás del dictamen que te comuniquen ni a la derecha ni a la izquierda». Esta frase, enunciada en la Biblia por sacerdotes y jueces, se le aplica ahora a los sabios rabínicos. Así reza la bendición sobre la luz de Januká: «Bendito Sea el que nos ha santificado mediante sus mandamientos y nos ha mandado encender la luz de Januká». A la pregunta acerca de dónde les mandó Dios la luz de Januká responden con el versículo de Dt 17,11, la legitimación común entre los rabinos para una nueva legislación en nombre de Dios (Sukk 46a; comp. Shabb 23a sobre la bendición de la luz del sábado).

La tendencia a asegurarse el cumplimiento de la Torá con prescripciones adicionales tuvo una influencia primordial en el aumento de la halaká. Esta desarrolla una dinámica que desemboca en una regulación cada vez más amplia de la vida mediante la Torá y con ello en una creciente complejidad de la misma. Los rabinos acuñaron la expresión «construye un cerco en torno a la Torá».

Abot 1,1 cita «construye un cerco en torno a la Torá» como uno de los tres principios de los «hombres de la Gran Asamblea», el legendario grupo que debió de constituir el periodo de transición entre los profetas y los doctores de la Ley y los rabinos. De este modo, a pesar de que la bendición de la tarde se pueda pronunciar hasta el amanecer, algunos rabinos establecen como plazo la medianoche «para mantener a un hombre lejos de la transgresión» (Ber 2a). La base bíblica se encuentra en Lv 18,30: «Guardad mi ordenanza» (*u-shemartem et mishmarti*). R. Assi explica la duplicación de la expresión en hebreo: «Haced una ordenanza para mi ordenanza» (MQ 5a). Un precioso ejemplo de la ampliación de la Ley mediante el «cerco en torno a la Torá» ya se ha sido referido en las reglas de Hillel: «No cocinarás al cabrito en la leche materna» (Éx 23,19). Al principio la prescripción fue dirigida probablemente contra prácticas mágicas y observada literalmente. Aquel que no se autoabastecía, no sabía si la leche comprada en el mercado provenía de la madre de un animal cuya carne se había vendido. Por eso, se prohibió, en general, la preparación de carne con leche, también en los casos en que no había ningún tipo de duda para no estar seguros, incluso hasta con las aves. Finalmente no estuvo permitido ingerir carne con productos lácteos durante una misma comida, ni siquiera que estuvieran a la vez sobre la misma mesa, según muestra la discusión que mantuvieron las casas de Hillel y de Sammay acerca de las aves y del queso sobre una misma mesa (Jull 104b). De modo semejante sucedió con muchos otros preceptos y otras prohibiciones bíblicos y con el tiempo la Ley se fue ampliando más y más.

3. *El alcance de la Ley religiosa*

La completa reglamentación de la vida mediante la halaká desemboca pronto en aspiraciones de ordenar la Ley religiosa y de fijar sus dimensiones. Intentan determinar el número exacto de prescripciones bíblicas, lo que viene a sumar 613 preceptos y prohibiciones. Así dice R. Simlay: «613 preceptos se le comunicaron a Moisés, 365 prohibiciones en correspondencia con el número de días solares y 248 preceptos en correspondencia con los miembros del ser humano» (Makk 23b; Oho 1,8 ya menciona 248 miembros del cuerpo humano).

R. Hamnuna halla el número 613 mediante *gematría*: «Moisés nos ordenó una Torá como heredad» (Dt 33,4). «El término Torá tiene el valor numérico de 611. [A ello se añaden otros dos preceptos:] "Yo soy Yhwh, tu Dios" (Éx 20,2) y "No tendrás ningún otro dios delante de Mí" (Éx 20,3). [Estos preceptos] los escuchamos de la boca de la propia potencia [divina]» (Makk 23b-24a). En ningún lugar se ha transmitido cómo se llega, de hecho, al número 613. Por tanto, desde los *geonim* (así las *Halakot Gedolot* en el siglo VIII y después Saadia Gaón) se han hecho esfuerzos por compilar una lista de 613 preceptos y prohibiciones, sin haber alcanzado un resultado satisfactorio para todo el mundo. La extensión de la halaká no la fijan las leyes bíblicas, sino sus ampliaciones rabínicas que están expuestas sistemáticamente tanto en la Misná y la Tosefta como en ambos talmudim. Naturalmente la sistematización de los textos rabínicos se ha de medir en función de los usos orientales de la Antigüedad Tardía y no según un libro de leyes moderno. Con frecuencia otros criterios rompen el orden pertinente, adquiriendo especial relevancia la fácil memorización de la materia. Así, se suelen combinar frases según su estructura formal. Por ejemplo, Shebu 1,1 agrupa oraciones donde se emplea el mismo giro: «Hay dos tipos... que en realidad son cuatro»; por su temática solo uno de los casos pertenece a aquí. Las asociaciones de palabras juegan también un gran papel: esto conduce a repeticiones en contextos donde a menudo no nos parece objetivamente justificado. En ocasiones incluso algunos tratados enteros no están en el orden de la Misná que se esperaría. Un ejemplo es el tratado *Nazir* en el orden de «Mujeres», pese a que el voto del nazireo afecta casi exclusivamente a los varones. El tratado forma parte del conjunto total de los votos, los cuales plantean problemas específicos para las mujeres por su limitada capacidad legal; por esa razón se incorpora aquí.

La estructura de la Misná, el compendio halákico redactado bajo la autoridad de Yehudá ha-Nasí en torno al 200, evidencia con suma claridad el carácter enciclopédico de la halaká. La Misná abarca seis órdenes (*sedarim*), que están divididos en sesenta y tres tratados (*massektot*). El primer orden, *Zeraim* («Semillas»), desarrolla las prescripciones relativas a la agricultura en Israel, la tierra entregada por Dios a su pueblo; los diferentes tratados regulan los diezmos de la cosecha de los campos que se va a efectuar, los tributos para los sacerdotes, así como la parte correspondiente de la cosecha para los pobres (la rebusca, etc.). El tratado «Especies diversas» (*Kilaim*) trata la prohibición de esparcir semillas distintas en un mismo campo, de sujetar a diferentes animales, como un buey y un caballo, bajo un mismo yugo o de confeccionar ropas a partir de un tejido heterogéneo. El contenido del tratado «Año sabático» (*Shebiit*) se ocupa de qué trabajos agrícolas y cuáles no se pueden realizar en el séptimo año, de la condonación de las deudas en ese año, etc. El tratado *Berakot* («Bendiciones»), que abre el *seder*, encaja bien en esta sección, pues se centra en la cuestión de las diferentes bendiciones vinculadas a los diversos frutos del país. Ya que es abordado el tema de las «oraciones», se habla también aquí de otros rezos diarios. Al abrir el orden y toda la Misná, el tratado subraya el carácter religioso del conjunto de la obra.

El orden *Moed* («Días festivos») regula las festividades. Contiene extensas instrucciones sobre el descanso sabático; al ya mencionado *erub* le está destinado su propio tratado. Igualmente este orden regula las celebraciones de la fiesta de Pesaj: cómo deshacerse de la levadura, cómo preparar los panes ázimos, degollar el cordero pascual y disponer la comida del *seder*. Otros temas son: cómo se financia el servicio del Templo, quién paga los impuestos destinados a él y con qué fines emplean estos y otros fondos donados al Templo. Además, el orden *Moed* regula el día de la Expiación, la Fiesta de los Tabernáculos, el Año Nuevo y las fiestas de peregrinación. El tratado *Megillá* se ocupa de la lectura del rollo de Ester en Purim y, en general, de la lectura de la Biblia en la sinagoga.

En el orden *Nashim* («Mujeres») se trata el tema del derecho matrimonial, compromiso, enlace y divorcio, los documentos necesarios para ello, impedimentos matrimoniales, la certificación de la muerte del marido para que la mujer pueda volver a casarse, así como otras disposiciones sobre la costumbre bíblica del levirato (según Dt 25, el hermano de un hombre que ha fallecido sin hijos debe casarse con su viuda) y el modo de evitarla mediante la *jalitzá*. A esto se añaden las cuestiones sobre el régimen patrimonial del matrimonio, la garantía de la dote de la mujer, la manutención de la divorciada o de la viuda. Este orden abarca también todas las prescripciones sobre votos, su validez y disolubilidad, aun cuando gran parte de este material no tenga que ver con las mujeres.

El orden *Neziqín* («Daños, Perjuicios») aborda las distintas categorías de daños, quién es responsable de ellos y cómo se ha de realizar una indemnización: la compensación de un bien robado, el depósito y la restitución de objetos encontrados, el cobro de intereses a los no judíos, la obligación de reposición por el trabajador, el arrendatario, el inquilino, etc., en el caso de que los objetos que estén a su disposición sufran algún daño. Aquí se tratan, además, las diferentes posibilidades de adquirir una propiedad, así como los pleitos judiciales y el derecho penal, en el que sale a relucir la declaración del testigo y el juramento que presta ante el tribunal, pero también todas las otras formas de juramento. Un tratado aparte está destinado a la convivencia de judíos con no judíos. Por último, se encuentran en este orden dos tratados que objetivamente no están en su lugar: *Eduyot* y *Abot*. *Eduyot* reúne los «testimonios» de los maestros tardíos sobre los dichos de los antiguos eruditos (a menudo con la fórmula: «dio testimonio», *heid*), dichos que en su mayoría ya aparecen en la Misná en su correspondiente contexto temático. *Abot* («Padres») es el único tratado no halákico de la Misná. Este justifica su autoridad deduciendo la totalidad de la tradición de la revelación en el Sinaí a través de una cadena de transmisión; en cierto modo, las máximas sapienciales de los distintos maestros encarnan el espíritu de las leyes de la Misná.

El orden *Qodashim* («Cosas sagradas») versa sobre los distintos sacrificios. Algunos temas que se encuentran en este orden son la matanza del animal sacrificial, la parte correspondiente a los sacerdotes, lo que se tiene que dejar consumir totalmente por el fuego, etc., las ofrendas de alimentos y aves, los defectos de forma en la ofrenda de las víctimas y la utilización impropia de la materia sacrificial. Con gran detalle se describe la ofrenda del sacrificio cotidiano, el *tamid*. Un tratado está dedicado a los primogénitos de los animales, a los que hay que entregar en el Templo, y al derecho hereditario del hijo primogénito; por otra parte, se aborda la cuestión de la conmutación de los votos por el pago de un dinero y del cálculo de la suma necesaria para ello. Solo indirectamente vinculada a la temática de las cosas sagradas, se halla la lista de pecados que se castigan con el «exterminio» (normalmente se entiende como una muerte natural sin descendencia a una edad entre veinte y cincuenta años). En cambio, resulta central el tratado *Middot* («Medidas»), una descripción del Segundo Templo y de sus dimensiones.

El último de los órdenes de la Misná, *Toharot* («Purezas»), está dedicado a las clases de impureza ritual y a su superación. En la descripción exacta de las posibles impurezas de los utensilios tenemos una fuente importante de información sobre los enseres habituales en un hogar de aquel tiempo y de su utilización. Los tratados sobre la «Lepra» (enfermedades de la piel, pero también lepra en el cuero y en las paredes de las casas), la menstruante y los afectados por enfermedades venéreas nos informan sobre los conocimientos médicos y las concepciones del judaísmo rabínico. Los tratados de la «Vaca roja» (comp. Nm 19) y los «Baños rituales de inmersión» (*Miqwaot*) muestran, pues, de qué manera se puede recobrar el estado de pureza. El tratado *Yadayim* gira en torno a las posibles impurezas de las «Manos», aunque también contiene importantes declaraciones acerca de las Sagradas Escrituras de la Biblia, puesto que estas, como algo intrínseco al ámbito divino, igualmente «manchan las manos».

Esta breve panorámica acerca de la Misná muestra que la halaká no solo comprende campos que, por regla general, son considerados religiosos, sino que regula la vida entera en el espíritu de la Ley de Dios. El derecho de posesión y las normas económicas que hacen posible la convivencia son cuestiones tan religiosas como las prescripciones de pureza o las relativas a las festividades. Como la religión es universal, también lo es la halaká.

4. Origen y valor de los preceptos

El judaísmo rabínico también se hace la pregunta acerca del sentido y del motivo de los mandamientos. Sin embargo, solo rara vez se llega a una respuesta satisfactoria. La Biblia ya encuentra la justificación de algunos preceptos en sí misma. Por ejemplo, Éx 20,11 explica el descanso sabático como una forma de imitar el descanso de Dios después de la creación y, por tanto, percibe el sábado dentro del orden establecido de la creación. Otra idea presenta Dt 5,15, donde la liberación de la esclavitud en Egipto justifica no solo el precepto del sábado, sino, en general, el poder de Dios sobre Israel. Al mismo tiempo, ciertas obligaciones sociales en relación a los más desfavorecidos se infieren de la experiencia histórica de Israel en Egipto (por ejemplo, Éx 23,9).

Naturalmente los rabinos intentaron no solo indagar en las motivaciones de los mandamientos fijados en la Biblia (como hace Simeón bar Yojay en Qid 68b), sino también justificar el resto de prescripciones. Así, alaban a aquel «que descubre las cosas que el Anciano en días (Dios) ocultó. ¿Cuáles son estas? Los motivos de la Torá» (Pes 119a). No obstante, también son conscientes de la problemática de tal pesquisa, según muestran las palabras de R. Yisjaq: «¿Por qué no fueron revelados los motivos de la Torá? Porque en dos versículos fueron revelados los motivos [y] por ellos tropezó el (varón) más sobresaliente del mundo. Se dice: "Él (el rey) no tomará un gran número de mujeres" (Dt 17,17). Dijo Salomón: Lo tomaré, pero no me apartaré [de Dios]. Sin embargo, está escrito: "Cuando Salomón llegó a la vejez, sus mujeres desviaron su corazón" (1Re 11,4). También está escrito: "El rey no tendrá un gran número de caballos" (Dt 17,16). Sin embargo, dijo Salomón: Lo tendré, pero no haré volver [a Israel a Egipto]. Sin embargo, está escrito: "Un carro salió de Egipto por seiscientas [piezas de plata]..." (1Re 10,29)» (Sanh 28a).

La búsqueda de la razón de las prescripciones particulares es peligrosa, ya que se podría creer que estos motivos no le conciernen a uno mismo. Más bien, se sirven de explicaciones generales, como las que propone Janania ben Aqasia: «El Santo, Bendito Sea, quiso favorecer a Israel, por eso les multiplicó la Torá y los preceptos» (Makk 3,16). De modo semejante dice Rab en relación a las prescripciones sobre la matanza: «Los preceptos fueron entregados precisamente para purificar a los hombres con ellos, pues ¿qué le concierte al Santo, Bendito Sea, si uno degüella un animal por su garganta o por su nuca?» (GnR 44,1, Th-A 424s.). Git 59b concibe la paz como meta de los mandamientos. La idea más general la formula la bendición «Bendito Sea el Señor, que nos santificó mediante sus preceptos» (TosBer 6,9, L. 36 y otros pasajes). Los mandamientos sirven para santificar a Israel.

A veces se distingue entre leyes que serían obligatorias incluso sin un precepto explícito de Dios (*mishpatim*) y estatutos carentes de justificación (*huqqim*), pero se sabe que, en último término, no dependen de una argumentación. Por ejemplo, en cuanto a las prescripciones para la matanza de la vaca roja (Nm 19) se dice: «Dijo el Santo, Bendito Sea: Entregué un estatuto y promulgué un decreto, y tú no estás autorizado a transgredir mi decreto, [según está escrito:] "Este es el estatuto de la Ley que mandó el Señor" (Nm 19,2)» (PRK 4, M. 55). En cierto momento acaban todas las preguntas y solo queda obedecer, porque Dios lo ha mandado. Las leyes son voluntad divina, cuyo yugo Israel aceptó sobre sí en el Sinaí; no hacen falta más razones.

La Ley entera, la que se puede justificar y la que no, bíblica o producto de una deducción rabínica, centro de la vida religiosa o referida a las regulaciones económicas, toda ella es, en teoría, de obligado cumplimiento. Sin embargo, existe una jerarquía en la halaká, gracias a la cual no solo poder resolver en casos de colisiones de obligaciones, sino también para saber qué partes de la amplia legislación son prioritarias en el aprendizaje y a qué se puede renunciar en situaciones extremas.

La clásica distinción entre derecho natural y derecho divino revelado no existe para los rabinos: la totalidad de la legislación religiosa se remonta sin diferencia directamente a Dios. Sin embargo, también se discrimina entre el derecho revelado a todos los seres humanos y aquel que solo le ha sido manifestado a Israel. Todos los seres humanos están sujetos a las prescripciones a las que ya se atuvieron Adán o los hijos de Noé después del diluvio. Esta concepción de los *preceptos noáquicos* está documentada ya en época del Segundo Templo. Sus fundamentos son las disposiciones del Pentateuco sobre los no judíos en la Tierra de Israel. En tiempos de los Asmoneos, cuando numerosos no judíos fueron a parar bajo el dominio judío, estos preceptos sirvieron quizás como criterios para su tolerancia. Posteriormente se convirtieron en un criterio importante para comportarse frente a los no judíos.

Jubileos 7,20ss. (200 a.e.c.) es el testimonio más antiguo de estas prescripciones. En Hch 15,20 se mencionan cuatro de ellas como requisitos, en el caso de que un no judío quisiera convertirse en cristiano (abstención de la idolatría, de la lujuria, del animal estrangulado y de la sangre). La lista de preceptos varía. Tan solo la tradición rabínica logra una cierta fijación. Así, se dice en nombre de R. Yehudá bar R. Simón: «Al primer hombre le fueron entregados seis preceptos: [la prohibición] de idolatría, blasfemia, [el precepto de la] administración de justicia, [la prohibición del] derramamiento de sangre, lujuria, robo; y todos ellos se encuentran [implícitos] en un solo versículo: "Dios, el Señor, mandó a Adán diciendo: Podrás comer de todos los árboles del huerto" (Gn 2,16; se sigue la deducción de los seis preceptos a partir de este versículo)... A Noé le fue entregada una [prohibición más: la de comer] un miembro de un animal vivo, según se dice: "Solo podréis comer la carne en la que no haya sangre" (Gn 9,4)» (PRK 12, M. 202s.). Sanh 56ab transmite estas prescripciones como enseñanza tannaítica y cita diversos maestros que quieren incluir también la castración, la magia y otras cuestiones (sigue la discusión en Sanh 56b-60a).

Respecto a la halaká que atañe exclusivamente a Israel, está vigente la idea de que se han de cumplir todos los preceptos sin distinguir entre mandamientos más o menos importantes. «R. Aja en nombre de R. Yisjaq: Está escrito: "Más que cualquier otra cosa guarda tu corazón, pues de él mana la vida" (Prv 4,23). Observa cuanto se te dice en la Torá, pues tú no sabes por dónde te fluye la vida. R. Abba bar Kahana dice: La Escritura ha equiparado el precepto más liviano al más severo. El precepto más liviano [se refiere] al nido de pájaro (Dt 22,6), el más severo a la honra del padre y de la madre (Éx 20,12). Y de ambos está escrito: "Para que tus días se alarguen"» (TJ Pea 1 15d).

Un dicho de Raba subraya de forma retórica la primacía de las prescripciones rabínicas sobre las bíblicas: «Presta atención a las palabras de los doctores de la Ley más que a las palabras de la Torá, pues en las palabras de la Torá hay órdenes y prohibiciones, pero todo el que transgrede las palabras de los doctores de la Ley es reo de muerte. Para que no dijeras: Si son tan importantes, ¿por qué no se pusieron por escrito?, dice la Escritura: "El hacer muchos libros no tiene fin" (Qo 12,12)» (Erub 21b). Esta declaración pretende inculcar en la vida cotidiana la interpretación rabínica y el incremento de los preceptos bíblicos, pero ofrece pocos datos sobre su valoración real.

Algunos rabinos intentan evaluar qué prohibiciones son las más severas de todas a partir de la pena con la que se amenaza en la Biblia. Por ejemplo, R. Yehudá menciona como pecados severos algunos delitos que en la Biblia conllevan pena de muerte o exterminio. Rabbí enumera transgresiones que ni siquiera el Día de la Expiación las limpia, si uno no se arrepiente antes: desprenderse del yugo (del gobierno divino), hacer despreciable la Torá, renunciar al pacto con Dios establecido mediante la circuncisión (Shebu 12b-13a). No son faltas aisladas, sino el rechazo fundamental de la vida judía.

Un criterio para clasificar las prescripciones es la enumeración de cuanto se tiene que cumplir incluso bajo peligro de muerte. «Dijo R. Yojanán en nombre de Simeón ben Yehosadaq: Votaron y decidieron en la habitación superior de la casa de Nitza en Lod: Si a uno se le dice [acerca de] todas las transgresiones [mencionadas] en la Torá: Comételas y no morirás. Las cometerá y no morirá, exceptuando la idolatría, la lujuria y el derramamiento de sangre». R. Yismael va incluso más lejos permitiendo la idolatría, ya que se dice en Lv 18,5: «Guardad mis estatutos y mis prescripciones... y mediante ellos vivirán»; es decir, no morirán por causa de ellos. No está permitido en ningún caso cometer públicamente un acto idolátrico, a fin de que no se haga un mal uso del nombre de Dios (Sanh 74a; comp. Sifra *Ajare* 13, W. 86b). Entender la Torá como principio vital proporciona, en último extremo, una gran libertad.

Sin embargo, parece que las declaraciones aquí expuestas están pensadas, más bien, como teoría y no para llevarlas a la praxis. R. Natán interpreta Dt 5,10 («Los que me aman y guardan mis preceptos») como una alusión a los «que viven en la Tierra de Israel y consagran su vida a los preceptos», los cuales son ajusticiados por haber circuncidado a sus hijos, leído la Torá, comido panes ázimos, etc. (Mekilta *Ba-jodesh* 6, L. 2, 247). Sanh 74a completa la regla sobre la derogación de casi todos los preceptos en caso de peligro de muerte con la restricción de R. Yojanán: «[Esto] realmente se ha enseñado para cuando no están en tiempos de persecución; en cambio, en tiempos de persecución, incluso por un precepto liviano, uno se dejará matar antes que transgredirlo. Cuando Rabín llegó (a Babilonia), dijo [en nombre de] R. Yojanán: Aunque no estuvieran en tiempos de persecución, solo se podría decir en privado; en cambio, en público, incluso por un precepto liviano, uno se dejará matar antes que transgredirlo».

Esta distinción entre lo que está permitido en público y en privado no se debe malinterpretar, en el sentido de que en situaciones extremas lo único importante es que se guarden las apariencias. Yojanán ben Beroqa es muy claro al respecto: «A aquel que profana el nombre de Dios en secreto lo castigarán públicamente» (Abot 4,4). Más bien, se trata del principio de que todo se ha de hacer con tal de evitar la deshonra pública de Dios: «Si un hombre ve que lo vence su instinto, ha de ir a un lugar donde no lo conozcan... y hacer lo que su corazón le requiera, antes que profanar el nombre de Dios en público» (MQ 17a). No es que este individuo quiera parecer mejor de lo que realmente es, sino evitar que se mancille al Dios de Israel ante los gentiles por culpa de su comportamiento.

No obstante, la preocupación sobre la honra de Dios es solo un aspecto en la configuración básica del judaísmo rabínico respecto a la halaká. En el relato ya citado sobre Hillel y Sammay se encuentra un segundo principio fundamental, que resulta igual de importante, cuando sea preciso el anteponer una idea básica a la prolijidad de la Ley religiosa. Hillel le dice al gentil que le asegura convertirse al judaísmo si le consigue enseñar toda la Torá plantado sobre un solo pie: «Lo que te resulte odioso no se lo hagas a tu prójimo. Esta es la Torá entera y el resto es comentario. Ve y aprende» (Shabb 31a).

5. *El endurecimiento voluntario de la halaká*

Reducir la halaká a sus ideas fundamentales —la obediencia a Dios, cuyo honor se tiene en la más alta estima, y el respeto al prójimo— no significa que se relativicen las prescripciones individuales. En la vida cotidiana todos los preceptos implican por igual una obligación, en los que se manifiestan las verdaderas convicciones.

El celo por la Ley se muestra en la ejecución de un mandamiento. Se tendría que renunciar a la libertad de movimiento permitida en la Ley y esforzarse en cumplirla lo más rápido y mejor posible. De la circuncisión de los niños en el octavo día de su nacimiento se dice: «El día entero es adecuado para [practicar] la circuncisión; sin embargo, los celosos se apresuran [en cumplir] los preceptos, según se dice: "Temprano en la mañana se levantó Abraham" (Gn 22,3)» (Pes 4a; Yom 28b). De la misma manera, en todo momento se pone empeño en cumplir una ley lo mejor posible, en lugar de hacer simplemente solo lo que está prescrito: «"Y lo glorificaré" (Éx 15,2). R. Yismael dice: ¿Le es posible a uno de carne y sangre glorificar a su Creador? [Se refiere a que] lo glorificaré mediante los preceptos. Haré ante Él un hermoso *lulab*, un hermoso tabernáculo, hermosos flecos y hermosas filacterias» (Mek *Shirata* 3, L. 2,25).

Junto a este «embellecimiento de los preceptos» algunos aceptan además un endurecimiento de los mismos. Como ejemplo podría valer el comportamiento de R. Meir, que en una cierta ocasión defendió una interpretación indulgente de la Ley, que, sin embargo, no se la aplicó a sí mismo. «En sábado no se mezcla vino con aceite para el enfermo. R. Simeón ben Eleazar dice en nombre de R. Meir: Se mezcla en sábado vino con aceite para el enfermo. R. Simeón ben Eleazar cuenta: En una ocasión estaba enfermo R. Meir y quise hacérselo, pero este no me dejó. Le dije: Maestro nuestro, ¿no guardas tus propias palabras para tu vida? Nos respondió: Aunque así lo digo, mi corazón no ha sido nunca tan arrogante como para transgredir las palabras de mis compañeros» (TosShabb 12,12, L. 53ss.). Erub 21b indica que R. Meir no es el único con esta actitud: «Dijo la comunidad de Israel ante el Santo, Bendito Sea: Señor del universo, me he impuesto más restricciones de las que Tú me has impuesto y las he observado».

Cuando se agrava un precepto por propia voluntad, es esencial que uno lo asuma por las intenciones correctas y no por jactarse con su «mérito» religioso: «Si uno quiere ser estricto consigo mismo, que lo sea, pero que no se vanaglorie con ello» (Sukk 26b): «Que todos tus actos sean por amor a Dios» (Abot 2,12). No es determinante el acto externo, sino la intención interna: «El mérito del ayuno reside en hacer el bien» que lo acompaña (Ber 6b).

Más importante que el endurecimiento voluntario de la halaká es la renuncia a un derecho reconocido en ella. Algunas de estas concesiones legales se han institucionalizado en el desarrollo histórico de la halaká, como, por ejemplo, el renunciar al beneficio de la condonación de las deudas en el séptimo año, según la regulación del *prosbul*, o también a la posesión compartida de un esclavo, al que uno de los dueños ha dejado en libertad; en caso contrario, este hombre quedaría medio libre y medio esclavo y no podría contraer matrimonio por culpa de esa posición jurídica intermedia. En el día a día es más significativa la regulación del derecho mercantil. Una compraventa no es válida mediante la entrega del total de la compra, sino solo cuando el comprador mueve hacia sí el objeto adquirido. Hasta que esto no sucede, la compraventa puede ser anulada por alguna de las partes: «Así es, en cualquier caso, la halaká; pero, se ha dicho: Aquel que castigó a los de la generación del diluvio, a los de la generación de la dispersión, a los habitantes de Sodoma y Gomorra y a los de Egipto en el Mar, también castigará a quien no cumpla su palabra... y el espíritu de los Sabios no se complace con él» (BM 48a).

En general, sucede que el aplicar la legislación de manera estricta a veces puede dar lugar a una injusticia. «R. Yojanán dijo: Jerusalén fue destruida precisamente porque en ella se juzgaba según las leyes de la Torá... porque fallaban sus juicios según las leyes de la Torá y no se quedaban dentro de los límites de las leyes» (BM 30b). Muy a menudo pasa lo que BQ 55b dice de determinados hombres: «Es libre según el juicio humano, pero culpable a juicio de Dios» (comp. TosShebu 3,1-2, Z. 449). Fundamentalmente la verdadera piedad para los rabinos consiste en no insistir en sus derechos: «Aquel que dice... Lo mío es tuyo y lo tuyo es tuyo es un hombre piadoso» (Abot 5,10).

La auténtica piedad se muestra también en la libertad interior frente al texto de la halaká, a fin de cumplir con su verdadero espíritu. Con esta idea Abba Tajana se arriesga a transgredir el precepto del sábado, ya que para él es más importante el amor al prójimo (QoR 9,4). En cambio, Sot 21b menciona como ejemplo de un piadoso necio que está apegado a la letra de la halaká a un hombre que no salva a una mujer de ahogarse, porque es impropio mirar a una mujer.

Este punto de vista acerca del espíritu de la halaká puede conducir a la opinión fácilmente malentendida de R. Najmán bar Yisjaq: «Es mejor una transgresión con un buen propósito que [cumplir] un precepto con segundas intenciones», una frase a la que R. Yehudá en nombre de Rab se opone: uno ha de estar siempre ocupado en los preceptos, incluso aunque no sea con un propósito puro, ya que al final lo hará con la intención correcta (Naz 23b; comp. Hor 10b).

6. *El verdadero significado de la halaká*

¿Hasta qué punto ha determinado la halaká consignada en la Misná y el Talmud la vida cotidiana? En principio, hay que aferrarse a la idea de que una gran parte de la halaká permaneció por su propia naturaleza como mera teoría. Este es el caso de todas las leyes que están relacionadas con el culto en el Templo, es decir, del orden entero de *Qodashim*, con la excepción del tratado *Jullín*. Dicho tratado aborda el tema de las matanzas «profanas» y (en función de ese contexto) las leyes alimenticias en general. Sin embargo, los rabinos se ocupan de ellas no solo para estar en condiciones de retomar correctamente el servicio cultual en la esperada reconstrucción del Templo, sino especialmente porque creen que el estudio de las leyes sacrificiales de las ofrendas es en sí mismo una forma de sustituirlas. Según afirma R. Yisjaq: «Todo el que se ocupa de la ley del sacrificio expiatorio es como si ofreciera un sacrificio expiatorio; y todo el que se ocupa de la ley del sacrificio por el delito es como si ofreciera un sacrificio por el delito» (Men 110a).

Otras leyes están fuertemente ligadas al culto en el Templo y vinculadas a la vida en la Tierra de Israel. Afectan a un segmento siempre pequeño del judaísmo, ya que el centro de gravedad de la población se desplaza hacia la Diáspora. No obstante, incluso en Israel parte de ellas ya no son realizables sin la existencia del Templo. Esto vale, sobre todo, para la agricultura: la ofrenda de las primicias de la cosecha solo era posible en el Templo y el segundo diezmo debía ser consumido en su recinto tras haber hecho peregrinación a Jerusalén. Originalmente el diezmo y la ofrenda alzada les correspondían a los sacerdotes y levitas para su servicio en el Templo. En parte se siguieron entregando también después del 70, pero cada vez más a aquellos sacerdotes y levitas dedicados al estudio de la Torá o incluso a los rabinos, que no eran sacerdotes. Numerosas excepciones a la obligación del diezmo y de la ofrenda alzada precedieron al final definitivo de esta ley.

En el año sabático, esto es, cada séptimo año, había que dejar reposar la Tierra de Israel: no estaba permitida ninguna labor agrícola y lo que crecía por sí solo no se debía comercializar. El cumplimiento de esta ley se facilitó un tiempo mediante la exención fiscal en el año sabático ratificada por César (Josefo, AJ XIV 202); pero después del 70 las autoridades romanas ya no la concedieron nunca más. Por eso, resultaba difícil cumplir con esas prescripciones, de manera que los rabinos proporcionaron cada vez más excepciones y atenuaciones de las mismas. Finalmente ya no se guardó nunca más el año sabático, al igual que ya con anterioridad también había sido abandonada, *de facto*, la condonación de la deuda prescrita en el año sabático mediante el *prosbul*.

Las leyes de pureza, que constituyen un orden completo de la Misná (*Toharot*), tuvieron validez antes del 70, sobre todo en el Templo, en el servicio de los sacerdotes y levitas y en las raras ocasiones en que los individuos participaban en el culto; además, también fueron observadas en la vida cotidiana de las familias sacerdotales, a las que solo en estado de pureza les estaba permitido comer la «ofrenda alzada» que les correspondía como tributo del pueblo. Poco después de la destrucción del Templo gran parte de las leyes de pureza ya no se pudieron cumplir, perdiendo así su significado. En opinión de los rabinos, los territorios habitados por no judíos eran tan impuros como lo eran todos los pueblos gentiles. Por consiguiente, resultaba prácticamente imposible que los judíos de Palestina se mantuvieran puros, rodeados por gentiles en casi todos los lugares; todavía resultaba más difícil para un judaísmo que se iba extendiendo progresivamente por la Diáspora. A esto se le añade que un hombre que ha entrado en contacto con un cadáver únicamente se podía limpiar mediante la aspersión con el agua lustral, que se preparaba con las cenizas de la vaca roja (Nm 19). Al cesar este ritual después de la destrucción del Templo, pronto dejó de existir esta agua. Sin la posibilidad ritual de purificación todos fueron considerados impuros al contacto con un cadáver; de hecho, nunca más se pudo cumplir con la mayoría de las prescripciones de pureza. Solo mantuvieron su relevancia algunos antiguos tabúes relacionados con la pureza, como la menstruación y el nacimiento o la muerte y el cementerio (a pesar de que, en este punto, ya no valían las estrictas reglas bíblicas). Para llevar a cabo la limpieza, se utilizaba respectivamente el baño de inmersión en el miqvé y en la vida cotidiana, sobre todo, el lavado de manos.

Podríamos alargar esta lista de halakot que ya no eran aplicables en época rabínica o que bien lo eran solo de forma limitada. Los rabinos se ocuparon de estas leyes a fin de estar preparados para cuando llegara el momento de poder observarlas de nuevo, pero también porque su estudio se equiparaba a su propio cumplimiento. Aunque era posible llevar a la praxis otros ámbitos de la halaká, solo fueron atendidos en el círculo más íntimo formado por los rabinos y sus discípulos. Por ejemplo, este es el caso de las distintas prescripciones sobre las oraciones y los modales en la mesa de los rabinos, que apenas calaron en el pueblo. Sin embargo, daría una falsa impresión si exclusivamente se quisiera enumerar los ámbitos donde la halaká no fue puesta en práctica o solo lo fue de manera restringida. Probablemente la halaká se impuso entre el pueblo, sobre todo, en las esferas que estaban contempladas en la Biblia (como en lo tocante a las reglas básicas de las leyes alimenticias) o las vinculadas a la vida económica (los aspectos formales relacionados con la validez jurídica de los documentos, el derecho matrimonial, etcétera).

Mucho de lo que los rabinos hicieron su objeto de discusión en el terreno de la halaká permaneció como asunto de iniciados o simplemente como teoría. No obstante, con la evolución del movimiento rabínico y el aumento de su influencia sobre los líderes de las comunidades, aquella parte de la halaká que se pudo llevar a la praxis determinó cada vez más la vida judía, convirtiéndose en un elemento que dio forma a la religiosidad y que, en buena medida, todavía lo hace en el presente.

7. *El júbilo por la Ley*

En reiteradas ocasiones se ha hecho referencia a la actitud interna que ha de alentar una vida conforme a la halaká. Por tanto, no basta con hablar de «religiosidad legal», aun cuando seguramente la Torá, la «Ley», sea el centro de la piedad judía. El primer plano no lo ocupa la «meritocracia» religiosa, sino la plena conciencia de ser llamado por Dios y de poder responder a su elección únicamente con una vida conforme a la Torá. Esta actitud no conduce a una religión basada en el continuo deber; de hecho, a pesar del dicho de Raba acerca de que los preceptos no fueron entregados para deleitarse y alegrarse (RH 28a), la tónica general que prevalece es la del regocijarse en la Ley. En el judaísmo babilónico desembocó en una fiesta propia dedicada al «júbilo por la Torá» (*Simjat Torá*), que después llegó a ser común y que se celebra al clausurar el ciclo anual de lecturas.

Esta tónica general del júbilo por la Ley ya aparece en los Salmos tardíos. Especialmente Sal 119 lo acentúa una y otra vez: «En el camino de tus prescripciones me deleito más que por cualquier riqueza... Me regocijaré con tus estatutos... Tus estatutos fueron para mí cánticos en la morada de mi peregrinar... Esto me tocó en suerte porque guardé Tus preceptos... Si no hubiera sido tu Ley mi deleite...» (Sal 119,14.16.54.56.92). También en la literatura rabínica esta idea se pone siempre de manifiesto, como se observa en el dicho de R. Yisjaq bar Marión: «La Torá te enseña el comportamiento correcto: si uno cumple un precepto (en este contexto *mitzwá* tiene el significado secundario de "buena obra"), lo cumplirá con el corazón alegre» (LvR 34,8, M. 790).

El vivir según la Ley se realiza con la conciencia de que el verdadero sistema de valores implica varios elementos: «Sobre tres cosas se sostiene el mundo: sobre la Torá, el servicio cultual y la misericordia» (Abot 1,2). Ha de cumplirse la Ley sin segundas intenciones de recompensa o propio mérito, sino solo por su propia consideración. Así lo dice Ben Azzay en Abot 4,2: «Apresúrate [a cumplir] tanto el precepto liviano como el severo y huye del pecado, porque el precepto arrastra al precepto y el pecado arrastra al pecado. Por tanto, la recompensa de un precepto es el precepto y la recompensa de un pecado es un pecado». R. Natán considera que cada precepto ya trae consigo su recompensa en este mundo (Men 44a), mientras que R. Yaaqob sostiene la opinión de que «No hay ninguna recompensa para los preceptos en este mundo» (Qid 39b). La motivación de cumplir la Torá no es la idea de una recompensa, sino exclusivamente el amor (SDt § 48, F. 113).

En definitiva, solo la Torá permite la conexión directa con Dios. R. Meir subraya: «Estudia con todo tu corazón y con toda tu alma para conocer mis caminos y velar a las puertas de mi Torá... Guarda tu boca de todo pecado y purifícate y santifícate de toda culpa y transgresión, y Yo estaré contigo en cualquier lugar» (Ber 17a).

4

LA HAGGADÁ

1. *Esencia, alcance y significado de la haggadá*

La halaká es solo un aspecto de la erudición rabínica. Junto a ella se encuentra la haggadá, que, aunque no es totalmente equiparable, resulta igual de importante para la vida judía. El término haggadá (los textos palestinenses suelen usar la forma aramea *aggada*) viene del verbo *lehaggid*: «contar, decir, exponer». Designa la «narración», la exposición oral, para la que especialmente está pensada la haggadá. En la Edad Media se impuso una definición en negativo. Así, por ejemplo, escribe Semuel ha-Nagid (993-1055): «Haggadá es todo comentario en el Talmud sobre cualquier tema que no sea precepto». Formulado de manera más general: haggadá en la tradición rabínica es todo aquello que no es halaká. Con ello abarca cualquier exégesis bíblica de corte no legal, pero también todo el saber profano que fue recogido en las fuentes rabínicas, pese a que, más bien, constituya el margen externo, pues la haggadá se centra principalmente en la instrucción ético-religiosa en el sentido más amplio.

La haggadá comprende una riqueza inmensa de formas literarias y refleja la diversidad de los géneros en la literatura bíblica no legal y en las formas establecidas en el entorno cultural de tiempos del judaísmo rabínico. No obstante, no existen «grandes» formas: ninguna novela, ningún tratado filosófico, tampoco ninguna obra histórica. Incluso el género de la Biblia recontada, representado en la literatura prerrabínica, por ejemplo, por las *Antigüedades Bíblicas* de Pseudo-Filón, solo aparece en época postalmúdica, parcialmente ya en el *Pirqé de Rabbí Eliézer* y que se manifiesta plenamente en diversos relatos bíblicos posteriores como la «vida de Moisés». En la haggadá se encuentran, sobre todo, breves comentarios a los textos bíblicos, relatos, anécdotas biográficas o históricas, leyendas, cuentos, fábulas, dichos o máximas ético-filosóficas, discursos de consolación, admoniciones, etc. En muchos textos todavía se percibe la interpretación oral, pero en los talmudim y midrasim esta naturalmente está corregida, revisada y adecuada al nuevo contexto.

El significado de la haggadá no fue siempre tan amplio y posiblemente incluso estuvo limitado al comentario bíblico. Sanh 38b podría aludir a ello cuando R. Yojanán dice: «Cuando R. Meir pronunciaba sus discursos, enseñaba un tercio de tradición (probablemente halaká), un tercio de haggadá y un tercio en parábolas». R. Yojanán habla después de las trescientas fábulas del zorro que Meir sabía, mientras que en su época solo se conocían tres. Según parece, este saber profano, extrabíblico, no se considera todavía como parte de la haggadá.

Naturalmente también pertenecen a la haggadá en sentido amplio las tradiciones no bíblicas adoptadas por el judaísmo rabínico, como son las fábulas de Esopo o las de la India, a las que R. Meir habría tenido en gran estima: «Desde que R. Meir murió, desaparecieron los narradores de parábolas» (Sot 9,15). Materiales legendarios y mitológicos, especialmente del ámbito helenístico, dichos de la filosofía popular tardoantigua y las tradiciones más diversas de la sabiduría proverbial del mundo antiguo entraron a formar parte del tesoro de la haggadá, de la misma manera que los relatos sobre rabinos particulares, a los que en la mayoría de ocasiones tipifican y elevan a una categoría legendaria, la interpretación de los acontecimientos que estuvieron relacionados con el judaísmo y muchos otros materiales. La fantasía creativa de los rabinos siguió incorporando novedades al tesoro de la tradición propia y ajena.

En general, la meta y el objetivo de la haggadá es alcanzar una completa existencia religiosa. Aunque incluso pudiera parecer con frecuencia que predomina un momento divertido, apenas hay un texto haggádico que no pretenda ofrecer una lección ético-religiosa. Por tanto, la haggadá complementa la halaká. Acentúa las posiciones éticas fundamentales, que deben ser la base de la praxis de la halaká, y los valores internos de la tradición judía (correspondiendo a los «deberes del corazón» de Bajia ibn Paquda en el siglo XI). Al mismo tiempo, esta completa la práctica religiosa mediante una teología, siempre y cuando se pueda hablar de algo así en el judaísmo rabínico: no consiste en una tesis teorético-abstracta, sino en una teología «narrativa» o una teología cimentada sobre aforismos y parábolas.

Prácticamente no existen dogmas, a pesar de que la creencia en un único Dios, la revelación de la Torá y la elección de Israel son indiscutibles. Predomina una libertad para aventurarse en nuevos intentos de buscar, en última instancia, los secretos insondables. A este respecto, son normales las soluciones contradictorias; a menudo sus formulaciones paradójicas se acercan más a la verdad que las sentencias rotundas.

En estilo narrativo la haggadá ofrece una gran cantidad de testimonios acerca de Dios y de su relación con el mundo y los seres humanos, sobre la actuación de Dios en la historia, sobre la providencia y la elección, la alianza y la Ley, la retribución de lo bueno y lo malo, el Más Allá, etc. Sin embargo, ningún sistema, ninguna teología rabínica, les da forma a esos dichos o esas concepciones en los que se basan. Los rabinos son muy conscientes de que resulta casi imposible hacer afirmaciones categóricas en asuntos religiosos. Esto no supone una relativización de la verdad, sino una aceptación de los límites de la comprensión humana.

Cuando las cuestiones fundamentales de la religión judía se ponen en tela de juicio, los rabinos saben bien mantenerse a distancia y defenderse. Así, una considerable parte de la haggadá está marcada por la polémica. Esta polémica se dirige tanto contra los ataques paganos a la religión judía como contra las amenazas que provienen más de su propio seno: contra samaritanos (por ejemplo, en el tema de la resurrección), contra gnósticos con su devaluación del Dios creador de la Biblia y, finalmente, también contra los cristianos y su interpretación de la Biblia y la Ley.

Muchos testimonios rabínicos no están identificados como polémica, pero se entienden mucho mejor cuando se interpretan como tal y se reconoce a quienes se ataca. En otros textos la polémica está revestida con la popular forma del diálogo entre un rabino y el representante de la opinión opuesta. Como interlocutores se mencionan dignatarios romanos (Tineyo Rufo, «Antonino», la matrona, el gobernador, etc.), samaritanos o *minim*. En la mayoría de ocasiones estas disputas no se pueden entender como informes históricos, sino como el armazón literario de una enseñanza. En ellas también hablan los gentiles empleando citas bíblicas y sirviéndose de las locuciones típicamente judías, aunque, por supuesto, vence siempre el rabino. Seguramente las disputas religiosas fueron diarias en época rabínica. Al menos en este punto, pero también en la elección de los temas, la haggadá es el reflejo de la realidad. No obstante, hay veces en las que probablemente se representan también discusiones judías internas en forma de diálogo entre un judío y un no judío y a menudo el nombre del interlocutor sufre modificaciones en el proceso de transmisión, sobre todo para evitar la censura cristiana de los textos rabínicos.

Entre los maestros rabínicos no se da una especialización en halaká o haggadá. Ambas pertenecen al estudio y a la docencia de un rabino. Sin embargo, algunos, sobre todo maestros palestinenses, se distinguieron especialmente como instructores de la haggadá, como R. Yojanán, R. Leví, R. Yisjaq Nappaja, etc. Por otro lado, R. Eleazar ben Azaria fue capaz de rebatir a R. Aqiba en una discusión haggádica: «¡Aqiba! ¿Qué te [traes] con la haggadá? Deja de hablar y dedícate a [las leyes sobre] la lepra y la Tienda» (Jag 14a). Además, las exposiciones haggádicas están pensadas para un público compuesto por los menos instruidos, también por mujeres y niños, por lo que han de ser fácilmente comprensibles y entretenidas. Pero la haggadá tiene también su lugar en la propia enseñanza rabínica.

Como ya se ha dicho, el contenido de la haggadá es, al menos en esencia, la interpretación bíblica. Sin embargo, de manera semejante a lo que sucede con la halaká, no se trata primariamente del sentido literal de la Biblia, sino de un significado actualizado del texto. Esta libertad ante el texto, que a menudo solo hace la función de trampolín para problemas de la propia época, está justificada con la máxima «un pasaje bíblico posee muchos significados» (Sanh 34a), los cuales se han de desentrañar.

La convicción de que todo texto bíblico tiene sentido religioso conduce a la interpretación alegórica, en particular, de muchos nombres y árboles genealógicos en el libro de las Crónicas, según el dicho: «El libro de las Crónicas fue entregado precisamente para ser interpretado (*liddaresh*)» (LvR 1,3, M. 8). R. Simeón ben Pazzi dice en Meg 13a al comenzar con el comentario del libro de las Crónicas: «Todas tus palabras son iguales, pero nosotros sabemos [cómo] interpretarlas». Según Pes 62b, solo las interpretaciones de 1Cr 8,37-9,44 son tan numerosas que se podría cargar con ellas cuatrocientos camellos.

La valoración positiva de la haggadá y su incorporación a la enseñanza rabínica se infieren, entre otros, del comentario a Dt 11,22 en SDt § 48 (F. 113): «Para que no dijeras: He estudiado halakot, tengo bastante. La Escritura dice: Mandamiento, el mandamiento, todo el mandamiento. Estudia midrás, halakot y haggadot, pues así se dice: "Porque no solo de pan vive el hombre" (Dt 8,3), [refiriéndose] al midrás: "Sino de cuanto sale de la boca de Dios", [en alusión a] las halakot y haggadot».

Como es natural, la haggadá encontró siempre un público más numeroso que la árida halaká. Este es el caso especialmente de épocas de necesidad, cuando no hay ánimos más que para oír el comentario bíblico y la haggadá, como dice R. Yisjaq (PRK 12, M. 205). Así pues, la haggadá es «la parte placentera del estudio de la Torá» (QoR 2,10) o como dice SDt § 317 (F. 359) interpretando Dt 32,14: "Lo mejor del trigo granado" [se refiere a] las halakot, que son el núcleo de la Torá.

"De la sangre de la uva bebiste vino" [alude a] las haggadot, que atraen el corazón del hombre como el vino».

R. Janina bar Pappa explica Éx 20,2, «Yo soy el Señor, tu Dios», un versículo que habitualmente se relaciona con las distintas formas de manifestación divina, en relación a las diversas ramas de la tradición judía: «Una cara seria para la Biblia, cuando uno enseña Torá a su hijo, se la ha de enseñar con temor; una cara neutra para la Misná, una cara afable para el Talmud, una cara risueña para la haggadá» (PRK 12,25, M. 223).

Por su libre tratamiento del texto bíblico, pero también porque a diferencia de la halaká no ha de apelar a la tradición y por su propia idiosincrasia, la haggadá no resulta vinculante. Por eso, se aceptan sus contradicciones internas y se asumen sus exageraciones; por ejemplo, en Arak 10b-11a R. Najmán bar Yisjaq advierte sencillamente que «la baraita exagera».

Cuando R. Zeíra dice: «No se aprende [por deducción] de halakot, tampoco de haggadot y de enseñanzas adicionales, sino solo del Talmud», es decir, de la enseñanza tradicional (TJ Pea 2,6 17a), esta máxima tiene validez especialmente en el sentido de que no se deriva ninguna halaká a partir de la haggadá. No obstante, esto no disminuye el valor de la haggadá, según se dice en TJ Naz 7,2 56b: «¿Debo creer en las interpretaciones (haggádicas)? [No, pero] haz tu interpretación y recibirás tu recompensa».

De forma esporádica los rabinos expresan su crítica contra la haggadá. Naturalmente se oponen a la interpretación de Manasés hijo de Ezequías, que rechaza distintos versículos bíblicos, porque no aprecia en ellos ninguna lección. Sus discursos se describen como *haggadot shel dofi*, interpretaciones bíblicas despreciables (Sanh 99b). Pero también hay una crítica de base. «En una ocasión en la que estaban celebrando una sesión R. Zeíra, R. Abba bar Kahana y R. Leví, R. Zeíra reprendió a los maestros de haggadá y llamó a sus escritos libros de hechicería. R. Abba bar Kahana preguntó: ¿Por qué los reprendes? Pregunta y te darán una respuesta». Le sigue una discusión acerca de un pasaje de la Escritura, que R. Zeíra interrumpe con la frase: la interpretación «da vueltas y vueltas [al versículo] y no sacamos nada en claro» (TJ Maas 3,10 51a).

Yehosúa ben Leví fue un conocido haggadista, que, sin embargo, rechazó la puesta por escrito de la haggadá: «Quien pone por escrito una haggadá no tendrá parte [en el Mundo Venidero]. Quien ofrece su interpretación arderá. Quien la escucha no recibirá recompensa. Dijo R. Yehosúa ben Leví: En toda mi vida solo en una ocasión he visto un libro de haggadá, en el que encontré escrito: "Ciento setenta y cinco párrafos de la Biblia contienen mandamientos y preceptos, en correspondencia con la vida de Abraham"... En una ocasión en la que R. Jiyya bar Abba vio un libro de haggadá dijo: [Incluso] si lo escrito es bueno, se ha de cortar la mano que lo ha puesto por escrito. Uno le dijo: ¡Tu padre es quien lo ha puesto por escrito! Pero insistió: Se ha de cortar la mano que lo ha puesto por escrito» (TJ Shabb 16,1 15c). En época rabínica siempre existieron libros de haggadá (según Ber 23ab, R. Yojanán y R. Najmán poseían libros de haggadá; según TJ Kil 9,4 32b, R. Jiyya se ocupó de un comentario haggádico a Salmos). R. Yojanán era de la opinión de que: «Aquel que aprende haggadá de un libro no la olvidará con rapidez» (TJ Ber 5,1 9a). Por tanto, la reserva acerca de escribir la haggadá no tuvo ninguna consecuencia. Además, la haggadá era demasiado importante, pues veían en ella, al igual que en el caso de la halaká, un camino hacia Dios: «Los intérpretes de la haggadá dicen: Si quieres conocer a aquel que habló y se originó el mundo, estudia haggadá» (SDt § 49, F. 115).

2. *Haggadá e historia*

Aunque es casi imposible representar sistemáticamente la teología rabínica que se recoge en la haggadá sin falsearla o sin realzar en exceso algunos aspectos, se ha de intentar, al menos, ofrecer un esbozo de la concepción de la historia en la haggadá.

A diferencia de los demás pueblos del Oriente antiguo, Israel ha logrado en la Biblia hacerse con una historiografía significativa y relevante. El credo bíblico es una profesión de fe del Dios que actúa en la historia, el cual tiene sus cimientos en acontecimientos históricos. El orden de la creación no es el fundamento y la condición previa de las creencias bíblicas, sino la elección histórica de Israel por Dios, que lo sacó de Egipto. Sorprende enormemente que el periodo rabínico ya no conozca prácticamente una historiografía judía; la *Megillat Taanit* (*Rollo de los ayunos*) y el *Seder Olam Rabbá* solo tienen que ver con la historia de forma marginal. Tampoco la historia de los reyes Asmoneos fue transmitida en la época rabínica.

Parece que entre los rabinos no predomina el interés en los sucesos del pasado. Esto no solo se muestra en que reducen la dominación persa sobre Israel a cincuenta y dos años; también se manifiesta, sobre todo, en que los rabinos no conocen ni transmiten, además de la Biblia, ninguna fuente o revisión histórica, ni siquiera Flavio Josefo. A su vez, los rabinos apenas prestan atención a su propio tiempo. Sus escritos contienen material histórico, pero este es mencionado casi de pasada y responde a una anécdota, a la ilustración de una afirmación teológica; en cualquier caso, nunca lo hacen de forma sistemática ni como prueba de un gran interés histórico. Esta falta de interés se ha puesto en relación con la existencia en la Diáspora de una gran parte del judaísmo de la época. Evidentemente este no es el caso del judaísmo palestinense, a pesar de que se mantiene de igual manera alejado de la historiografía. No obstante, es correcta la plena consciencia de los rabinos en no poder tomar parte en la historia de forma activa, pero sí de padecerla. Una cita de Simeón ben Gamaliel dice: «Si tuviéramos que apuntar nuestros sufrimientos, no nos bastaríamos» (Shabb 13b). La historiografía bíblica consistía en historia de la salvación: se proponía mostrar la intervención de Dios en la historia y la salvación divina como meta de esta. Los rabinos apenas esperaron la salvación por la evolución histórica, a pesar de que la etapa de la salvación mesiánica estuviera incluida en la propia historia. Desesperaron ante la idea de poder interpretar las señales de los tiempos, renunciando a cualquier intento que diera lugar a repetidas insurrecciones inútiles contra el poder extranjero y con ello a un nuevo desastre.

La dedicación a la historia bíblica se extiende por la totalidad de la haggadá. La historia de Israel, comenzando con la época de los Patriarcas, la estancia en Egipto, el Éxodo y la Alianza en el Sinaí, la entrega de la Ley y la marcha por el desierto hasta la historia de los reyes de Israel, se encuentra siempre presente en la haggadá. Sin embargo, ningún rabino plantea una cuestión histórica por sí misma. *Mai de-hawá hawá*, «lo que pasó, pasó» (como, por ejemplo, en Yom 5b como respuesta a la pregunta acerca de en qué orden Moisés vistió a Aarón y a sus hijos para su consagración). Si de ello no se deduce una halaká o una enseñanza religiosa, entonces no despierta más interés.

Los personajes y los acontecimientos de la época bíblica no aparecen como excepcionales, sino como típicos, repetibles y, por tanto, como modelos para el presente, a los que, en general, solo los rabinos tienen como meta. Por eso, pueden proyectar sus propios ideales a los tiempos bíblicos, mostrar a Moisés, David, etc., como predecesores de los rabinos y también aceptar la sinagoga y su liturgia como algo ya dado en la etapa bíblica. Además, este enfoque ahistórico posibilita la tipificación de ciertos rabinos: los relatos sobre ellos han de proporcionar ideales rabínicos más que un retrato del personaje histórico. Las figuras del pasado ofrecen instrucción y modelos de conducta para el presente: únicamente es lo que interesa.

Esto no significa que los rabinos hubieran perdido cualquier tipo de sentido histórico. Su religiosidad está marcada históricamente como la bíblica, aun cuando la visión rabínica de la historia haya experimentado una actualización mucho más radical o esté orientada hacia el fin último de la historia. El cómputo del tiempo de la redención fue una preocupación fundamental de la apocalíptica. Tales cálculos resultaron explosivos a nivel político y fueron desaprobados, al menos por rabinos de talante mesurado, después de las dos malogradas insurrecciones contra Roma, que también habían estado motivadas por aspiraciones mesiánicas. Estas únicamente podían dar lugar siempre a nuevas aventuras políticas, para después hacer sitio a una decepción todavía más profunda: «Malditos sean los huesos de los que calculan el fin [de los tiempos], porque han dicho: Ya que el [momento del] fin ha llegado, pero no ha venido, nunca vendrá» (Sanh 97b).

En cualquier caso, también es posible interpretar el presente sin calcular la fecha exacta del final de los tiempos. La idea de los cuatro imperios que precederán a la redención, basada en Dn 2 y 7, continúa siendo popular. Pero, esta vez Roma es considerado el cuarto imperio, al que seguirá la época de la salvación mesiánica. En este sentido Semuel bar Najmán explica en LvR 29,2 (M. 670) la escena bíblica de la escalera de Jacob (Gn 28,12). Los ángeles que ascienden y descienden son los príncipes del mundo. El príncipe de Babel sube setenta peldaños antes de caer, el de Media cincuenta y dos y el de Grecia (los Ptolomeos y Seléucidas helenísticos) ciento ochenta. Por el contrario, Edom, es decir Roma, asciende sin interrupción. Finalmente Jacob pregunta si Edom no sufrirá su caída. Entonces Dios lo consuela con Ab 1,4: «Aunque te elevaras como el águila y te hicieras un nido entre las estrellas, de allí te haré caer».

Similar es la enseñanza que R. Yojanán expone en MidrSal 36,6 (B. 250): Israel se parece a un hombre que repetidamente prende una antorcha sin éxito durante la noche y el viento la apaga una y otra vez. Siendo así, decide finalmente esperar a la luz del sol. De semejante manera, Israel aprendió a no querer forzar la época de la salvación, sino a dejar a Dios con plena confianza el curso de la historia.

Esto no significa que ya no estén atentos a los signos del tiempo. Cada debilidad del Imperio romano parece anunciar su caída y con ello el fin determinado por Dios. De este modo, ponen sus esperanzas en la rendición de Roma mediante los partos (Sanh 98ab) y creen que el Mesías estará ante las puertas tan pronto como vean atado un caballo parto en las tumbas de Israel (así Simeón bar Yojay en LamR 1,13, B. 77). Además, las épocas de gran necesidad y dificultad son interpretadas normalmente como signos de la salvación mesiánica, pues ven en ellas los «dolores del alumbramiento del Mesías» que preceden a la redención.

No obstante, entre tanto solo existe un medio de influir en la historia: la Ley de Israel o su transgresión. Cualquier desastre de la historia ha sucedido por haber violado la Ley: cuando Salomón tomó por esposa a la hija del Faraón, contraviniendo la Ley, surgió el suelo de Roma del mar (Sanh 21b); cuando Jeroboam erigió dos becerros de oro, aparecieron Rómulo y Remo y fundaron la ciudad de Roma; cuando Elías fue arrebatado, Roma se convirtió en un reino (TJ AZ 1,2 39c). Igualmente los pecados de Israel también han determinado el transcurso de la historia en la época más reciente: el dominio romano sobre Israel es el castigo divino al no haber querido este servir a Dios (Mek *Ba-jodesh* 1, L. 2,193). El gobierno romano es la voluntad divina; de lo contrario, Roma no hubiera podido destruir el Templo impunemente y matar a los israelitas (AZ 18a).

Una visión histórica, según la cual Dios no piensa emplear por el momento su poder, sino lamentarse por Sión (SER 28, F. 149) y dolerse por la destrucción del Templo y la dispersión de su pueblo (Ber 3a), se opone a la opinión de que la Torá es una medida poderosa de la historia y de que el Mesías vendrá cuando por una vez Israel guarde correctamente el sábado (así R. Leví en TJ Taa 1,1 64a; según R. Aja, el hijo de David vendría si Israel hiciera penitencia tan solo por un único día). En gran medida, dependerá del propio Israel la cuestión de cuándo llegará la redención; a decir verdad, llegará incluso si Israel no hace penitencia, como acentúa R. Yehosúa contra R. Eliézer. Sin embargo, R. Aja en nombre de R. Yehosúa ben Leví añade: «Si sois dignos, apresuraré [la redención], si no, a su tiempo». Sobre la pregunta acerca de cuándo llegará la mañana de la salvación de Israel se dice: «Tan pronto como queráis, querrá Él»; depende solo del arrepentimiento de Israel (TJ Taa 1,1 63d-64a). «Si oís hoy su voz» (Sal 95,7) es el *leitmotiv* de las esperanzas judías en la redención (comp. también Sanh 98a). Por tanto, el piadoso está siempre en condiciones de forzar la historia: la total aceptación de la halaká trae la redención, el fin de la historia.

5

LA MÍSTICA

Un campo importante de la haggadá, aunque no está pensado para un amplio público, es el estudio de los «secretos de la Torá», sus contenidos esotéricos, que se definen, de forma un tanto imprecisa, con el término de «mística». Las raíces de esta tradición las encontramos en la apocalíptica —piénsese en los numerosos viajes celestiales en la literatura apocalíptica— y más comúnmente en una religiosidad acentuada por el culto. La conciencia de la correspondencia entre los sucesos terrenales y los cósmicos caracteriza la apocalíptica, que se manifiesta en la importancia de la liturgia celestial en Qumrán. Estas concepciones pervivieron también en época rabínica: lo documenta, sobre todo, la poesía litúrgica; pero también podrían entenderse en ese contexto los mosaicos zodiacales de las sinagogas tardoantiguas. Además, hay que contar con las influencias externas en la mística judía, aun cuando estas no se puedan asegurar totalmente; de hecho, es probable que se introdujera más de un pensamiento helenístico, gnóstico, persa o de otra índole. A nivel cultural y religioso nunca se han podido delimitar con nitidez las fronteras de la mística. Sin embargo, en esencia se desarrollaron los planteamientos judíos internos.

Las tradiciones esotéricas no fueron un fenómeno al margen, sino una parte primordial de la formación rabínica. Los grandes maestros de los comienzos, R. Yojanán ben Zakkay, R. Aqiba y R. Yismael, son considerados en la literatura rabínica y en la posterior literatura de *hekalot* (los libros de los «palacios» celestiales) como los eruditos más importantes en este campo. Para ellos la mística es solo una rama de la tradición judía, que, como todo, se apoya en la Biblia. Únicamente puede penetrar en sus secretos quien tiene bajo su dominio las otras ramas de la tradición y está preparado para llevar la halaká a la práctica. Jerónimo especifica en la introducción a su comentario de Ezequiel que la edad mínima son treinta años. Según R. Ammi, «los secretos de la Torá solo se entregan a aquel que posee cinco atributos: "Varón de más de cincuenta, honorable, consejero, mago sabio y diestro hechicero (Is 3,3)"» (Jag 13a). Poco después (14a) R. Abbahu deduce de «varón de más de cincuenta» que no se instituye a nadie de menos de cincuenta años como intérprete público de la Torá. En conexión con ambas afirmaciones se extrae como conclusión un límite de edad de cincuenta para dedicarse a la mística.

Las dos ramas principales de la enseñanza mística eran el *maasé bereshit*, «la obra de la creación», referida a Gn 1, y el *maasé merkabá*, la «obra del carro divino», vinculada a Ez 1. Uno tan solo puede ocuparse de ambas bajo estrictas medidas de precaución. No solo resulta peligroso en malas manos, sino que también puede poner en peligro a los bienintencionados. No se trata, pues, de un saber teórico, sino del dominio de las leyes que rigen el mundo (comp. Jag 13a: a un joven que está dedicado al aprendizaje místico lo acaba consumiendo el fuego).

El texto fundamental prescribe al respecto: «No se enseña acerca de las leyes relativas al incesto ante tres [personas], ni sobre la creación ante dos, ni sobre el carro divino ante uno solo, a menos que sea un sabio, que comprenda por sí mismo. A todo el que reflexiona sobre estas cuatro cosas —lo que está arriba, lo de abajo, lo de delante y lo de detrás (o lo anterior y lo posterior)— le hubiera sido mejor no haber venido al mundo» (Jag 2,1).

TosJag 2,1 (L. 380) explica: «En una ocasión en la que Rabbán Yojanán ben Zakkay montaba sobre un asno y R. Eleazar ben Arak lo arreaba por detrás, le dijo: ¡Maestro!, enséñame un capítulo sobre la obra del carro divino. Le respondió: ¿No te he dicho desde el principio que no se enseña acerca del carro ni ante uno solo, a menos que no sea un sabio que comprenda por sí mismo? Le dijo (Eleazar): Desde ahora haré exposiciones ante ti. (Yojanán) contestó: ¡Habla! R. Eleazar ben Arak comenzó a interpretar acerca de la obra del carro divino. Rabbán Yojanán ben Zakkay bajó del asno, se envolvió en su manto, se sentaron los dos sobre una piedra debajo de un olivo e hizo una exposición ante él. Se levantó (Yojanán), le dio un beso sobre la cabeza y dijo: ¡Bendito sea el Señor, Dios de Israel, que le dio un hijo a nuestro padre Abraham, que sabía comprender e interpretar la magnificencia de su Padre celestial!». Según la versión del relato en *Mekilta de R. Simeón bar Yojay* (E.-M. 158s.), durante la lección de Eleazar ardió fuego alrededor (comp. TJ Jag 2,1 77a; Jag 14b), lo cual confirma los conocimientos de Eleazar ante Yojanán.

Para salvaguardar los «secretos de la Torá», se regula la lectura de los textos correspondientes en la sinagoga: «Hay [textos que] se leen y se traducen; [otros que] se leen, pero no se traducen; [otros que] ni se leen ni se traducen. La obra de la creación (Gn 1) se lee y se traduce [...] [El pasaje sobre] el carro divino (Ez 1) se lee en público» (TosMeg 3,31.34, L. 362s.). Es evidente que Gn 1 se comentaba en la sinagoga en hebreo y en la lengua vernácula; sin embargo, había que decirlo explícitamente, ya que, de lo contrario, podrían pensar que no estaba permitido traducir el capítulo, con la idea de evitar las cuestiones prohibidas sobre lo de arriba, abajo, anterior y posterior (Meg 25ab). Respecto a Ez 1 la opinión está dividida: «No se utiliza [el capítulo] del carro divino para la lectura de los Profetas; pero R. Yehudá lo permite» (Meg 4,10). Según parece, todos rechazan la traducción, de manera que tampoco tiene mucho sentido su lectura.

A pesar de estas restricciones pronto se llegó a la composición de escritos anónimos o pseudoepigráficos especializados. El *Sefer Yetzirá* («Libro de la creación») sobre Gn 1 proviene en su forma actual de época islámica, pero sus partes son claramente más antiguas. La literatura de *hekalot* sobre Ez 1 tiene unos extensos antecedentes en tiempos rabínicos. Sin embargo, la compilación de los textos más breves en escritos más amplios solo concluye en la Edad Media.

1. *La obra de la creación*

Las reflexiones rabínicas sobre la creación del mundo se basan en la concepción de la Torá como herramienta de la creación o en la idea de la lengua hebrea de la Torá como «lengua de la creación» (Jub 12,26). Dentro de esa lengua se encuentran de manera muy especial las diferentes letras, cuya correcta combinación posee poderes casi divinos. Esto desemboca en una apreciación mágica del alfabeto, con cuyo dominio uno se coloca en situación de participar en la obra de la creación divina.

Esto explica el papel del alfabeto hebreo en el *Sefer Yetzirá*. Las veintidós consonantes forman junto con las diez *sefirot* los «veintidós senderos de la sabiduría», por medio de los que Dios creó el mundo. Las *sefirot* o números cardinales son los principios básicos del mundo: el espíritu de Dios, el aire, el agua, el fuego y las seis dimensiones del espacio —arriba, abajo y los cuatro puntos cardinales—. No se infiere del texto de qué manera corresponden estas *sefirot* a las letras. De las letras se dice en § 19: «Veintidós letras: las instituyó, las grabó, las pesó, las intercambió, las combinó y mediante ellas formó la vida de la creación entera y de todo lo que había de ser creado» (H. 100s.).

Las letras sostienen la creación, corresponden a realidades en el ser humano y al mismo tiempo en el cosmos: entre las letras las tres «madres» están ligadas a la cabeza, el tronco y las extremidades y, a su vez, con el aire, el fuego y el agua. Las siete letras dobles equivalen a las siete aperturas del cuerpo humano, aunque también a los planetas. Las doce letras restantes, a las actividades del ser humano, pero también al zodiaco.

Lo que el *Sefer Yetzirá* presenta sistemáticamente, aunque por su extrema brevedad de forma ambigua y difícil de entender, se encuentra también de modo fragmentario en los asertos rabínicos sobre la potencia cósmica del alfabeto. R. Yona dice: «Con la [letra] *bet* fue creado el mundo. Como la *bet* está cerrada por tres lados y solo abierta por uno, no te está permitido interpretar qué es lo de arriba y lo de abajo, lo de delante y lo de detrás». La *bet* es, como se dice a continuación, la letra apropiada para la creación, porque con ella también comienza la palabra *beraká*, «bendición». Otra cosa enseña R. Abbahu en el mismo capítulo: «Con dos letras fueron creados dos mundos, este mundo y el mundo venidero: uno con la [letra] *he* y el otro con la *yod*. ¿Cuál es el justificante bíblico? "Confiad en YH (forma breve del nombre de Dios), YHWH, fortaleza (o bien: creador) de los mundos" (Is 26,4)» (TJ Jag 2,1 77c).

No depende de una combinación cualquiera de las letras, sino de la combinación del nombre de Dios. Aquel que la conozca podría fácilmente hacer mal uso de ella. Por eso, se procura que las personas no aptas no se dediquen a la obra de la creación. En este sentido, Rab interpreta Sal 31,19 («Enmudezcan los labios mentirosos que sobre el justo hablan de lo ocultado con arrogancia y desprecio») en relación a los «que hablan cosas concernientes al Justo del mundo, las cuales Él ocultó de sus criaturas... Con arrogancia dice: Yo comento la obra de la creación, creyendo que [la] eleva, pero solo [la] degrada» (TJ Jag 2,1 77c).

Según ARN A 39,3 (B. 274s.), «al hombre no le ha sido concedido saber cuál es la apariencia de lo que está en lo alto, pues, [de ser] así, se le habrían entregado las llaves y sabría cómo fueron creados los cielos y la tierra». Conocería las letras que Dios «puso en su gran nombre y con las que Él selló los seis confines (del universo)» (*Sefer Yetzirá* § 15, H. 89). Por eso, según R. Eleazar, «los capítulos de la Torá no fueron entregados en el orden [correcto], porque, si se hubieran entregado en el orden [correcto], cualquiera que los leyera podría hacer revivir a los muertos y llevar a cabo milagros; por esta razón, el orden de la Torá se mantuvo en secreto y solo es revelado ante el Santo, Bendito Sea» (MidrSal 3,2, B. 33).

La potencia de las letras, que crea y conserva el mundo, se encuentra también manifiesta en el relato de la muerte de R. Janina ben Teradión, al que los romanos habrían quemado en un rollo de la Torá después de la revuelta de Bar Kokba. AZ 18a pone en boca del moribundo las palabras: «El rollo de la Torá se quema, las letras flotan»: no se pierden. La creencia en estas conexiones contribuye también al especial cuidado en la transmisión del texto de la Torá. R. Yismael le dijo a R. Meir, que fue escriba de la Torá: «Hijo mío, sé cuidadoso en tu trabajo, pues tu trabajo es una labor celestial. No omitas ninguna letra ni tampoco añadas ninguna letra; de lo contrario, destruyes el mundo entero» (Erub 13a). También el orden alfabético de algunos textos bíblicos cobra su importancia. Según Ber 4b, la recitación regular de los Salmos, cuyos versículos están ordenados alfabéticamente, le garantiza al orante su participación en el mundo venidero.

Sin embargo, lo que se estudia en los círculos rabínicos y se mantiene en secreto ante los no autorizados es, sobre todo, la combinación de las letras de los nombres de Dios: «Rabba bar bar Jana dijo [en nombre de] R. Yojanán: Los sabios transmiten el Nombre (de Dios) de cuatro letras a sus discípulos una vez en siete años; en cambio, [otros] dicen al respecto: dos veces en siete años... Enseñaron los rabbíes: En el principio se transmitía el Nombre en doce letras a cualquier hombre. [Pero, cuando] los transgresores (de la Ley) aumentaron, lo transmitieron a los sacerdotes piadosos y los sacerdotes piadosos lo "tragaron" con el canto de sus hermanos los sacerdotes... Dijo Rab Yehudá que dijo Rab: Transmiten el nombre de cuarenta y dos letras solo a aquel que es piadoso y humilde, que está en la mitad de su vida, no guarda rencor, no bebe y no se obstina en su opinión. Entonces, todo el que conoce el [Nombre], lo maneja con cuidado y lo guarda con pureza, será querido arriba y respetado abajo... y heredará ambos mundos, este mundo y el mundo venidero» (Qid 71a).

El nombre de Dios de cuarenta y dos letras del que habla Rab es probablemente una ampliación del tetragrama de YHWH, que de esta manera se protege de un mal uso. La tradición le atribuye también a Rab que Bezaleel, el constructor de la tienda de reunión que sirvió a Israel como santuario durante la marcha por el desierto, «sabía unir las letras con las que los cielos y la tierra fueron creados. Está escrito aquí: "Y lo llenó el espíritu de Dios con sabiduría, inteligencia y conocimiento" (Éx 35,31) y allí (en otro versículo) se dice: "Dios fundó la tierra con sabiduría y con inteligencia afirmó los cielos" y dice (también): "Con su conocimiento fueron divididas las profundidades" (Prv 3,19-20)» (Ber 55a). Bezaleel necesita este conocimiento acerca de la combinación de las letras de la creación, ya que el santuario ha de ser una reproducción del universo entero.

Teniendo presente la advertencia de R. Yosé: «¡Ay de aquellas criaturas que ven y no saben qué ven, que están de pie y no saben sobre qué están de pie!» (Jag 12b), los rabinos se ocupan del estudio del misterio de la creación. La meta del estudio es la recreación de la creación, según describe Sanh 65b de manera anecdótica: «Raba creó un hombre y lo mandó a R. Zeíra. Este le habló, pero no le respondió. Por tanto, le dijo: ¡Provienes de mis congéneres (es decir, eres un producto humano), vuélvete a tu polvo!». A continuación, se dice de R. Janina y R. Osaya: «Se sentaban todas las vísperas del sábado a estudiar el Libro de la Creación, crearon un ternero del tercio [de su tamaño normal] y se lo comieron».

Detrás de las anécdotas que el Talmud cuenta de algunos rabinos está la convicción de que el conocimiento de la correcta combinación de las letras capacita al ser humano para recrear el mundo. Esto les lleva a los rabinos a través de los siglos a soñar, una y otra vez, con la creación del Gólem. Sin embargo, despojado de este componente teúrgico, también se encuentra el convencimiento en el dicho de Raba de que quien estudia y vive la Torá es como si, en cierto modo, se creara a sí mismo (Sanh 99b).

2. *La obra del carro divino*

Estrechamente ligado a las especulaciones acerca de la creación está el afán de los místicos por ascender a contemplar la divinidad, por alcanzar el trono de Dios mediante los siete cielos o *hekalot* («palacios, salas del trono»). Este nexo entre la cosmogonía y los esfuerzos por ascender tiene su paralelo en las ideas gnósticas acerca de que el conocimiento de la cosmogonía, sobre todo del origen del hombre, lo capacita para regresar a su patria celestial.

Este viaje celestial tiene un modelo bíblico en el arrebatamiento de Henoc y Elías. En la literatura apocalíptica llega a ser un motivo popular; por ejemplo, en 1Henoc 14 el personaje alcanza el trono de Gloria. En estos textos el viaje a los cielos es una convención literaria, para poder representar el mundo celestial con la pretensión de autenticidad, pero es muy probable que pueda estar también en conexión con experiencias místicas. De modo semejante, en los textos rabínicos y la literatura de *hekalot* apenas se pueden distinguir el viaje místico a los cielos y la profundización exegética en los secretos celestes.

El texto rabínico clásico sobre ese tema es TosJag 2,3-4 (L. 381) con sus paralelos talmúdicos (TJ Jag 2,1 77b; Jag 14b): «Cuatro entraron en el paraíso: Ben Azzay, Ben Zoma, Ajer y R. Aqiba. Uno echó un vistazo y murió, otro echó un vistazo y fue golpeado, otro echó un vistazo y taló los vástagos y otro ascendió en paz y descendió en paz. Ben Azzay echó un vistazo y murió; sobre él dice la Escritura: "Estimada es a los ojos del Señor la muerte de sus piadosos" (Sal 116,15). Ben Zoma echó un vistazo y fue golpeado; de él dice la Escritura: "Si encontraste miel, come solo lo que necesites, etc." (Prv 25,16). Elisa echó un vistazo y taló los vástagos; de él dice la Escritura: "No dejes que tu boca haga pecar a tu carne etc." (Qo 5,5). R. Aqiba ascendió en paz y descendió en paz; de él dice la Escritura: "¡Llévame tras de ti! Apresurémonos, etc." (Cant 1,4)».

A modo de ejemplo el relato muestra los peligros que conllevan los anhelos místicos. Ya en época rabínica estimuló la fantasía especialmente el destino de Ajer, del «otro», de Elisa ben Abuya, que había dudado de sus creencias bíblicas. Algunos entienden la tala de los vástagos como la transgresión de la Ley, después de haber menospreciado el cerco rabínico en torno a la Torá (comp. GnR 19,3, Th-A 172: «No levantes un cerco más alto que el asunto principal, no sea que caiga y tale los vástagos»); otros lo relacionan con los discípulos que apartó del estudio de la Torá. Según Jag 15b, incluso Aqiba estuvo en peligro durante la ascensión: «También a R. Aqiba los ángeles servidores lo quisieron rechazar, [pero] el Santo, Bendito Sea, les dijo: Dejad a este viejo, porque es digno de servirse de Mi gloria».

Los textos de *hekalot* se ocupan con todo detalle de los peligros a los que se enfrenta el místico en la ascensión al carro divino. Esta ascensión es claramente equiparable a la entrada en el sanctasanctórum en el Templo por el sumo sacerdote. Igual que, según la tradición bíblica, la muerte encuentra a aquel que se acerca al Santuario siendo indigno (por ejemplo, en Nm 16 el levantamiento de Coré, en Lv 10,1-5 la ofrenda de Nadab y Abihu), así también le sucede a aquel que quiere entrar en el Santuario celestial sin ser digno. En los textos se habla en repetidas ocasiones de los vigilantes de la puerta de los distintos cielos y de las salas del trono; el que asciende debe identificarse aquí mediante sellos mágicos con los nombres divinos, si quiere seguir avanzando.

Los peligros alcanzan su punto álgido cuando el que asciende se va acercando a la meta. En Jag 14b advierte R. Aqiba: «Cuando lleguéis a las piedras de mármol puro, no digáis: ¡Agua, agua!, porque se dice: "El que diga mentiras no permanecerá delante de mis ojos" (Sal 101,7)». La imagen del engaño, mediante la cual se delata el indigno, es tomada del área del Templo. Se dice, pues, de las murallas del Templo que Herodes pretendía recubrirlas de oro, pero los rabinos se lo impidieron con la advertencia de que la brillante roca se parecía a las olas del mar (Sukk 51b). La peligrosa y errónea creencia de ver agua podría también estar relacionada con el texto principal acerca de las especulaciones sobre la ascensión, es decir, con Ez 1, pues se dice en el pasaje: «Escuché el sonido de sus alas, era como el murmullo de numerosas aguas, como la voz del Todopoderoso» (Ez 1,24).

En *Hekalot Zutrati* dice R. Aqiba: «Uno de nombre desconocido se mereció el estar a la entrada del sexto palacio. Cuando vio el resplandor del (centelleo del) aire de las piedras, abrió dos veces su boca y dijo: ¡Agua, agua! [En el mismo momento] destrozaron su cabeza y fueron sobre él once mil trozos de hierro como advertencia para las generaciones, para que ningún ser humano se equivoque a la entrada del sexto palacio» (*Synopse* § 410). Otra versión del relato (*Synopse* § 345) alude a la suerte de Ben Zoma: «Ben Zoma miró al resplandor de las piedras de mármol y asumió que era agua. Su cuerpo [lo] soportó, de manera que no les preguntó; pero su entendimiento no [lo] soportó y fue golpeado. Se volvió loco».

Solo puede escapar a los peligros aquel que sabe que durante su empresa estará amenazado en una parte del sendero por la nieve, en otra por el fuego y que debe ir por en medio sin desviarse (TosJag 2,5, L. 381). Únicamente una estricta selección permite el acceso al círculo de los *yorde merkabá*, los «que descienden al carro divino», según se dice de forma paradójica. Hay una cierta selección según las reglas de la fisiognomía y quiromancia; pero resulta decisivo que el candidato se haya dedicado a la totalidad del saber judío en teoría y praxis, como se dice en *Hekalot Rabbati* 21,4: «Aquel que desciende a la *merkabá*, solo desciende si en él se encuentran estas dos cualidades: Quien ha leído la Torá, los Profetas y los Escritos, estudia *mishnayot*, midrás, halakot y haggadot y la interpretación de las halakot, la prohibición y el permiso, y quien cumple todo lo escrito en la Torá y observa todas las advertencias de las leyes, los estatutos legales y las órdenes que se le dijeron a Moisés en el Sinaí» (*Synopse* § 234).

Por lo tanto, el estudio y la práctica de la tradición judía son requisitos indispensables del místico, el cual participa intensamente en la vida religiosa del judaísmo rabínico. De esta manera, puede también incluir sus propias enseñanzas en el núcleo principal de la tradición judía. Esto se deduce del MidrPrv 10 (v.84s.), donde Dios en su tribunal consultará a los eruditos: «Si viene uno que tiene bajo su dominio el Talmud, el Santo, Bendito Sea, le dirá: Hijo mío, ya que te has dedicado al Talmud, ¿has contemplado la *merkabá*, has contemplado su gloria?, pues no tengo mayor placer en Mi mundo que cuando los discípulos de los sabios están sentados y dedicados a la Torá, miran, observan, ven y escrutan las numerosas cuestiones sobre esta enseñanza: ¿Cómo está el trono de Mi gloria?... ¿cómo está el *jashmal*?, ¿en cuántas direcciones gira en una hora?», etc. Todo responde a temas de la visión del trono de Ez 1, cuyo estudio coloca este texto como el punto culminante del aprendizaje judío.

El que consigue reunir todos los requisitos para contemplar la *merkabá* debe prepararse para un ritual fijo, según describen los numerosos textos de *hekalot*: tanto el largo ayuno y las abluciones como la meditación sobre el nombre de Dios y la recitación de ciertos conjuros pertenecen a este punto (*Synopse* §§ 424, 569 y otros). Mediante ello se hace posible la ascensión a través de los cielos para contemplar el trono divino. El objeto de la visión es la corte del trono divino: los ángeles recitando sus himnos y Metatrón, como se le llama a Henoc una vez arrebatado a los cielos y transformado en el ángel altísimo sobre el trono divino. Pero, además, se trata de conocer al que está sentado sobre el trono y que es descrito en conexión con Ez 1, pero también en relación con el Cantar de los Cantares.

Esto revela por qué Orígenes en el prólogo a su comentario al Cantar, junto a Gn 1, Ez 1 y los últimos capítulos de Ez con la descripción del Templo apocalíptico, también menciona el Cantar como un texto que los rabinos explican solo al final de su formación. El Cantar, entendido como una descripción alegórica de la relación entre Dios como amado y el pueblo de Israel como su esposa, fue un tema popular de las exposiciones haggádicas. Probablemente por eso, Orígenes se refiere aquí a la interpretación mística del texto, a su utilización para la enseñanza del *shiur qomá*, de las «dimensiones divinas», una cuestión central en la mística rabínica.

Según Ez 1,26-28, al final de la ascensión el místico experimenta la visión de «una figura que parece un hombre... la gloria del Señor»; es decir, no la divinidad en sí misma, sino la forma de su apariencia, comprehensible a los ángeles y al místico, su *kabod* o «gloria». El que aparece sobre el trono es el *yotzer bereshit*, el Dios creador. Así, resulta que las dos partes principales de la mística temprana, «la obra de la creación» y «la obra del carro divino», son una unidad, pues durante su ascensión el místico experimenta a Dios sobre el carro divino precisamente como el creador del mundo. Metatrón le muestra las letras a R. Yismael sobre el trono de gloria, con las que fueron creados los cielos y la tierra, las estrellas y las constelaciones, la luna y el sol (*Synopse* § 59).

Los textos rabínicos hablan a menudo de un manto de luz, en el que Dios se envolvió durante la creación. A la pregunta acerca de dónde salió la luz al mundo, responde R. Semuel bar Najmán susurrando: «El Santo, Bendito Sea, se envolvió como en un manto y el mundo entero se iluminó con el resplandor de su esplendor». A continuación, R. Berekia identifica el resplandor de la luz y la gloria de Dios con el Templo, desde el que llegó la luz al mundo (LvR 31,7, M. 724-726). En *Hekalot Rabbati* (*Synopse* § 105) se dice: «¿Quién es como nuestro rey, quién como nuestro creador, quién es como el Señor, nuestro Dios? Hace salir el sol y la luna y hace surgir la corona de su cabeza. Las Pléyades, Orión y el lucero del alba, constelaciones, estrellas y astros salen de su manto, con el que está engalanado y está sentado sobre el trono de Su gloria».

No se conforman con representar el manto de luz de Dios, sino que ofrecen una descripción del propio entronizado en conexión con Cant 5,10-16: «Mi amado es blanco y carmesí... su cabeza es puro oro, sus rizos son panículas, negros como el cuervo... sus brazos son cilindros de oro engastados con piedras de Tarsis. Su cuerpo es como un tablero de marfil... Sus piernas son columnas de alabastro... Este es mi amado». Algunos textos sobre el *shiur qomá* (por ejemplo, *Synopse* §§ 948ss.) proporcionan unas medidas enormes para las diferentes extremidades y partes del cuerpo del entronizado y ponen nombre a los distintos miembros con incomprensibles combinaciones de letras. Aquel que conoce las medidas y el nombre de la figura de la divinidad tendrá parte en el mundo futuro.

En esta descripción de la divinidad resuena un antropomorfismo extremo, que siempre escandalizó a los judíos de tendencia racionalista. Sin embargo, tampoco para el místico se trata de dimensiones concretas, sino, más bien, de una armonía secreta de los diferentes miembros entre sí. Al lado de Dios todo resulta insignificante: el tamaño de sus miembros comprende miles de parasangas y la más mínima subdivisión de esta unidad de medida, el «palmo (de la mano)» de Dios, es tan grande como el mundo entero. «No tenemos ninguna medida en nuestras manos, sino los nombres que se nos han revelado» (*Synopse* § 949). La intensa dedicación a la figura de la divinidad no hace olvidar el insondable misterio que le queda también al místico.

IV
EL MARCO CULTURAL

Hasta el momento hemos presentado el judaísmo rabínico desde dentro, desde su propia percepción. En el siguiente capítulo haremos un esbozo del judaísmo de la época dentro del gran marco histórico del pensamiento y de la religión de la Antigüedad Tardía. Los judíos fueron una pequeña minoría tanto en el Imperio romano como en el parto y sasánida: no pudieron eludir los contactos con las culturas y religiones circundantes. ¿Cuánta influencia tuvo la cultura helenística tardía y la romana y la persa sobre el judaísmo?, ¿qué papel jugó el arte judío en la Antigüedad Tardía?, ¿cómo reaccionaron los rabinos ante la gnosis?, ¿cómo se configuraron la convivencia y las desavenencias del judaísmo con el cristianismo y después con el islam? Un examen de estas cuestiones compensará de alguna forma la parcialidad de las fuentes rabínicas y situará el desarrollo del judaísmo de la época en su contexto más amplio.

1
JUDAÍSMO Y HELENISMO

Ya desde mucho antes del año 70 Palestina era parte de la zona de influencia cultural helenística. La cultura helenística, favorecida sobre todo por las campañas de conquista de Alejandro, aunó en sí la herencia griega con influencias orientales, convirtiéndose pronto en internacional. La antes popular diferencia entre el judaísmo palestinense y el judaísmo helenístico de la Diáspora ya no tiene cabida, pues también el judaísmo de Palestina estuvo helenizado desde los primeros tiempos, según ha documentado especialmente M. Hengel con una gran abundancia de materiales. Además, el conocimiento de la lengua griega en Palestina estuvo ampliamente extendido desde muy temprano. Según la *Carta de Aristeas*, unos sabios de Jerusalén elaboraron la Septuaginta y el libro de Ester fue traducido, como se dice en el epílogo, en dicha ciudad. En Qumrán se han encontrado algunos fragmentos de la Septuaginta y en Nahal Hever un manuscrito griego de los Profetas Menores, cuyo texto revisa la Septuaginta. Asimismo, del Mar Muerto provienen documentos griegos que pertenecieron a judíos.

No solo encontró acceso la lengua griega en el judaísmo de Palestina. También fueron adoptadas las formas de vida helenística, en la medida en que no perjudicaran la religión judía. La arquitectura helenística (como, por ejemplo, en el Templo herodiano) adquirió tanta relevancia como el derecho helenístico. A ello se unieron fuertes influencias en la literatura judía de la época. Prácticamente no hubo un ámbito de la vida que no estuviera determinado por los influjos helenísticos.

1. *Los rabinos y la lengua griega*

A primera vista la literatura rabínica da la impresión de un mundo cerrado. Por eso se pudo desarrollar una concepción de la historia, según la cual, después del fracaso de las guerras contra Roma, el judaísmo se recluyó totalmente en sus propias tradiciones y rechazó por completo todas las culturas ajenas. Parece que la renuncia de los rabinos a ocuparse de Filón y Josefo, de la literatura del Segundo Templo e incluso de la Septuaginta documentaba un enclaustramiento que, a lo sumo, solo rompieron algunos. No obstante, la realidad fue mucho más compleja, como también da prueba la lectura de los textos rabínicos.

La vida cotidiana de Palestina trajo continuos contactos con el modo de vida helenístico, que tampoco los rabinos pudieron esquivar. Eran comunes los baños públicos, el teatro y el circo. La visita a los baños pertenecía al estilo de vida pública. Los rabinos permitieron que los judíos colaboraran en su construcción, salvo en lo tocante a las estatuas de los dioses (AZ 1,7). De hecho, algunos rabinos frecuentaron ellos mismos los baños, a pesar de que allí se encontraban estatuas de dioses, y justificaron su proceder con el argumento de que las estatuas servían para embellecer el baño y este no estaba destinado a venerar a los dioses (así, por ejemplo, Gamaliel en el baño de Afrodita en Acre, AZ 3,4). También en el centro del movimiento rabínico, Tiberias, se hallaron construcciones de baños: en uno de tales baños le requirieron al patriarca Yehudá Nesia que se presentara ante Diocleciano (TJ Ter 8,10 46c).

«No es costumbre entre los israelitas acudir a los teatros y a los circos» se dice en RutR 2,23. Además, AZ 1,7 prohíbe la participación de judíos en la construcción de un estadio. Un acemilero que, representando a la comunidad en una procesión, debía pedir que lloviera, se declaró pecador de «decorar el teatro, conversar con las hetairas, llevar sus ropas a la casa de baños, hacer palmas ante ellas, bailar y tocar los címbalos» (TJ Taa 1,4 64b). Por tanto, trabajaba en el teatro como *orchēstēs*, lo que se consideraba una profesión sumamente baja. Pese a la actitud de rechazo de los rabinos, seguramente el teatro no solo fue frecuentado por la población gentil, la cual se burlaba de la pobreza de los judíos, que para ellos tenía su origen en el descanso del sabbat y del año sabático, según da entender un mimo en un pasaje (LamR 3,14, B. 127). Probablemente los rabinos y quienes estaban cercanos a ellos rehuyeron, en general, la visita al teatro como un acto de «idolatría» (en la Antigüedad el teatro también solía tener carácter religioso). Sin embargo, se puede contar con que seguramente algunos judíos tomaron parte en las representaciones teatrales como espectadores, quizás también como actores o como asistentes; de lo contrario, no se habría sabido cómo se representaba a los judíos en el teatro.

Una anécdota sobre la conquista de Jerusalén por las tropas de Pompeyo (63 a.e.c.), con la que acabó resolviendo la disputa entre los hermanos Asmoneos Aristóbulo II e Hircano II, cuenta que un viejo judío «que era experto en la sabiduría griega» informó a los sitiadores de que la ciudad sería inexpugnable mientras en ella continuara el culto sacrificial. Eso solo era posible porque los sitiadores les vendían los animales para las ofrendas a los sitiados. Al día siguiente enviaron como víctima sacrificial un cerdo sobre la muralla de la ciudad. «En ese momento dijeron: ¡Maldito sea el que cría cerdos y maldito el que enseña a su hijo sabiduría griega» (Sot 49b). El relato refleja la opinión hostil hacia la cultura griega de los rabinos babilónicos tardíos que lo recogieron, pero no dice nada sobre la Palestina de aquel tiempo.

Sin embargo, algunos textos palestinenses tempranos mencionan una prohibición acerca de enseñar la lengua griega. «En la guerra de Qitos prohibieron la corona de la novia y que se le enseñara griego a un hijo» (Sot 9,14). El texto hace referencia a la represión del levantamiento judío durante la campaña de Trajano contra los partos. Por lo general, se identifica a Qitos con Lusio Quieto, el general designado en el 117 como gobernador de Judea, que quizás podría haber sofocado también otros disturbios judíos —de los que, sin embargo, no hay pruebas documentales para el caso de Palestina—. Otros piensan en Quinto Marcio Turbo, que derrotó a los insurrectos judíos en Egipto. Entonces, la prohibición relativa al griego sería una muestra de la solidaridad de los judíos de Palestina para con la asediada Diáspora. El hecho de que precisamente la prohibición sobre esta lengua sea datada con un extranjerismo del griego —*polmos shel Qitos* contiene el término griego *polemos*, «guerra»—, manifiesta hasta qué punto la lengua griega influyó incluso en el estilo del hebreo rabínico. TosSot 15,8 (L. 242) cita la prohibición, pero la quebranta enseguida: «A la casa de Rabbán Gamaliel le permitían enseñar griego a sus hijos, porque están cerca del gobierno». La misma excepción —junto con el permiso de utilizar un espejo y de llevar un determinado peinado popular entre los gentiles— también le fue reconocida a la casa de Rabbí por el mismo motivo (TJ Shabb 6,1 7c).

«Preguntaron a R. Yehosúa: ¿Puede uno enseñar a su hijo un libro griego? Les respondió: Lo enseña en una hora en la que no sea ni de día ni de noche, según se dice: "Has de reflexionar sobre ello (sobre la Torá) durante el día y durante la noche" (Jos 1,8)» (TosAZ 1,20, Z. 461). El paralelo de TJ Sot 9,16 24c habla simplemente de griego, refiriéndose, por tanto, a la lengua. En cambio, en Men 99b, cuando R. Yismael le da una respuesta semejante a su sobrino, se menciona la «sabiduría griega»: según Jos 1,8, le está permitido estudiar también la sabiduría griega después del estudio de la Torá, cuando no sea ni de día ni de noche. Así pues, no se trata de un rechazo de la cultura griega, sino de la exclusividad del estudio de la Torá: «No sea que digas: He aprendido la sabiduría de Israel y [ahora] voy a aprender la sabiduría de las naciones gentiles» (SDt § 34, F. 61s.). R. Abbahu cita como enseñanza de R. Yojanán: «Está permitido enseñarle griego a la hija, porque es un complemento para ella». Simeón bar Abba objetó: «Como quería [enseñarle griego] a su propia hija, le atribuyó la [frase] a R. Yojanán» (TJ Shabb 6,1 7c).

Una cosa es que los rabinos quisieran prohibir el estudio de la tradición griega, a fin de estar absolutamente concentrados en la Torá, y otra totalmente irreal, la idea de que hubieran prohibido el aprendizaje de la lengua griega. Tal prohibición no pudo ser más que un llamamiento retórico para permanecer fiel a la propia tradición, pues, en mayor o menor medida, necesitaron la lengua griega en la vida cotidiana según la profesión, la posición o sencillamente el domicilio.

De los propios textos rabínicos se deduce que algunos rabinos apreciaron la lengua griega y que muchos de ellos también la dominaron. Con mayor motivo habría sido el caso del común de la población, de las élites, pero también de los comerciantes y artesanos. Un testimonio elocuente acerca de la situación cultural en la Palestina de la época (pero no tanto para el caso de Babilonia) son los numerosos préstamos y extranjerismos en el Talmud y en el Midrás: los préstamos de la lengua griega afectan prácticamente a cada ámbito de la vida, tanto al del derecho como al de la artesanía, a la agricultura y al hogar. Atendiendo a su naturaleza, los extranjerismos latinos fueron asumidos, sobre todo, en los sectores de la milicia y de la administración. Además, se pueden encontrar citas griegas en textos rabínicos. Incluso la gramática hebrea se modificó bajo la influencia griega (por ejemplo, en el sistema temporal).

Como requisito para ser admitido en el sanedrín Sanh 17a menciona, entre otros, el conocimiento de setenta lenguas. Si en TJ Sheq 5,1 48d la afirmación de Petajia, que controlaba setenta lenguas, puede ponerse en conexión con lo que sigue sobre el sanedrín, se les exigía a dos de sus miembros el dominio activo de las lenguas, a tres el pasivo. Naturalmente estas declaraciones no se han de tomar literalmente, pero muestran el aprecio de los conocimientos lingüísticos. Se entiende que el griego como *lingua franca* del oriente del Imperio ocupó aquí una especial posición.

Según Meg 1,8, «[la diferencia] entre los libros (de la Torá) y (los textos bíblicos en) filacterias y *mezuzot* (véase Dt 11,18-20) se encuentra solo en que los libros pueden estar escritos en cualquier lengua, pero las filacterias y las *mezuzot* solo en asirio (es decir, en escritura hebrea cuadrada). Rabbán Simeón ben Gamaliel dice: También permitieron escribir los libros precisamente en griego».

En TJ Meg 1,11 71c se completa el dicho de Simeón: «Escrutaron y encontraron que la Torá solo puede ser traducida de forma adecuada al griego... Aqila, el Prosélito, tradujo la Torá ante R. Eliézer y R. Yehosúa. Lo alabaron diciéndole: "Eres el más hermoso (*yafyafita*) de los hombres" (Sal 45,3)», probablemente una alusión a Jafet (*Yefet* en hebreo), un sinónimo de Grecia. De hecho, «engrandezca Dios a Jafet, que habite en las tiendas de Sem» (Gn 9,27) se considera directamente una invitación al estudio de la lengua griega. Con ello R. Yojanán justifica la autorización de Simeón ben Gamaliel para escribir todos los libros en lengua griega: «Habite la belleza de Jafet en las tiendas de Sem» (Meg 9b). Y Bar Qappara explica: «Se dirán las palabras de la Torá en la lengua de Jafet en las tiendas de Sem» (GnR 36,8, Th-A 342).

La alta consideración hacia el griego la pone también de manifiesto el dicho de R. Yonatán de Bet Gubrin: «Cuatro lenguas de las que se sirve el mundo valen la pena. Estas son el griego para la poesía (lit.: para el canto; comp. Jag 15b sobre el apóstata Elisa ben Abuya: "un canto griego no cesó jamás en su boca"), el latín para la guerra, el sirio para el lamento, el hebreo para el discurso» (TJ Meg 1,11 71b). Probablemente el sirio es en este contexto la lengua aramea coloquial. Rabbí prefiere explícitamente el griego a esta: «¿Por qué [usar] la lengua siria en la Tierra de Israel? Bien la lengua santa (hebreo) o la lengua griega» (Sot 49b).

Naturalmente el conocimiento del griego no estuvo igual de difundido en todos los lugares. Se ha de esperar antes su dominio total en la costa mediterránea, sobre todo en Cesarea, que en el interior del territorio. A la pregunta acerca de cómo puede sobrevivir un niño de siete meses R. Abbahu de Cesarea responde incluso con un juego de palabras en griego: «A partir de vuestra [lengua] os lo demuestro: *zeta epta eta okto*». La frase griega transcrita quiere decir: la letra *zēta* significa siete, la letra *ēta* ocho, pero también puede ser: «vive el (niño) de siete (meses) más que el de ocho» (*zē ta hepta ē ta oktō*) (GnR 14,2, Th-A 127). También llegó el griego a la liturgia sinagogal. «R. Leví bar Jaita fue a Cesarea, escuchó la recitación del *Shemá* en griego y trató de impedírselo» (TJ Sot 7,1 21b). El rabino no reacciona contra la lengua litúrgica griega en sí misma, sino solo contra su uso en ese texto central, que debería permanecer en hebreo.

La difusión de la lengua griega entre los judíos de Palestina en ese tiempo no se deduce solo de los escritos rabínicos; la documentan, además, numerosas inscripciones. Algunos epitafios de catacumbas de Bet Shearim no solo muestran que muchos judíos (por cierto, también rabinos) llevaban nombres griegos, sino también que dominaban, en mayor o menor medida, la lengua griega. Una gran inscripción sepulcral en hexámetros y en pentámetros, llena de resonancias homéricas, está dedicada a un tal Justo, hijo de Leoncio y Safo de Bet Shearim; el texto puede incluirse, sin lugar a dudas, entre los mejores epigramas de la época (siglo III). Si bien muchos judíos de la Diáspora fueron enterrados en Bet Shearim, lo que explicaría en parte la predilección por el griego, la mayoría de inscripciones hacen referencia a judíos de Palestina. El griego, muy a menudo con incorrecciones, revela que incluso el vulgo tenía, en cierta medida, conocimientos de griego y que seguramente también lo utilizaba con regularidad.

Es sorprendente el gran número de inscripciones de donantes que aparecen en las sinagogas de Palestina, no solo en ciudades como Cesarea, Ascalón o Gaza, sino también en los centros judíos más importantes, como Hammat Tiberias o incluso en Séforis, donde se encuentran en el mismo espacio inscripciones griegas y hebreo-arameas. Según parece, en época rabínica el judaísmo y la cultura griega se entendían entre sí.

2. *Los rabinos y la sabiduría griega*

Aquel que se ocupa de la lengua entra también en contacto con la cultura, cuyo instrumento es el idioma. De este modo, el helenismo también ejerció su influjo sobre los rabinos más allá de la lengua griega. A la ya mencionada anécdota sobre la prohibición en época de Pompeyo de enseñar la sabiduría griega le sigue la objeción de que Rabbí consideró el griego apto para Israel. A este se le replica: «Una cosa es la lengua griega, otra la sabiduría griega». Sin embargo, también se objeta al respecto: «¿Acaso está prohibida la sabiduría griega? Y ¿acaso no dijo Rab Yehudá en nombre de Semuel en nombre de Rabbán Simeón ben Gamaliel: [...] En casa de mi padre había mil niños: quinientos estudiaban Torá y quinientos estudiaban sabiduría griega, pero de ellos solo quedo yo aquí y el hijo del hermano de mi padre en Asia?». No obstante, el texto acaba así: «La casa de Rabbán Gamaliel es diferente, porque estaban cerca del gobierno» (Sot 49b).

Del texto a menudo se ha deducido que los patriarcas mismos se preocuparon de la formación helenística de su entorno y no la confiaron a escuelas griegas. De ello no existe prueba alguna. En Palestina hubo suficientes posibilidades de adquirir una formación griega, además de maestros privados, también famosas escuelas de retórica en Cesarea, Ascalón y Gaza. De estas oportunidades se sirvieron también los judíos, según pone de manifiesto la correspondencia del gran rétor Libanio con un patriarca del siglo IV.

La formación helenística se apoyaba en el estudio de Homero, pero abarcaba también la actividad filosófica. Por esta razón, sorprende que en la literatura rabínica no se pueda comprobar un conocimiento directo de Homero y que apenas se nombren filósofos griegos. El único filósofo mencionado en los textos rabínicos es un cínico que destacó en tiempos de Adriano, Enomao de Gádara, al este del Jordán, que por aquel entonces era un centro de cultura helenística. Sobre él dice R. Abba bar Kahana: «No ha habido en el mundo filósofos como Balaam, el hijo de Beor, y como Enomao de Gádara». Enomao les dijo a los pueblos gentiles que jamás podrían someter a Israel mientras los niños aprendieran la Torá en las casas de estudio (GnR 65,20, Th-A 734). ARN B 24 (B. 354) presenta a Enomao en conversación con Gamaliel; R. Meir le rinde vistias de pésame tras algunas defunciones en la familia (RutR 2,13).

Quizás se alude a Enomao de Gádara junto a Balaam porque escribió una obra contra la necedad de los oráculos (las citas están transmitidas en Eusebio). Su relación con los rabinos hace de esta autoridad local el único filósofo digno de mención en la tradición rabínica: tal vez esto sea una prueba de la erudición de los rabinos en filosofía helenística. TJ Git 7,1 48c describe a los seguidores de la escuela a la que pertenecía Enomao de la siguiente forma: «Aquel que pernocta en el campo santo, que ahúma a los demonios, rasga sus vestiduras y rompe lo que se le entrega es un cínico». No es posible demostrar un conocimiento más preciso de la filosofía cínica.

El segundo filósofo griego al que se alude con más frecuencia en los textos rabínicos es Epicuro (342-270 a.e.c.). Sin embargo, desde el primer momento su imagen apenas tuvo algo que ver con el personaje histórico. Ya los rétores helenísticos adulteraron su filosofía, convirtiéndola en hedonismo materialista. Para los rabinos el término «epicúreo» es sinónimo de un hedonista no religioso, con indiferencia de si es o no judío. R. Eliézer exige que se sepa cómo responder a un epicúreo (Abot 2,14). Sanh 10,1 nombra a los epicúreos entre aquellos que no tendrán parte en el mundo venidero. Su correspondiente gemará (Sanh 99b-100a) propone un intento de definición: un epicúreo es alguien que insulta al erudito, avergüenza a su compañero ante los eruditos y no le rinde honores a la Torá; alguien que tiene a los rabinos por algo inútil, porque no permitieron entregar un cuervo (como ofrenda) y declararon una paloma como ilícita, sin sobrepasar, por tanto, el texto bíblico. A estos les parece que la palabra «epicúreo» deriva del arameo *paqar*, «ser irreverente» (Maimónides lo recoge de forma explícita en su comentario a Sanh 10,1).

Partiendo de todos los textos rabínicos es evidente que ya no se piensa en el filósofo Epicuro, pues para nada se le conoce; más bien, su nombre se relaciona con una caricatura de su filosofía, que se completa con otros elementos. En la literatura rabínica no hay ningún testimonio de un conocimiento directo de los escritos filosóficos de Grecia o del helenismo, igual que tampoco se plasmó la terminología filosófica helenística en los textos rabínicos. Con todo, se puede añadir que los rétores y escritores grecorromanos de la época solo raras veces consultaron obras originales, más bien utilizaron manuales elaborados y prácticamente no representaron una escuela filosófica clara, sino que fueron eclécticos.

La literatura rabínica se muestra familiarizada con la filosofía popular helenística, que fue difundida por filósofos itinerantes y rétores. No se pueden probar las influencias literarias directas, pero la utilización de las mismas formas literarias a menudo refuerza la semejanza en el contenido de algunos textos rabínicos con esa filosofía popular, lo que hace probable una relación.

En este punto se ha de mencionar, sobre todo, la biografía de los rabinos. Casi nunca se puede aprovechar a nivel histórico, sino que utiliza determinados rasgos estereotipados, que no solo se encuentran dentro de la literatura rabínica, sino que aparentemente provienen de la biografía de los filósofos helenísticos. Tales motivos que con frecuencia se repiten son, por ejemplo, los pobres e incultos comienzos del erudito tardío que se convierte finalmente a la filosofía o a la Torá, llega a ser rico, recibe numerosos discípulos y puede transmitirles sus amplios conocimientos. Algunas anécdotas biográficas, como las que fueron difundidas sobre Sócrates, Tales, Diógenes y otros, se encuentran modificadas también en la biografía rabínica.

Este es, en especial, el caso de los relatos acerca de Hillel, Eliézer ben Hyrqanos y R. Meir. La historia sobre Hillel, que como extranjero informa a los sabios de Palestina de que se puede sacrificar el cordero pascual en el 14 de Nisán, aunque el día caiga en sábado, y de que por ello se convierte en el presidente de los eruditos (Pes 66a), concilia una serie de motivos propios de la *chreia* griega. Los ejemplos de la vida de los sabios pueden acercarle al pueblo determinados valores, según dice explícitamente Quintiliano: «Se habla de personas, pero se trata de las cosas» (*De personis indicatur, de rebus contenditur*). También Beruria, la erudita mujer de R. Meir, parece que está retratada siguiendo ejemplos helenísticos (por ejemplo, en Ber 10a; Erub 53b-54a): el modelo es probablemente la filósofa cínica Hiparquia, que con Crates, un discípulo de Diógenes, formó un matrimonio ejemplar.

No obstante, no solo algunos rabinos son caracterizados según modelos helenísticos. El ideal del erudito como tal se ajusta al del sabio griego y también parece que la transferencia de una tradición filosófica, formulada en la cadena de transmisión o la sucesión de los jefes de las escuelas, influyó en la representación rabínica, sobre todo en Abot.

Además de tales analogías en la representación del ideal del erudito, otras influencias helenísticas solo son demostrables la mayoría de las veces de forma puntual. Este es, en particular, el caso de las huellas de la tradición epicúrea, que entre el 150 y el 250 experimentó un nuevo florecimiento en la zona del Mediterráneo oriental. MidrSal 1,21 (B. 22) cita como opinión herética la afirmación de que el mundo es un *automaton*, por lo que se mueve por sí mismo, sin que una divinidad se ocupe de ello. En esta línea se halla una doctrina básica del epicureísmo. Lo mismo se puede aplicar a la frase que con mayor frecuencia varía en la literatura rabínica: «No hay ni juicio ni juez». Así dice Caín en el Targum Neófiti a Gn 4,8: «No hay ni juicio ni juez ni hay otro mundo. No hay ninguna recompensa para los justos ni ninguna sanción para los malvados». Según LvR 28,1 (M. 648s.) el libro de Qohelet casi habría sido retirado de la circulación, porque Qo 11,9 podría conducir a negar el Juicio. Coincide con el dogma epicúreo, según lo formula Jerónimo: «Después de la muerte no hay nada e incluso la muerte misma no es nada» (*Comentario a Is* 22,12).

Naturalmente la negación del Juicio también podría identificarse como una creencia saducea —los rabinos equipararán después a saduceos y epicúreos—. Sin embargo, los saduceos únicamente rechazan la recompensa y el castigo en relación al Más Allá, pero no desechan cualquier clase de retribución. Además, los textos bíblicos, según los cuales el malvado se sabe seguro del castigo, no son el modelo para la frase «no hay juicio». Más bien, la forma de la sentencia subraya precisamente los paralelismos con el dicho epicúreo y cómo se le cita en la retórica helenística a fin de rechazarlo. Probablemente Elisa ben Abuya también es visto como un epicúreo por su negativa a creer en la retribución. R. Eleazar dice en Abot 2,14, aparentemente como respuesta que el discípulo debería dar al epicúreo mencionado antes: «Tu patrón tiene confianza en que te pagará el salario de tu trabajo».

H. A. Fischel ha señalado notables conexiones entre el relato ya citado de Jag 14b, de los cuatro que entraron en el paraíso y de los que solo Aqiba regresó sano y salvo, y algunos temas de la tradición epicúrea. No solo Ajer, es decir Elisa ben Abuya, sino también Ben Azzay y Ben Zoma están muy cercanos a tradiciones helenísticas, aunque no sean necesariamente epicúreas. Así, Fischel ha visto aquí, como intención original del relato, una representación de cuatro epicúreos típicos: el soltero Ben Azzay; el perdido entre incontroladas especulaciones, Ben Zoma; el que niega la retribución, Ajer; y finalmente Aqiba como el ignorante que fue por mucho tiempo según la tradición. Se reprocha la ignorancia de los seguidores de la escuela de Epicuro, que rechaza el ciclo griego de educación. Estos cuatro entran en el paraíso, en el «jardín», como así era llamada la escuela de Epicuro. Como consecuencia uno muere prematuramente, otro enloquece y el tercero se hace nihilista. Solo Aqiba, el cuarto, «sale sano y salvo», se aparta de la doctrina epicúrea y se vuelve al estudio de la Torá.

Según Fischel, solo con posterioridad se le atribuyó un significado de corte místico a este relato. Su completa interpretación es discutible, pero la profusión en los detalles apenas deja dudas sobre sus relaciones con la filosofía helenística. Especialmente se han de mencionar los paralelismos, puestos de relieve por Fischel, de los dichos de Ben Zoma con la filosofía popular griega, el elogio de la civilización con su división del trabajo, que Ben Zoma hace posible solo en una vida dedicada enteramente a la Torá, o sus observaciones sobre el huésped bueno y el malo (TJ Ber 9,2 13c).

Los textos rabínicos en los que Rabbí discute con Antonino se han abordado con frecuencia en función de su transfondo filosófico. Por ejemplo, se ha supuesto una fuente estoica, que habría sido reinterpretada desde la perspectiva judía. Se suele plantear la cuestión acerca de qué persona podría identificarse como Antonino o verse como su modelo: a menudo se nombra a Marco Aurelio. La explicación total de textos tan diversos es problemática, pero no se pueden negar ciertas relaciones con la Stoá. Un ejemplo de carácter más general es el de la *Haggadá de Pesaj* y su conexión con la literatura convival helenística. Los paralelismos con los banquetes helenísticos son tan claros, que también los modales en la mesa durante la comida del *seder* —como el estar recostado junto a la mesa o el orden del menú— permiten reconocer influjos griegos.

Los ejemplos podrían multiplicarse. No es posible probar con seguridad algunos supuestos paralelismos y dependencias entre los textos rabínicos y la filosofía helenística. En cualquier caso, los numerosos paralelismos, en su conjunto, testimonian claramente lo mucho que, a pesar de su documentado rechazo de la «sabiduría griega» de cara al exterior, los rabinos estuvieron condicionados por esta o, al menos, reaccionaron ante ella. El «espíritu de la época» tampoco pasó sin dejar huella en ellos.

3. *Exégesis homérica e interpretación rabínica de la Escritura*

No se ha de subestimar la influencia helenística sobre los rabinos, aun cuando las conexiones directas con esta filosofía sean difíciles de probar. Lo mismo se puede aplicar a las relaciones con la poesía grecohelenística. Prácticamente no es posible demostrar préstamos literarios directos; no obstante, tampoco debemos obviar que los rabinos participaron en la cultura helenística general.

El único autor griego mencionado frecuentemente en las fuentes rabínicas es Homero. Sin embargo, su nombre a menudo ha sido tan modificado en la transmisión textual que algunos incluso rechazan su identificación con el poeta (los manuscritos escriben *hameram, hemeras, meram, marin* y otras variantes similares). Yad 4,6 transmite como dicho saduceo el siguiente: «Nos quejamos de vosotros, fariseos, porque decís que las Sagradas Escrituras vuelven impuras las manos, mientras que los libros de Homero (en los manuscritos: *meron* y variantes parecidas) no vuelven impuras las manos». Según el punto de vista rabínico, la «impureza» solo tiene lugar mediante los Escritos bíblicos, aptos para la liturgia: son tabú como palabra de Dios, lo que no puede decirse de textos como los de Homero.

Dice R. Aqiba: «Aquel que lee libros foráneos (a la Biblia hebrea), como los libros de Ben Sira o los libros de Ben Lana [no tendrá parte en el mundo venidero]; en cambio, los libros de Homero y todos libros que fueron escritos aparte de estos, quien los lee, [los leerá] como una carta. ¿Cuál es el justificante bíblico? "En lo restante, hijo mío, déjate ser amonestado... el mucho estudiar (*lahag*) cansa (*yegiat*) al cuerpo" (Qo 12,12). Fueron entregados para la recitación (*lahigayon*), pero no para el cansado estudio (*ligiah*)» (TJ Sanh 10,1 28a). Así pues, el versículo de la Escritura es interpretado de tal manera que se permite la lectura ordinaria de textos profanos, como los de Homero, siempre que reserven el arduo estudio exclusivamente a la tradición bíblica. A lo mismo se refiere MidrSal 1 (B. 9): las palabras de David no se deben leer «como se leen los libros de Homero, sino que se ha de leer y reflexionar sobre ellas y por ellas recibir recompensa, igual que por [el estudio de los tratados misnaicos] *Negaim* y *Ohalot*».

Estas pocas alusiones a Homero no documentan un conocimiento más familiar del poeta griego. Homero servía como libro de lectura en las escuelas de Palestina en las que se enseñaba griego. Los «libros de Homero» estaban permitidos, según Aqiba, «para la recitación» en la enseñanza de la lengua y literatura griegas, siempre que quedara reservado el propio estudio a la Biblia. Los giros y los mitos que recuerdan a Homero en algunos textos rabínicos (por ejemplo, la historia de los centauros en GnR 23,6, Th-A 227) estaban muy extendidos en el vocabulario y el refranero de la Antigüedad Tardía, por lo que pudieron también ser conocidos de oídas. No es posible demostrar un conocimiento más profundo y directo de Homero.

Las ya mencionadas reglas de Hillel tienen paralelos en la exégesis helenística. Ambas comparten la deducción *a minori* y la deducción por analogía: la terminología helenística podría haber apadrinado aquí la formación de los términos técnicos hebreos. Pero, aparte de esto, hay que remitirse a todo el espíritu de la exégesis helenística, sobre todo a la de Homero, según se desarrolló principalmente en Alejandría. En este punto existen claros paralelismos con la interpretación rabínica de la Biblia, según ha demostrado especialmente S. Lieberman. Si bien dichos paralelismos no se pueden interpretar sin más como fruto de una dependencia directa, tienen, sin embargo, su importancia.

En muchos sentidos la educación de un rabino es equiparable a la de un rétor y gramático helenístico. Los paralelismos en la regulación del respectivo texto sagrado —para uno la Biblia y para el otro Homero— comienzan ya en la transmisión textual. La cuenta de las palabras de los *soferim* en la Biblia se corresponde con la esticometría helenística y también son equiparables la transmisión de la Biblia y la de Homero en el uso de los signos de la crítica textual. El orden de los libros bíblicos tiene su parangón en la praxis de la biblioteca helenística.

La interpretación textual comienza en los clásicos como Homero por la elaboración de glosarios, la definición terminológica sencilla y la explicación de los hechos, del mismo modo que también determina la exégesis bíblica más simple, sobre todo en los midrasim tannaíticos. El principio de explicar a Homero desde Homero tiene su paralelo en la interpretación bíblica desde su propio contexto. Finalmente es importante para ambos campos una interpretación que proteja el texto de ataques, como los que se pueden evitar mediante la adopción de eufemismos.

Como ejemplo de eufemismo bíblico se cita Zac 2,12: «El que os toca, toca a la niña de mis ojos». R. Yehudá dice: «No se dice aquí "la niña de mis ojos", sino que está escrito "la niña de sus ojos", por así decirlo: del de arriba (esto es, de Dios); sin embargo, la Escritura modificó la expresión» (Mek *Shirata* 6, L. 2,43). Se trata de una de las «correcciones de los escribas» (*tiqqune soferim*): en lugar de un originario *eini* («mi ojo») se lee *eino* («su ojo»), convirtiendo el ataque a Dios en uno contra Israel, según el principio de que todos los enemigos de Israel son, en realidad, enemigos de Dios. No hay una lucha real contra Dios; de hecho, el solo hablar de ello resulta ya escandaloso.

El texto recoge otros ejemplos donde la Biblia habla de forma eufemística. El procedimiento de eliminar un posible escándalo, hasta donde se pueda, mediante la modificación de una sola letra es también conocido desde la exégesis homérica. Así, Zenódoto cambia el dicho de Néstor frente Agamenón y Aquiles: «Yo estuve con hombres que eran más valientes de lo que vosotros sois» (*Ilíada* I 260) en «de lo que nosotros somos» (*hēmin* en lugar de *hymin*). S. Lieberman cree que la frase «Mejor es quitar (*teaqqer*) una letra de la Torá a que el nombre de Dios se deshonre en público» (Yeb 79a) habría sido, en primer lugar, un motivo y una justificación de esas relaciones con el texto bíblico.

La forma más sencilla de eufemismo es el cambio de la persona señalada, según lo expresa R. Eleazar beR. Simeón en *Sifre Zutta* (H. 277) como regla fundamental: «Un hombre debe formular (algo negativo) de sí mismo, como si afectara a otros».

Sin embargo, en ocasiones se puede conseguir la interpretación «conveniente» de un texto homérico solo mediante una inversión textual (*anastrophē*). Así, en *Ilíada* III 423-426 Zenódoto invierte un texto para eliminar la escandalosa representación de Afrodita llevándole un escabel a Helena. Algo semejante encontramos en la interpretación rabínica bajo la denominación de *seres*. R. Simón ve en el versículo «Pero Abraham todavía permaneció ante el Señor» (Gn 18,22) una «corrección de los escribas». Según el contexto, «la *Shekiná* espera a Abraham»; pero decir eso no es apropiado (GnR 49,7, Th-A 505). De la misma manera, los rabinos invierten Nm 9,6: «Y se presentaron ante Moisés y Aarón» para informarse de lo que deberían hacer, ya que habían quedado contaminados por un difunto justo antes de Pesaj. ¿Primero le preguntaron a Moisés y solo después a Aarón, cuando no recibieron respuesta de este? «Si Moisés no lo sabía, ¿[cómo] habría de saberlo Aarón? Más bien, invierte la escritura (se presentaron ante Aarón y Moisés) e interprétalo de este modo, [según] las palabras de R. Yosiyya» (SNm § 68, H. 63).

Ya en la exégesis bíblica judeo-helenística, sobre todo en Filón, la alegoría fue un principio importante de interpretación. Esta se remonta directamente a la exégesis homérica, en la que Anaxágoras la introdujo (siglo v a.e.c.). Según su opinión, el tema único y general de Homero era el de la virtud y la justicia. A él se aferraron tanto los comentaristas estoicos de Homero como los gramáticos alejandrinos.

También en la interpretación rabínica de la Escritura descubrimos la alegoría, a pesar de no estar aplicada de forma tan metódica como en Filón. El Cantar de los Cantares es interpretado directamente desde un punto de vista alegórico, que habla de la relación entre Israel y su Dios. Como ejemplo se aduce el comentario de Qo 9,14-15: «Hubo una pequeña ciudad con pocos habitantes, vino un gran rey en su contra, la sitió y construyó sobre ella grandes baluartes. Se hallaba en ella un hombre pobre, pero sabio, el cual libró a la ciudad con su sabiduría». QoR 9 aporta distintas interpretaciones alegóricas del texto. En un caso la ciudad es el Sinaí y los pocos habitantes son los israelitas. El gran rey es Dios, los baluartes son los 248 preceptos y las 365 prohibiciones. El hombre pobre, pero sabio, es Moisés. Según otra explicación, el rey es la inclinación al mal que lleva a Israel a decir: estos son mis dioses; pero, el hombre pobre y sabio, Moisés, pide perdón. Otra interpretación ve en la ciudad el cuerpo y en los habitantes los miembros del ser humano. El gran rey es la inclinación al mal, llamada «grande» porque es trece años mayor que el hombre pobre y sabio, es decir, que la inclinación al bien (que solo con la obligación de observar los preceptos surte efecto a la edad de trece años, mientras que la mala inclinación aparece desde el nacimiento). Similarmente a la exégesis homérica, el texto base también se interpreta aquí en función, sobre todo, de una enseñanza ética.

Por último, también habría que aludir a los paralelismos entre la exégesis halákica de los rabinos y la escuela grecorromana de interpretación legal; por ejemplo, al uso de la analogía para resolver los vacíos legales. Ya en la Grecia clásica existieron intérpretes profesionales, especialmente de las leyes sagradas, cuya función sería comparable a la de los rabinos. C. Hezser ha puesto de relieve paralelismos en la codificación de las leyes rabínicas en el Talmud palestinense con la redacción del *Códice Teodosiano*, de más o menos la misma época. Tales paralelismos entre los códices persas y el Talmud de Babilonia esperan todavía para ser investigados.

2
¿INFLUENCIAS IRANIAS EN EL JUDAÍSMO BABILÓNICO?

Desde hace unos treinta años se vuelve a investigar con intensidad el tema de las influencias iranias en el judaísmo babilónico. Aunque hacia 1900 ya se determinaron numerosos préstamos de la lengua persa en el vocabulario del Talmud de Babilonia, muchos de ellos resultaron problemáticos. A este respecto, el diccionario de M. Sokoloff *Jewish Babylonian Aramaic* (2002) sienta totalmente unas nuevas bases. Es difícil de decir hasta qué punto estaba difundido el conocimiento de la lengua entre los rabinos. En el contacto diario con los vecinos no judíos predominan los dialectos arameos, a pesar de que R. Yosé aboga por utilizar el persa en lugar del arameo (Sot 49b). Naturalmente entendían la lengua persa los judíos que alcanzaron altos cargos en la administración, sobre todo en el periodo parto, y que en algunas ocasiones también adoptaron nombres propios iranios (Git 14ab); con toda probabilidad esto también vale para el caso del exilarca. Los judíos babilónicos de posición elevada también asumieron, en parte, la vestimenta típica irania, al menos las insignias oficiales (Git 14b menciona el sombrero alto de los dignatarios; según Hor 13b, el padre de Natán llevaba el cinto [*qamara*] y R. Juna bar Natán el cinturón ritual en Zeb 19a).

Los judíos debían amoldarse, en gran medida, al derecho persa. Por eso, al menos algunos conocían los procedimientos judiciales y la terminología legal persa. R. Papa hizo que se le leyeran documentos persas por no judíos, por lo que parece que entendía la lengua, aunque no pudiera leerla (Git 19b). También se discute la ejecución de documentos de deuda consignados en persa (Git 11a). Además, en algunos puntos se deducen influencias sobre la halaká, como en lo que atañe a los regalos condicionados y limitados en el tiempo, el derecho sobre el suelo o los matrimonios por tiempo limitado, así como también el endurecimiento de las leyes de pureza femeninas. Por otra parte, se esforzaron, a su vez, por delimitar el ámbito de actuación. En general, en la regulación de las tradiciones legales persas se ha de diferenciar entre el campo y la ciudad, donde el contacto fue mucho más regular. No obstante, también entre los rabinos se dieron grandes diferencias, en la medida en que se adecuaron a la cultura persa. A partir de Peroz (mediados del siglo V) y de su estricta política religiosa se redujeron también las relaciones entre persas y judíos.

Los rabinos no conocieron la religión zoroástrica desde las fuentes originales, sino por la experiencia de la vida cotidiana y por oralidad, al igual que los rabinos, acentuaron la tradición oral y solo relativamente tarde consignaron por escrito sus textos. El Talmud está al tanto de algunas fiestas iranias (AZ 11b; TJ AZ 1,1 39c), en particular de dos que fueron importantes también por el pago de impuestos. Los nombres se han transmitido totalmente mutilados. Esta mutilación se produjo, en gran medida, en los manuscritos más tardíos, cuando los nombres persas ya no decían nada.

Se han de juzgar con cautela los paralelos entre la imagen funcional del rabino babilónico y la del mago. Ambos son considerados hombres santos expertos en la tradición, que no solo intervienen en el campo puramente religioso, sino que también se implican en la administración y la jurisprudencia, que gozan de habilidades mágicas y nigrománticas y que pueden realizar milagros. De ambos se esperan también conocimientos especiales de astronomía-astrología y medicina. Todas estas cualidades y funciones les son atribuidas también a los rabinos palestinenses, pero en su combinación hay que contemplarlas como típicas del Rabinato babilónico.

Parece que fueron más bien raras las discusiones sobre cuestiones religiosas entre los rabinos de Babilonia y los magos como representantes oficiales de la religión zoroástrica (Neusner tiene por ficticia la conversación de Sanh 39a entre Amemar y un mago, por la total irrelevancia de lo discutido). Los contactos personales, como los encuentros entre Semuel y el sabio iranio Ablat (Shabb 129a; 156b), son probablemente una excepción.

A pesar de todo, en el Talmud de Babilonia se encuentran muchos indicios de la influencia de la religión irania. Esto es evidente en el ámbito de la religión popular —un caso típico es, por ejemplo, el de muchos dichos sobre demonios, que son específicamente persas (Ber 6a; Pes 112b Igrat bat Mahalat como reina de los demonios), el miedo ante los daños causados por estos seres si durante la noche se bebe de corrientes de agua destapadas (Pes 112a), o la pregunta acerca de cómo eliminar correctamente las uñas cortadas (MQ 18a)—. Más asombroso es un amplio conocimiento de la mitología persa. De forma concentrada la encontramos en los relatos de Rabba bar bar Jana (BB 73a-74b), que afirmaba haber visto a Hormin, el hijo de Lilit, sobre la muralla de Mahoza, pero también al bisonte neonato, grande como el Tabor, una rana gigante que estaba siendo comida por una serpiente, un pez al que confundían con tierra firme y un pájaro que estaba en el mar y que con la cabeza tocaba el cielo. En Taa 25b el mismo rabino habla de Ridya, el cual se asemeja a un cordero de tres años y establece la conexión entre las aguas de las profundidades y el depósito de agua de los cielos. Tiene su correspondencia en el asno de tres patas del *Bundahishn* persa, capítulo 24, donde también se encuentran los otros animales. Si bien el texto persa es posterior, se remonta a fuentes de época sasánida. Todo un bloque de informaciones, aparentemente completo, fue incorporado aquí.

Todavía se está lejos de poder concluir la comparación entre las tradiciones legales persas y las babilónico-rabínicas; lo mismo se puede decir para el caso de las conexiones transversales en el campo de la religión y la mitología. Sin embargo, es ya evidente que el judaísmo babilónico incorporó y transformó mucho más de las tradiciones persas de lo que en el pasado se estuvo dispuesto a creer y en parte también reaccionó ante ello de forma polémica.

3
JUDAÍSMO Y CRISTIANISMO

1. *Desarrollo histórico*

El cristianismo surge a partir del judaísmo: Jesús y sus primeros seguidores eran judíos. Su meta no consistía en fundar una nueva religión, sino en cumplir con lo que veían fundamentado en la Biblia judía. Los discípulos de Jesús consideraban a su maestro como el Mesías prometido, por eso percibieron que con él había llegado el final de los tiempos. La cuestión acerca del Mesías no tendría que haber conducido a una escisión: el judaísmo ya había visto muy a menudo pretendientes a Mesías y había esperado con paciencia el resultado del devenir de tales gentes. Sin embargo, en el siglo I la situación política de la Palestina ocupada por los romanos era tan tensa que cualquier movimiento de corte mesiánico fue considerado peligroso e hizo intervenir a las autoridades. En aras de evitar conflictos internos los líderes judíos no tuvieron otra posibilidad más que la de entregar a esos pretendidos mesías a los romanos, acabando con el problema de manera rápida. El caso de Jesús no fue una excepción.

Después de la muerte de Jesús, combatieron por los mismos motivos políticos la difusión de sus enseñanzas a través de los seguidores. Estos todavía se consideraban a sí mismos como judíos, cumplían la Ley y visitaban el Templo. En ese momento la discusión era una controversia puramente interna del judaísmo, naturalmente mucho más significativa para los seguidores de Jesús que para el público judío en general, lo cual se muestra también en la transmisión de los acontecimientos.

Sin embargo, desde los primeros tiempos la comunidad cristiana comenzó a evangelizar a los no judíos. Pablo introdujo el principio de que se podía llegar a ser cristiano incluso sin aceptar antes la Ley judía (Gál 2,1-10). En el plazo de pocas décadas los judíos nacidos como tales en la comunidad cristiana se convirtieron en una minoría que se hacía cada vez más pequeña. Evidentemente esta estaba concentrada en Palestina, mientras que la iglesia cristiana se extendía por la totalidad del Imperio romano. Cuando estalló la insurrección judía contra Roma, los judeocristianos no se implicaron, sino que huyeron, al menos en parte, hacia Pella, en la Transjordania. Sobre la evolución de la comunidad cristiana de Palestina en las décadas siguientes casi no sabemos nada. Ya hemos puesto de manifiesto que la introducción de la *Bendición contra los herejes* y los esfuerzos por determinar la autoridad religiosa de algunos libros bíblicos en Yabne no estaban dirigidos, en primera instancia, contra los cristianos.

Justino, un cristiano gentil natural de Samaria (Flavia Neápolis), escribió en su *Diálogo con el judío Trifón*, fechado hacia el 155/161, que los judeocristianos tampoco participaron en la revolución de Bar Kokba, por lo que fueron acosados por los partidarios de este. No obstante, tuvieron que sufrir las consecuencias del levantamiento cuando, tras la insurrección, se les prohibió a los circuncisos el acceso a Aelia Capitolina, la colonia fundada en el lugar de Jerusalén. Sin embargo, ya en el 135 se formó en Aelia una comunidad de cristianos de origen gentil bajo el obispo Marcos, que después llegó a ser importante y que incluso hubo de ser elevada a la categoría de patriarcado en el concilio de Calcedonia en el 451.

Otros centros cristianos fueron Cesarea y Escitópolis (Bet Shean). En Cesarea destacó Orígenes en la primera mitad del siglo III, a partir de cuyos escritos disponemos de algunos datos acerca de la relación entre cristianos y judíos. Después Eusebio fue allí obispo y vio el ascenso de la iglesia bajo Constantino, del que llegó a ser su biógrafo. En Bet Shean Epifanio de Palestina, descendiente quizás incluso de padres judíos —nacido hacia el 315 en Eleutherópolis (Bet Gubrin) y luego obispo de Salamina en Chipre—, tuvo trato con el *comes* José, de quien afirma que se había enterado de la conversión al cristianismo del patriarca judío cuando estuvo a punto de morir.

Parece que la relación entre judíos y cristianos mejoró tras la revolución de Bar Kokba. En cualquier caso, en la Palestina del siglo III se dieron buenos contactos entre ellos, según se deduce particularmente de los escritos de Orígenes. Él mismo mantuvo diálogo con algunos rabinos, pero una y otra vez previno a los cristianos en sus sermones acerca de un trato demasiado íntimo con los judíos, en especial sobre el hecho de ir a la sinagoga. Aparentemente muchos cristianos creyeron que era posible una conexión de la fe cristiana y las costumbres judías, lo que Orígenes entendió, sin embargo, como un sincretismo ilícito.

JUDAÍSMO Y CRISTIANISMO

La relación entre la iglesia y la sinagoga en Palestina llegó a ser problemática con la victoria del cristianismo bajo Constantino, la fuerte inmigración cristiana que le siguió y, sobre todo, la legislación antijudía del Imperio romano cristianizado. La figura eclesiástica más sobresaliente de la Palestina de los siglos IV-V fue la del erudito en la Biblia Jerónimo, que vivió en Belén durante décadas. Por sus trabajos bíblicos, especialmente la traducción de la Biblia al latín, la Vulgata, aprendió hebreo e incluso estuvo también muy interesado en las tradiciones judías de la Biblia. En el mismo periodo también surgió en Palestina un fuerte movimiento monástico. El desierto de Judea se llenó de monasterios, que se distinguieron a menudo por su intolerancia y fanatismo, de manera que hicieron imposible una convivencia saludable entre cristianos y judíos.

Los ataques anticristianos de los judíos, que llegaron de nuevo al poder por un breve periodo después de la invasión persa de Cosroes en el 614, fueron la reacción a la larga represión del gobierno cristiano. Solo bajo el islam se volvieron a convertir ambos, cristianos y judíos, en minorías bajo otra gran potencia religiosa, al igual que lo habían sido hasta Constantino. En el segundo centro del judaísmo rabínico, Babilonia, siempre había sido así, por lo que tampoco con el islam cambió mucho en lo referente a esa relación. De todos modos, los contactos con el cristianismo y sus correspondientes conflictos o influencias mutuas solo se produjeron de manera esporádica en el judaísmo babilónico.

Debemos ocuparnos un poco más de los judeocristianos. De origen judío, pero de fe cristiana, intentaron conciliar esta con su propia herencia y, en cierto modo, crearon un vínculo entre ambas comunidades. Por desgracia sabemos poco sobre estos judeocristianos desde el punto de vista histórico. Ireneo de Lyon (finales siglo II) ve a los judeocristianos como heréticos, mientras que Hegesipo, algo anterior —del que Eusebio ha transmitido extractos de su obra—, diferencia dentro de los judeocristianos entre grupos ortodoxos y heréticos. En su origen el centro de los judeocristianos fue Jerusalén, donde estuvieron dirigidos por parientes de Jesús; después del levantamiento de Bar Kokba su foco principal se desplazó probablemente a Galilea. Las comunidades judeocristianas en Siria y en Transjordania pudieron pervivir más tiempo al estar lejos de los grandes centros. Sin embargo, a más tardar en el siglo IV perdieron toda su importancia estos grupos que, según el testimonio de Justino, ya después de la insurrección de Bar Kokba fueron una minoría dentro de la iglesia de Palestina.

El grupo más significativo dentro de los judeocristianos fue el de los ebionitas, llamados así según su ideal de pobreza (*ebion* significa «pobre»). Se atenían a la necesidad salvífica de la Ley judía, le daban gran importancia a las comidas rituales y a los baños y poseían su propio evangelio, una adaptación del de Mateo. No creían en el nacimiento virginal o en una preexistencia de Jesús, aunque se aferraban a él como Mesías. También tuvieron su propio evangelio los nazareos, de los que apenas sabemos nada. Tras el *Evangelio de los Hebreos*, denominado así por los Padres de la Iglesia, podría estar de nuevo otro grupo de judeocristianos. Una parte del judeocristianismo estuvo bajo la influencia gnóstica, contra la que ya combate Col 2,16-22. En este punto hay que mencionar especialmente al grupo de los elkasitas, llamados de este modo por su fundador Elkesay, que se consideró, según Eusebio, la reencarnación de Cristo y que apareció en torno al año 100.

Todos estos grupos se extinguen como iglesias independientes a más tardar en el siglo IV. Sus miembros desaparecen dentro de la corriente cristiana general, vuelven al judaísmo o se unen a grupos gnósticos que igualmente ya están perdiendo su importancia.

2. *Tradiciones judías en los Padres de la Iglesia*

Ya que la iglesia cristiana tiene sus raíces en el judaísmo, es natural que hubiera adoptado muchos rasgos de él, tanto conceptos religiosos como también la organización comunitaria y la liturgia. En este punto nos limitaremos a dos cuestiones: a las tradiciones exegéticas que los Padres de la Iglesia asumieron de los rabinos, que documentan la relación entre judíos y cristianos tras la ruptura entre ambas comunidades; y a los Padres de la Iglesia que vivieron en Palestina (y Siria) o Babilonia durante la época rabínica y que podrían haber conocido directamente las enseñanzas de los sabios judíos.

Los contactos entre judíos y cristianos fueron frecuentes en este periodo. Los Padres de la Iglesia se lamentaban repetidamente de los cristianos que guardaban los ayunos y los días de fiesta judíos e iban a la sinagoga el sábado para escuchar allí la interpretación bíblica. Pero también algunos exegetas cristianos, como Orígenes y Jerónimo, se ocuparon de la interpretación judía de las Escrituras. Esto no siempre sucedió con el propósito de refutarla y rebatirla, a pesar de que, por ejemplo, Justino en su *Diálogo con el judío Trifón* (XXIX 2) pueda decir: «Vuestros escritos o, mejor dicho, no vuestros, sino nuestros: pues nosotros los obedecemos, mientras que vosotros los leéis, pero no comprendéis su espíritu».

Al hablar de influencia judía en la exégesis cristiana, en primer lugar, tenemos que ocuparnos brevemente del texto y de la lengua de la

Biblia. La polémica cristiana afirma que los judíos falsearon el texto bíblico; así, por ejemplo, se puede ver en Justino (*Diálogo* LXXII), según el cual Jr 11,19 fue eliminado de la Biblia judía, pero se encontraba todavía en algunos ejemplares de la sinagoga. Lo normal es pensar que se trate de la Septuaginta, que los judíos rechazaron, porque fue demasiado utilizada por la propaganda cristiana. Justino no pudo comprobar el texto bíblico hebreo a causa de su falta de conocimientos de la lengua.

Seguramente tampoco Orígenes dominaba la lengua hebrea. Sin embargo, tuvo un interés fundamental en el texto hebreo original de la Biblia, que recogió en escritura hebrea y en transcripción en su gran obra de crítica textual, las *Hexapla*. Es probable que para esa tarea judíos o judeocristianos trabajaran en el *scriptorium* de Orígenes en Cesarea. Le pudieron ayudar también en la etimología de los nombres bíblicos, cuando esta resultó importante para la exégesis (a este respecto podría haberse atenido también a una onomástica con explicaciones tradicionales de los nombres).

Jerónimo, más que ningún otro de los Padres de la Iglesia, se esforzó en aprender la lengua hebrea. Representó el principio de la *veritas hebraica*, por lo que solo contó para el canon bíblico con aquellos escritos transmitidos en hebreo. Con mucho coste y gran empeño aprendió el hebreo en Belén junto a un maestro judío, tan bien que al final incluso llegó a decir que su estilo latino se había resentido. Se esmeró también en una correcta dicción, ya que los judíos se burlaban de la pronunciación incorrecta de nombres bíblicos por los cristianos y fingían no haber entendido (así lo recoge Jerónimo, *In Epist. ad Titum* III 9). Los judíos se sentían superiores a los cristianos por su conocimiento de la lengua hebrea (*In Ez* XXXVII 12) y creían que al final de los tiempos las Sagradas Escrituras les serían arrebatadas a los cristianos y devueltas a los judíos (*In Mich* VII 9): entonces toda disputa en torno a la Biblia cesaría y todos los pueblos hablarían hebreo (*In Soph* III 9).

En relación al comentario bíblico, se encuentran paralelos tanto en el estilo general de la exégesis como también en las interpretaciones particulares, sobre todo en las ampliaciones del relato bíblico. No siempre se puede determinar con certeza si los cristianos adoptaron directamente interpretaciones judeo-rabínicas, ya que muchas tradiciones interpretativas pertenecían a una herencia común. Además, las mismas estructuras mentales, aplicadas a los mismos textos, pueden conducir a estos paralelos incluso sin una dependencia directa.

Se han de tomar con seriedad estas reservas y no precipitarse en afirmar dependencias directas en los Padres de la Iglesia sirios. Por ejemplo, el sirio Efrén (*ca.* 306-373), enemigo acérrimo de los judíos, el cual apenas tuvo contacto con ellos, presenta en sus obras numerosos trazos de exégesis haggádica. Así pues, su comentario a 2Re 4,1-7 tiene correspondencia con ÉxR 31,4: la viuda a la que Eliseo le proporciona un medio de sustento era la mujer de Abdías, mayordomo de palacio de Ajab (1Re 18); antes se lo había proporcionado a los hijos de los profetas y con ello contraído las deudas que entonces su viuda habría de saldar. Aquello que va más allá del texto bíblico se puede deducir de la propia Biblia según los principios exegéticos de aquel tiempo; esto no prueba una dependencia de Efrén de la interpretación rabínica. No resulta una prueba de la enemistad de Efrén hacia los judíos, cuando en su exégesis, que recuerda a la haggadá, no nombra jamás las fuentes; en realidad, es probable que no utilizara ninguna fuente judía directa.

La misma suposición vale para Afraates (*ca.* 270-345, obispo de Mar Mattay cerca de la actual Mosul). El judaísmo del antiguo reino de Adiabene, con el que tenía que ver Afraates, apenas estuvo influido por el rabinismo. Sin embargo, también en Afraates hay numerosos paralelos con la interpretación rabínica de las Escrituras. No parece que aquí se dieran dependencias directas: solo la herencia cultural común es la responsable de esta proximidad de ideas a menudo desconcertante.

Distinto es el caso de los Padres de la Iglesia palestinenses cuando citan una tradición expresamente tomada como de los judíos. Sin embargo, también aquí se presentan problemas: es probable que con frecuencia también se hubieran adoptado citas donde no están identificadas como tales. Pero, al mismo tiempo, en el caso de una cita explícita de los maestros judíos nunca se tiene la seguridad de si el autor cristiano ha malinterpretado una enseñanza rabínica desde su punto de vista religioso, reproduciéndola de manera errónea. Además, no todos los que transmitían la tradición judía provenían de círculos rabínicos —el judaísmo de Palestina era plural—. Al fin y al cabo, algunas referencias patrísticas a las interpretaciones rabínicas pueden ser correctas, aun cuando no están testimoniadas en textos rabínicos —cuya transmisión también ha sido selectiva.

Especialmente Orígenes y Jerónimo adoptaron muchos elementos de la interpretación rabínica de las Escrituras. A pesar de que también Orígenes transmitió un cliché antijudío, estaba convencido de la importancia de la exégesis judía e intentó conocerla y transmitirla hasta donde le fue posible. Ante la interpretación de un texto bíblico difícil siempre quiso consultar primero la tradición hebrea. Su falta de conocimientos del hebreo y del arameo no resultaba un obstáculo, ya que una gran parte de los judíos de Palestina dominaban suficientemente la lengua griega. Orígenes no menciona a ningún informador judío por el nombre —solo en una ocasión alude al patriarca Iullos, que normalmente se identifica con Hillel, el hermano de Yehudá Nesia— pero subraya que se encontró con «numerosos judíos, también con eruditos» (*Contra Celso* II 31).

Repetidas veces Orígenes se opone a la interpretación bíblica «literal» de los judíos, retomando la polémica cristiana general de su época, y argumenta contra las «inútiles fábulas judías» (por ejemplo, *Homilía* III 3 a Lv). Por otro lado, asume numerosas interpretaciones y leyendas judías. También parece haber aprendido mucho de los judíos en el método interpretativo, lo que, sin embargo, no quiere decir que se diera una dependencia directa, ya que los paralelos también pueden atribuirse al fondo común de la exégesis helenística. Con Aqiba, cuyo método conocía a partir de la traducción de Aqila, que había recogido en sus *Hexapla*, Orígenes creía que no había en la Biblia ninguna palabra superflua. De este modo, interpreta la expresión «desgracia sobre desgracia» de Ez 7,26 como desgracia en este mundo y en el mundo venidero. Numerosas haggadot, que Orígenes comparte con la tradición rabínica, pueden provenir de la tradición común. Por ejemplo, la importancia del «árbol del conocimiento del bien y del mal» (Gn 2,17) como la viña se puede encontrar no solo en los textos rabínicos (por ejemplo, en Ber 40a), sino ya en 3Baruc 4,8; la tradición de la separación por sexos en el arca de Noé la comparte Orígenes igualmente tanto con textos rabínicos, como Sanh 108b, como también con Filón de Alejandría. Otras interpretaciones que ofrece Orígenes se encuentran únicamente en su obra y en los textos rabínicos; por ejemplo, la opinión de que cada una de las doce tribus tenía su propia senda a través del Mar de las Cañas (comp. *Homilía* V 5 a Éx con DtR 11,10. Eusebio, que probablemente tomó esta tradición de Orígenes, la designa expresamente como judía). Resulta difícil hallar una prueba irrefutable de la dependencia de Orígenes en cada caso concreto, pero, en su conjunto, es indudable que hubo préstamos de los rabinos, porque son numerosos los paralelos entre Orígenes y la tradición rabínica.

No es posible tener la certeza de que Eusebio de Cesarea se enfrentara a los judíos en una discusión directa. Sin embargo, también en su obra está clara la influencia de la tradición judía, aun cuando opina que los judíos habrían cometido errores graves en su interpretación bíblica y que podrían desviarse de su fe mediante disputas (*Demostratio evangelica* IV 16). En varias ocasiones menciona la tradición judía y cita, por ejemplo, en el comentario a Is 38,1 la afirmación de un maestro judío acerca de que Ezequías habría enfermado por no haber entonado un canto de acción de gracias a la caída de los asirios, igual que lo hizo Moisés ante el hundimiento de los egipcios o Ana en el nacimiento de

Samuel (comp. Sanh 94a y CantR 4,8, donde Ezequías se justifica con que la Torá, a la que se dedicaba, habría sustituido el canto en acción de gracias).

Mucho más importantes son las tradiciones judías en Jerónimo, que distingue entre las tradiciones populares valiosas y las haggadot que los imaginativos maestros inventan para sus oyentes con fines edificantes. No se puede asumir que Jerónimo conociera midrasim escritos. En la *Epistula XXXVI ad Damasum* escribe: «Enseguida vino el judío y trajo no pocos volúmenes que había recibido de la sinagoga con la excusa de que quería leerlos. Aquí tienes —dijo él— lo que habías pedido». No se dice exactamente de qué libros se trata, pero el texto hace referencia, en particular, a su época en Roma, donde seguramente no poseían ningún midrás en la sinagoga. Jerónimo también cita reiteradas veces a sus maestros judíos, cuando en realidad toma sus informaciones sencillamente de Orígenes o Eusebio. Con todo, es válida la idea de que Jerónimo, como ningún otro, se atuvo a la exégesis haggádica de los rabinos. Una consecuencia de ello fue que fuera leído y citado una y otra vez por parte de autores judíos de la Edad Media (por ejemplo, en Yosef Albo en el *Sefer Iqqarim* 3,25).

3. *Polémica patrística contra los judíos*

La polémica contra los judíos está presente en toda la literatura cristiana primitiva. Incluso los Padres de la Iglesia, que mantienen contacto con el judaísmo y que se atienen a las tradiciones judías en su exégesis bíblica, asumen dicha polémica. Los estrechos contactos con judíos desembocan a menudo dentro del cristianismo en acusaciones de una excesiva gran amistad con ellos, como le sucedió a Jerónimo. Este se defiende contra tales acusaciones haciendo hincapié en Clemente de Alejandría, Orígenes y Eusebio, que igualmente aprendieron mucho de los judíos. Sin embargo, al mismo tiempo intenta distanciarse de los judíos y hace afirmaciones en su contra más fuertes de las que esperaríamos de un hombre tan bien informado. En aras de perfilar con claridad su propia posición ortodoxa, también ataca con dureza a los judeocristianos, que «desean ser judíos y cristianos, pero que no son, de hecho, ninguna de las dos cosas». Se mofa de la influencia judía en las mujeres y en el pueblo llano, entre los que «las costumbres judías parecen ser signo de sensatez y sabiduría humana». Jerónimo se lamenta también del comportamiento de los judíos en las disputas religiosas, porque siempre que surge una dificultad se desvían del tema.

En lo tocante al contenido de las disputas religiosas, los temas continuaron siendo siempre más o menos los mismos en todo el periodo patrístico. Ya en el *Diálogo con el judío Trifón* de Justino los temas fundamentales están fijados y se encuentran más tarde de nuevo en Orígenes, Afraates y otros Padres de la Iglesia. Aparentemente existieron algunos manuales y antologías de *testimonia* que debían preparar a los cristianos para enfrentarse a la disputa religiosa con los judíos.

La mayoría de las veces la disputa gira en torno a las siguientes cuestiones: la elección o reprobación de Israel, la esperanza judía en el Mesías y la vuelta a la patria en la tierra de los Patriarcas, así como también la continua validez de la Ley bíblica, sobre todo respecto al sabbat, a la circuncisión y a las leyes alimenticias. Por esta razón, estos puntos legales también tienen prioridad, ya que los judeocristianos, a pesar de su confesión de fe hacia Jesús, todavía se aferran a ellos y mantienen su carácter obligatorio. Respecto al sábado, Orígenes afirma que el precepto sabático tomado al pie de la letra resulta imposible de cumplir. Si la parte judía señala que en sábado no cayó el maná, mientras que el viernes cayó el doble de cantidad (Nm 16), Orígenes aplica el argumento en su favor, al concebir la reinstauración del maná el domingo como una distinción especial de ese día. En relación a las otras leyes, Orígenes defiende una interpretación alegórica, que aceptan los judíos: si bien la Biblia exige naturalmente la circuncisión de los corazones, esto no anula el cumplimiento literal de estos mandamientos. Por eso, otros como Justino y después Cipriano no defienden meramente una interpretación alegórica de la Ley, sino la idea de que desde los comienzos también la Ley bíblica ha sido delimitada en el tiempo.

En general, la parte cristiana sostiene que no hay que aferrarse al sentido literal de la Biblia, sino que se han de entender los misterios del texto bíblico y ver el cumplimiento de las profecías en Jesús. Por consiguiente, la correcta comprensión de la Biblia y la adecuada exégesis bíblica tienen prioridad en las disputas. En este punto a la parte judía le resulta más fácil atenerse al enunciado del texto y a argumentos razonables, mientras que la exégesis cristiana únicamente puede convencer a quien ya cree en Cristo.

Mientras que la recriminación por el hecho de que los judíos estén implicados en las persecuciones de los cristianos es posible escucharla desde los comienzos, solo relativamente tarde se hace más presente en la disputa el tema de la culpa por la muerte de Jesús como *topos* central. Ya Justino se queja de la persecución de los cristianos por los seguidores de Bar Kokba —una medida comprensible en el marco del levantamiento—. Posteriormente la participación de judíos en las persecuciones de cristianos se convierte en un tema estándar de la polémica cristiana. Tertuliano incluso habla de las sinagogas como puntos de partida de las persecuciones. Sin embargo, apenas hay testimonios inequívocos de casos concretos. Seguramente también los judíos estuvieron implicados de vez en cuando en los excesos contra los cristianos —en especial cuando las relaciones fueron tirantes debido a una continua captación de miembros por ambas partes—. Pese a esto, acusar a los judíos de continuos ataques es un cliché literario, propio de la polémica que no puede apoyarse en hechos.

4. *La reacción de los rabinos*

Como ya se ha puesto de relieve, al principio el cristianismo no fue un problema central desde un punto de vista judío, sino solo una de las muchas amenazas a la unidad, tanto en lo que se refiere a los judeocristianos como a un grupo que en principio fue muy reducido dentro del paganismo en general. Por eso, la reacción judía contra los cristianos no fue tampoco tan fuerte como quizás cabría esperar desde una perspectiva cristiana. En las décadas posteriores al 70 la comunidad judía tenía problemas mayores y más urgentes.

Seguramente más de una medida rabínica apunta también, con la idea de fortalecer el judaísmo, al rechazo de tendencias cristianas (¡pero no exclusiva o primeramente!). Se pueden ver en este contexto la introducción de la *Bendición contra los herejes* y los esfuerzos de Yabne en fijar los libros de la Biblia. En este punto también se han de mencionar el hecho de haber abandonado la Septuaginta (que, no obstante, también se justifica por el deseo de concentrarse de nuevo en la lengua hebrea) o el haber eliminado el Decálogo de la oración. Además, algunos cambios en la tradición haggádica pueden entenderse de manera convincente como una reacción a la lectura cristiana de textos o personajes bíblicos (por ejemplo, la interpretación de Gn 22: el sacrificio de Isaac, un motivo central en la tradición judía, es interpretado por el cristianismo en conexión con la muerte de Jesús. En adelante —y quizás por eso— el personaje destacado del relato en la haggadá será por mucho tiempo Abraham en lugar de Isaac).

Naturalmente tales modificaciones en la praxis o la exégesis de textos bíblicos jamás se pueden interpretar de forma inequívoca como una reacción al cristianismo. Por el contrario, en algunos textos rabínicos se cree haber encontrado claros testimonios dirigidos contra Jesús y los cristianos, o que parecen estarlo. Desde la Edad Media se ha ido recopilando una gran cantidad de pasajes y a inicios del siglo XX estos materiales fueron utilizados como síntesis históricas. En sus análisis críticos de todos los pasajes percibidos como una reacción contra Jesús y el cristianismo J. Maier demostró hasta qué punto era problemática su interpretación: a menudo Jesús llegaba a dicho contexto rabínico solo de forma secundaria y mucho de lo entendido como reacción anticristiana, sin la referencia explícita, también se podría interpretar a partir de premisas bíblicas. Para estudiar los comienzos del cristianismo en Palestina apenas quedan textos aprovechables desde el punto de vista histórico.

Sin embargo, la problemática histórica no lo es todo. Precisamente el Talmud de Babilonia contiene dichos que se pueden leer como una contrahistoria en la representación de los Evangelios, como una parodia de estos, según P. Schäfer ha demostrado. Los textos surgieron tardíamente y no es casual que sucediera en Babilonia (en parte con la revisión de documentos palestinenses), donde el cristianismo no era la religión dominante y los cristianos consistían, más bien, en una pequeña minoría. Ofrecen una reacción literaria a la historia cristiana. Contra lo que cree P. Schäfer, apenas es posible asegurar que sus autores conocieran los Evangelios (y no solo algunos de sus relatos). Diseminados como fragmentos por muchas páginas del Talmud, solo el entendido podía ser consciente de que formaban parte de una historia conexa: fueron una polémica literaria destinada a la persona enterada más que al pueblo, al que solo en la Edad Media le llegaron estas tradiciones en las populares *Toledot Yeshu*.

Entre los fragmentos babilónicos de los relatos sobre Jesús destaca por su importancia Sanh 43a. «Enseñaron [los rabinos]: En la víspera de la fiesta de Pesaj colgaron a Jesús el Nazareno. Cuarenta días antes salió el heraldo [pregonando]: Jesús el Nazareno saldrá para ser lapidado, porque practica la magia, corrompe a Israel y lo seduce. Aquel que quiera decir algo en su defensa, que venga y lo diga. Pero no encontraron defensa alguna para él y lo colgaron en la víspera de la fiesta de Pesaj». A la objeción, apoyada en Dt 13,9, de que no tendrían por qué haber buscado testigos de descargo, se dice, sin embargo, que «Con Jesús fue diferente, porque estaba cerca del gobierno». Se añade, de nuevo como si se hubiera introducido una tradición rabínica temprana, la mención de cinco discípulos de Jesús: Mattay, Naqqay, Netzer, Buni y Toda, los cuales fueron ajusticiados.

La referencia a Jesús en el texto está bien atestiguada, aun cuando ocasionalmente ha sido suprimida por la censura. Los detalles encajan con lo que sabemos sobre el proceso de Jesús. De forma polémica las discrepancias al respecto ponen de relieve que Jesús fue condenado según el derecho bíblico, al igual que cualquiera que pretendiera inducir a Israel a la idolatría. Los nombres de los discípulos solo se parecen, en parte, a los de los discípulos de Jesús (Mateo, Tadeo): el texto se sirve de ellos con la intención de hacer juegos de palabras con versículos bíblicos, a fin de justificar otra vez la ejecución de Jesús.

En su escrito contra el cristianismo, aparecido en torno al 178, pero que solo nos ha llegado en la refutación de Orígenes (probablemente del 248), el filósofo Celso hace polemizar a un judío contra la doctrina del nacimiento virginal de Jesús: la madre de Jesús habría sido repudiada por su marido por adúltera y su verdadero padre habría sido un soldado de nombre Pantera. Jesús se habría marchado a Egipto como jornalero, donde habría aprendido el arte de la hechicería, y gracias a los poderes mágicos se habría hecho pasar por dios hasta ser castigado por los judíos a causa de sus faltas (*Contra Celso* I 28,32; II 5). De la mayoría de detalles sobre esta polémica existen paralelos en los textos rabínicos.

«Ben (el hijo de) Stada era el hijo de Pandera. Dijo Rab Jisdá: El marido era Stada y el que [con ella] copulaba era Pandera. El marido era Pappos ben Yehudá y Stada era su madre. Su madre era Miriam de largos cabellos. En Pumbedita se dice: La que se desvió (*setada*) de su marido» (Shabb 104b). La mayoría de las veces se identifica a Ben Stada con Jesús y todo el pasaje es concebido como una reinterpretación de la conocida historia de Celso.

En el paralelo de Sanh 67a se halla previamente otra tradición sobre Ben Stada. A un hombre que incita a otro a la idolatría se le provoca para que repita su pecado, mientras dos testigos lo espían sin que lo advierta. «Así le hicieron a Ben Stada en Lod y lo colgaron en la víspera de la fiesta de Pesaj». Si Ben Stada pudiera ser Jesús, encajaría el día de su ejecución, pero no el lugar; ambos testigos podrían responder a una remodelación del motivo de los falsos testimonios contra Jesús en los Evangelios.

Otro paralelo a Celso se encuentra en Sanh 107b: «Cuando el rey Janeo mató a los eruditos, R. Yehosúa ben Perajia y Jesús huyeron a Alejandría de Egipto» (por lo tanto, ¡Jesús vivió en tiempos de Janeo, que reinó entre los años 103-76 a.e.c.!). Cuando de nuevo llegó la paz, ambos volvieron a Israel. En el camino de regreso a su patria, excomulgado por Yehosúa a causa de una falta, Jesús cayó en la idolatría. El relato finaliza con el dicho: «Jesús practicaba la magia, sedujo a Israel y lo hizo apostatar» (comp. Sot 47a). Aquí volvemos a encontrar el motivo de que Jesús marchó a Egipto y de que practicaba la magia.

No es posible confirmar la existencia de una conexión directa de la tradición de Celso con los distintos textos del Talmud; sin embargo, hay demasiados puntos de contacto como para pensar en paralelos sencillamente casuales. En especial, la afirmación de que el padre de Jesús se llamaba Pantera se repite en el dicho rabínico acerca de Pandera como el verdadero padre de Ben Stada. Si no se quiere aceptar que es una figura histórica desconocida, es natural identificar a Ben Stada, al modo del Talmud, como el hijo de la «desviada», como el hijo de una adúltera, en correspondencia de nuevo con Celso. Por tanto, desde los comienzos habría sido una denominación polémica de Jesús.

El tema de «Jesús en la tradición rabínica» concluye con una frase de R. Abbahu: «Si un hombre te dijera: Yo soy Dios, sería un mentiroso; yo soy un (hijo de) hombre, al final lo lamentaría; subiré a los cielos, lo diría, pero no lo haría» (TJ Taa 2,1 65b). Para un lector cristiano es evidente entender este dicho como rechazo de una cristología que define a Jesús como Dios e hijo de hombre y que habla de su ascensión a los cielos. Sin embargo, en el transfondo de los distintos pasajes bíblicos se ha de ver como la descripción clásica de un gobernante ateo demasiado seguro de sí mismo, lo que goza de una larga tradición en la literatura rabínica. Por tanto, el texto no tiene, al menos como primer objetivo, una intención anticristiana, pese a que pueda ser percibido de este modo y quizás también se utilizara en este sentido.

Así pues, todos los textos rabínicos sobre Jesús mencionados hasta ahora forman parte de la polémica literaria tardía de los rabinos de Babilonia. No obstante, hay también textos palestinenses más antiguos que contienen dichos claramente anticristianos. En la investigación al respecto tienen prioridad los textos sobre los *minim*. La palabra hebrea *min* significa «tipo, variedad», en sentido figurado «desviado» (del judaísmo). Solo el contexto nos ayuda a deducir a quién se refiere concretamente con este término. A menudo todos estos textos se entienden prácticamente como alusiones a los (judeo)cristianos, a veces se piensa también en los gnósticos judíos. Seguramente con esta expresión se referían tanto a los cristianos como también a los gnósticos (y a otros grupos), pero resulta imposible ofrecer una solución global para todos los casos.

De especial interés es un relato sobre Eliézer ben Hyrqanos, quien, apresado por las autoridades romanas por *minut*, consiguió excusarse ante el tribunal y quedó libre. Estando afligido por lo que le pudo ocurrir, le pregunta R. Aqiba: «¿Acaso te ha dicho alguno de los *minim* una palabra de *minut* y has encontrado complacencia [en ella]?». Entonces recordó: «En una ocasión cuando iba por una calle de Séforis, encontré a Yaaqob de Kefar Sekania, dijo una palabra de *minut* en nombre de Yeshúa ben Pantiri y encontré complacencia [en ella]. Fui arrestado por palabras de *minut*, porque transgredí las palabras de la Torá: "Mantén alejado de ella tu camino..." (Prv 5,8)» (TosJull 2,24, Z. 503). La Tosefta no dice nada sobre el contenido de la «palabra de *minut*» en la que Eliézer encuentra complacencia. En el paralelo posterior de AZ 16b-17a Yaaqob cita una interpretación de Dt 23,19: «No traerás ni la paga de una prostituta ni el precio de un perro al Templo del Señor, tu Dios». Jesús lo interpretó de tal manera que se podría emplear para construir una letrina en el Templo. Si no se cita a Jesús por su nombre, apenas se aprecia lo que identifica la *minut* como algo cristiano: resulta, pues, una interpretación de la Ley que pasa por alto el contexto (pero esto también sucede en la literatura rabínica). Probablemente el redactor babilónico ve más bien como un error toda discusión con los cristianos sobre la Biblia. A partir del texto nada se puede dilucidar acerca de una inclinación de Eliézer ben Hyrqanos u otros rabinos tempranos hacia el cristianismo.

A menudo se habla de curaciones por parte de *minim*. Por ejemplo, TosJull 2,22 (Z. 503) dice que Yaaqob de Kefar Sama (en el paralelo de AZ 27b calificado de *min*) se había propuesto curar en nombre de Yeshúa ben Pantera a Eleazar ben Dama, al que le había mordido una serpiente. Pero, R. Yismael no se lo permitió y Eleazar ben Dama murió antes de poder probar la licitud de dicho proceder. En TJ AZ 2,2 40d se pronuncia sobre el nieto de R. Yehosúa ben Leví, al que se le quedó atascado algo en la garganta, un versículo bíblico en nombre de Yesú ben Pandera y pasó el peligro de muerte; sin embargo, su abuelo opina que hubiera sido mejor que muriera. De estos y otros textos similares se deduce que los *minim* en Palestina ejercieron de sanadores, pero también que fueron rechazados por los rabinos debido a motivos religiosos. No se puede afirmar, aunque tampoco descartar, si estos curanderos eran cristianos o solo utilizaron el nombre de Jesús como poderoso recurso.

«Los márgenes (*gilyonim*) y los libros de los *minim* no se rescatan del fuego [en sábado], sino que deben arder en su lugar, ellos y sus menciones del nombre divino» (TosShabb 13,5, L. 58). A menudo son identificados los libros de los *minim* con escritos cristianos, por lo que también estos *gilyonim* referidos antes se interpretan como *evangelyonim*, Evangelios. Aparte de que en el cristianismo el plural «Evangelios» apareció solo relativamente tarde, nada indica en el contexto que se aluda a los cristianos. Los «márgenes» son aquí las hojas de guarda de los rollos de la Torá, los «libros de los *minim*» de los rollos de la Torá, que fueron escritos por desviados. A continuación, R. Tarfón dice que si alguien lo persiguiera, antes se refugiaría en un templo pagano «que en sus casas (es decir, en las de los *minim*), ya que los paganos no conocen [a Dios] y lo niegan, pero estos lo conocen y lo niegan». Se ha de andar con más cuidado ante las desviaciones dentro del judaísmo que con los paganos. Seguramente los que conocen y niegan a Dios se podrían relacionar también con la idea cristiana de la divinidad, pero igualmente con otras desviaciones dentro del judaísmo.

En Shabb 116a se comenta el texto: «¿Los márgenes de los libros de la Torá? No, sino los márgenes de los libros de los *minim*». A la objeción de que los libros de los *minim* principalmente no se salvan y tanto menos los márgenes de sus libros, se dice: «Los libros de los *minim* son iguales a los márgenes». Poco después el mismo pasaje añade en las ediciones no censuradas y fuera de contexto: «R. Meir los denominó *awwen gilyon* (falsedad del margen), R. Yojanán los denominó *awon gilyon* (pecado del margen)». Aquí resulta obvio pensar en los Evangelios cristianos. Justo antes se plantea la pregunta: «¿Se han de rescatar del fuego los libros de *be abedan*?», sin que se ofrezca una respuesta clara a la cuestión. El texto continúa: «Rab no entraba en un *be abedan*, mucho menos en un *be nitzrefe*. Semuel no iba a un *be nitzrefe*, pero iba a un *be abedan*». El último término podría ser una casa de estudio zoroástrica (del persa *baydēn*, templo), a la que algunos rabinos no temerían entrar; por el contrario, la *be nitzrefe* («casa de los nazarenos», préstamo parto) sería una iglesia cristiana, a la que ningún rabbí entraría. En conexión con el dicho inmediatamente posterior sobre *awwen/awon gilyon* la interpretación lleva a pensar en los cristianos, aunque naturalmente no para la época de R. Meir.

La mayoría de textos sobre los *minim* se refiere a Palestina, donde fueron numerosos los judeocristianos, los grupos gnósticos y otros fenómenos marginales del judaísmo. Solo relativamente tarde los *minim* resultaron un problema desde el punto de vista de los rabinos babilónicos. Si allí el término *minim* hace pensar en cristianos, estos prácticamente ya no eran judeocristianos, sino simplemente cristianos. Una discusión más larga en AZ 17a describe la *minut* como el mayor pecado posible, incluso mucho peor que los mayores delitos sexuales. R. Najmán advierte: «Aquel que sepa replicarle a un *min* como Rab Idit, que le replique; si no, que no le replique». Un cierto *min* le dijo a Rab Idit: Está escrito: "Le dijo a Moisés: Sube ante el Señor" (Éx 24,1) — "a Mí" debería decir». El *min* ve implícito en el versículo dos divinidades. R. Idit le rebate que aquí Dios habla de Metratón, «cuyo nombre es como el nombre del Señor» (Sanh 38b). La discusión sobre la unidad de Dios puede dirigirse contra la doctrina cristiana, pero igualmente concierne también al dualismo gnóstico.

Los pasajes recogidos en este apartado son solo una pequeña muestra de la gran cantidad de textos rabínicos que fueron interpretados como una reacción al cristianismo. Muchos de ellos no se pueden entender de modo inequívoco como pasajes referidos a los cristianos; sin embargo, incluso con las oportunas precauciones quedan suficientes vestigios de la disputa con el cristianismo.

4

LOS RABINOS Y LA GNOSIS

Como ya se ha dicho, algunos pasajes rabínicos sobre los *minim* pueden aplicarse a los gnósticos. Además, incluso se ha creído descubrir influencias gnósticas en los rabinos y reacciones rabínicas a los gnósticos. Por tanto, merece la pena también ocuparnos brevemente de esta temática.

El nombre de gnosis (del griego «conocimiento») designa un movimiento religioso de la Antigüedad Tardía que promete la redención del ser humano mediante el «conocimiento» del verdadero origen, la existencia y la meta del hombre más allá del mundo terrenal. Propio de todas sus manifestaciones es un dualismo caracterizado por su hostilidad hacia el mundo: la creación del mundo no es la obra del verdadero Dios, sino del demiurgo, que es equiparado al Dios de la Biblia hebrea. Se reinterpretan por completo tradiciones bíblicas y judías. A. Harnack entendió la gnosis como una helenización del cristianismo, mientras que otros sostienen su origen precristiano, oriental o judío. Parece casi imposible encontrar una solución para estos problemas. Fuera cual fuera el papel que pudiera haber jugado el judaísmo en la formación del movimiento gnóstico, los elementos judíos en él son, en cualquier caso, evidentes.

Las doctrinas gnósticas siempre utilizan la Biblia como punto de partida y se distancian de ella mediante su interpretación. Al mismo tiempo, existen estrechas relaciones con la apocalíptica: entre sus rasgos más importantes está el pesimismo frente al mundo y a la historia, una historia en la que ya no se ve una gestión divina ni un camino para la salvación. Esta idea conduce a una huida del mundo que solo concibe la salvación en un «saber» acerca de los secretos de Dios, lo mismo que la comunidad de Qumrán también es consciente de un conocimiento portador de la salvación. En la apocalíptica, al igual que en Qumrán, se añade a esto un dualismo que planteado de manera radical siempre podría caer en el dualismo cósmico de la gnosis. Los elementos helenísticos e iranios que se encuentran en la gnosis también habían influido ya en la literatura apocalíptica.

Los rabinos tuvieron que ocuparse de estas tendencias gnósticas o de corte gnóstico. Este fue, sobre todo, el caso de Palestina, aunque también en Babilonia aprendieron doctrinas gnósticas mediante estrechos contactos con maniqueos y mandeos. El que no haya más testimonios rabínicos claros de la lucha contra la gnosis depende del hecho de que esta ya había entrado en decadencia en época de la redacción de ambos talmudim, pero también se puede deber a que intentaran evitar las disputas religiosas siempre que fuera posible.

Numerosos dichos, transmitidos casi exclusivamente en Palestina, ponen en duda el estricto monoteísmo judío y aceptan la existencia de «dos potencias» en los cielos. En Sanh 4,5 se dice que Dios primero creó a un solo hombre, para que no se dijera que había más de una potencia en los cielos. GnR 8,8 (Th-A 61) relata de qué manera Dios le hizo a Moisés escribir la Torá. «Cuando llegó al versículo "Y dijo Dios: Hagamos al hombre" (Gn 1,26), dijo: Señor del universo, ¿por qué les das la posibilidad de un pretexto a los *minim*? (Dios) respondió: Escribe. Quien se quiera equivocar, que se equivoque». La mala interpretación del plural en el discurso de Dios se prevé y se acepta.

Según el parecer rabínico, estas objeciones contra la unidad de Dios se pueden refutar rápidamente mediante otros textos bíblicos. «"Ahora mirad que Yo, Yo soy" (Dt 32,39). Esta es la respuesta para los que digan que no hay ninguna potencia en los cielos. Por el contrario, a aquel que afirme que son dos las potencias en los cielos se le responderá: ¿No está también escrito: "Y no hay ningún dios conmigo"?» (SDt § 329, F. 379). No obstante, las frecuentes discusiones sobre el tema muestran que las interpretaciones dualistas no se podían refutar con tanta facilidad, cuando, por ejemplo, le preguntan los *minim* a R. Simlay acerca de cuántos dioses crearon el mundo y citan los pasajes bíblicos que hablan de Dios en plural (TJ Ber 9,1 12d-13a). Estos textos les ofrecieron a los críticos un oportuno punto de ataque.

El dualismo suponía un problema. La idea de que Dios no había creado el mundo solo o no lo había creado él mismo, sino que había tenido ayudante, no es exclusivamente gnóstica. Fuera como fuese, no se puede identificar sin lugar a dudas a los pretendidos adversarios de los rabinos —siempre y cuando no se trate simplemente de conatos exegéticos internos en vez de discusiones reales—. Elisa ben Abuya, a menudo considerado un epicúreo por su negación de la justicia divina, también representa en la tradición rabínica las corrientes que están cerca de la gnosis. Elisa «vio que a Metatrón se le había dado permiso para sentarse a anotar los méritos de Israel. Entonces dijo: Se enseña que no hay arriba ni sesión ni disputa, ni defensa ni retaguardia. ¿Acaso no hay dos potencias? Se llevaron a Metatrón y le propinaron sesenta latigazos, diciéndole: ¿Por qué no te levantaste cuando lo viste? Y le dieron permiso para borrar los méritos de Ajer» (Jag 15a; a Elisa se le llama *ajer*, «el otro», después de su apostasía).

Este relato pertenece a las tradiciones místicas. Elisa sube a los cielos y ve allí a Metatrón, el ángel de más alto rango, sentado en el trono. Entonces reflexiona si hay dos potencias, dos divinidades, en los cielos. Metatrón es castigado por haber motivado este pensamiento. No está claro si se atribuye a Elisa la interpretación de que Metatrón es algún tipo de demiurgo o incluso una potencia frente a Dios. A continuación, una voz celestial le niega a Elisa la participación en el mundo celeste, aun teniendo que hacer penitencia. Así pues, decide disfrutar, al menos, del mundo terrenal. «Se marchó, encontró una prostituta y la requirió. Ella le preguntó: ¿No eres tú Elisa ben Abuya? Aunque era sábado, arrancó un rábano de un bancal y se lo dio. Entonces le dijo ella: Es otro (*ajer*)» (Jag 15a).

La imagen rabínica de Elisa ben Abuya representa distintas tendencias, de manera que no es posible determinar claramente en qué herejía pensaron los rabinos. En particular, pretenden mostrar a dónde puede conducir el dudar sobre la justicia divina. El episodio con la prostituta se ha de ver como una actitud de rechazo de la Ley. Esto encaja bien con la imagen que caracteriza a los epicúreos como hombres disolutos, pero también con la conducta de los pequeños grupos enemigos de la Ley (¡la cual es obra del demiurgo, de las malvadas potencias mundiales!) que tienen una conducta licenciosa dentro del movimiento gnóstico. Recuerda a Simón el Mago, que iba por los campos con una prostituta. No obstante, el motivo del rabino y la prostituta es demasiado frecuente como para poder considerar que se refiere inequívocamente a la gnosis.

QoR 1,25 a Qo 1,8 cuenta de un discípulo de R. Yonatán que fue a los *minim*. Cuando Yonatán lo quiso ir a buscar, los *minim* le requirieron: «Une tu suerte a la nuestra, sea una sola bolsa para todos» (Prv 1,14). Tuvieron sexo con una muchacha y también lo animaron a él: «¡Ven, ten compasión de esta novia!». A su recriminación de que los judíos hicieran algo así, se remiten a Prv 1,14, entendiendo el versículo como una exhortación para unirse a la comunidad de la mujer. Los *minim* siguen aquí prácticas sexuales que los Padres de la Iglesia atribuyen en la polémica a los gnósticos. Es probable que el narrador pensara en círculos contagiados por el gnosticismo al margen del judaísmo.

Las relaciones entre el judaísmo y la gnosis son también reconocibles en los nombres de Dios. A los gnósticos les gustaban los nombres hebreos de Dios y de los ángeles. La denominación gnóstica de Dios como *topos*, «lugar», se corresponde con el nombre rabínico de Dios *maqom*, que, sin embargo, después —quizás por las posibles reminiscencias gnósticas— los rabinos lo utilizan solo raras veces. La denominación de Dios como *geburá*, «potencia», recuerda a la *megalē dynamis*, «la gran potencia» de Simón el Mago; el nombre de Dios AZBOGH (por cada dos letras se obtiene el valor numérico de ocho), frecuente en los textos de *hekalot*, es comparable a la Ogdóada gnóstica.

Una polémica antignóstica resuena en algunos dichos rabínicos sobre la creación del mundo. A la pregunta de por qué el mundo fue creado con la letra *bet* (con la que comienza la crónica de la creación) y no con *alef*, reza la respuesta: «Para no darles la posibilidad de objetar a los *minim*: ¿Cómo puede existir el mundo, ya que fue creado con una expresión de maldición (*arirá*)?» (GnR 1,10, Th-A 9). La idea de que la creación del mundo resulte algo negativo es una creencia típicamente gnóstica a la que los rabinos se oponen.

A la cuestión sobre de dónde viene y a dónde va el ser humano la gnosis responde que el verdadero Yo del hombre es una chispa que proviene de la luz divina y que ahora está prisionera de la materia, pero que está predestinada a reunirse de nuevo con la luz de Dios. La frase de Aqabia ben Mahalalel en Abot 3,1 podría entenderse como una reacción judía al respecto: «Sábete de dónde vienes, a dónde vas y ante quién habrás de rendir cuentas algún día. ¿De dónde vienes? De una gota maloliente. ¿A dónde vas? A un lugar [lleno] de polvo, larvas y gusanos. ¿Ante quién habrás de rendir cuentas algún día? Ante el rey de reyes, el Santo, Bendito Sea». Ben Azzay responde a la misma pregunta con una postura antignóstica todavía más clara: «¿De dónde viene? De un lugar de tinieblas. ¿A dónde va? A un lugar de densas tinieblas» (*Derek Eretz Rabbá* 3,1).

Paralelismos más claros con la gnosis se encuentran en la mística y la magia. Con todo, si bien los textos rabínicos se hacen eco con frecuencia de ideas populares en la gnosis o reaccionan en su contra, nunca ofrecen una caracterización de sus adversarios con tal precisión como para poder demostrar que se refieren de forma evidente a esta corriente. Además, hay que tener en cuenta que el fenómeno histórico de la gnosis es demasiado polifacético y difuso.

5

EL ARTE JUDÍO ANTIGUO

La concepción de un arte judío antiguo se hizo impensable durante mucho tiempo. Se creía que una comprensión literal del precepto bíblico contra la realización de imágenes prohibía cualquier representación de seres humanos o animales: «No te harás escultura ni imagen alguna de lo que esté arriba en los cielos, de lo que esté abajo en la tierra ni de lo que esté en las aguas debajo de la tierra» (Éx 20,4). Parece que los rabinos interpretan este texto como una prohibición absoluta de hacer imágenes. Ya en tiempos del Segundo Templo se rechazaba en Palestina toda representación, lo que el propio Herodes respetó, como testimonian las pinturas de las paredes y de los mosaicos puramente ornamentales de sus edificaciones en Masada. Si bien llegaron al país monedas romanas con la efigie del César, las monedas judías muestran normalmente motivos vegetales, granadas y espigas.

Sin embargo, en 1918 se descubrió un suelo de mosaico en la sinagoga de Naarán, cerca de Jericó, con un zodiaco y en 1928 salió a la luz la sinagoga de Bet Alfa, cerca de Bet Shean, cuyo mosaico muestra otro zodiaco, flanqueado por el sacrificio de Isaac (Gn 22) y una sección con el arcón de la Torá. En 1932 fue excavada la sinagoga de Dura Europos (siglo III), a orillas del Éufrates, con sus numerosos frescos de tema bíblico. Muchos otros hallazgos continuaron produciéndose en Israel, de manera que hoy tenemos conocimiento de un rico corpus de arte judío que data de la Antigüedad Tardía.

Los testimonios conservados del arte judío de época rabínica provienen, sobre todo, del arte sinagogal o sepulcral. Además de los numerosos sarcófagos, entre los que destacan los de Bet Shearim, existen mosaicos pavimentales, decoración escultórica en los elementos estructurales de las sinagogas, así como también los frescos de Dura, que hasta el momento no tienen parangón. La casa de Leontis en Bet Shean era un domicilio privado, del que al menos una parte fue destinada después a hacer la función de sinagoga. No es posible decir si algunas villas con mosaicos artísticos en Séforis pertenecieron a judíos. Los motivos empleados provienen del arte y la mitología tardoantiguos, representan escenas bíblicas u objetos litúrgicos y, además, se añaden imágenes de animales y plantas. Las obras se fechan entre el siglo III y el VII.

1. *La representación de imágenes*

Estos sorprendentes descubrimientos contradicen totalmente la imagen habitual del judaísmo rabínico. De hecho, primero fueron considerados testimonios de un judaísmo externo a la ortodoxia rabínica. E. R. Goodenough, que recopiló en un monumental trabajo todas las obras de este arte que le fueron accesibles, las entendió como la expresión de un judaísmo «liberal» de carácter sincrético, determinado por la mística, que al principio situó fuera del ámbito de influencia de los rabinos. Sin embargo, el material se fue multiplicando y sin lugar a dudas también provenía de los núcleos rabínicos. A partir de este hecho dedujo que aparentemente los rabinos no fueron capaces de imponer sus concepciones tanto como defendía la opinión del «judaísmo normativo».

Los rabinos rechazan las representaciones figurativas en las sinagogas, pero tuvieron que resignarse a la postura de la mayoría. En un ayuno público en Babilonia todos se postraron rostro en tierra durante la oración, excepto Rab: «¿Por qué no se postró sobre su rostro? Porque había un pavimento de piedra y se ha enseñado: "No pondréis en vuestra tierra ninguna imagen de piedra para postraros ante ella" (Lv 26,1)... Si esto es así, ¿por qué solo Rab? ¡Habría valido para todos!, [pero la imagen solo] estaba delante de Rab» (Meg 22b). Probablemente era un mosaico con el que Rab no estaba conforme, pero contra el que no podía hacer nada. No es distinto el caso de Palestina, según muestra TJ AZ 3,1 42c: en el entierro de R. Najum bar Simay cubrieron las imágenes (¿en la sinagoga?), contra las que él, que no había mirado jamás una moneda a causa de la prohibición de la representación de imágenes, nada pudo conseguir.

En un fragmento anterior se recoge una cita de R. Yojanán acerca de que las imágenes estarían prohibidas, porque se les ofrece incienso y con ellas practican la idolatría (42b). Así pues, las imágenes se permiten cuando no hay peligro de caer en ella. En esta circunstancia incluso él ha de resignarse: «En los días de R. Yojanán comenzaron a pintar las paredes y él no se lo impidió» (TJ AZ 3,3 42d). Yojanán enseñó en la época en la que aparecieron los frescos de Dura. Un fragmento de la genizá añade: «En los días de R. Abún (siglo IV) comenzaron a hacer imágenes en mosaicos y él no se lo impidió». En consonancia con ello, el Targum Pseudo-Jonatán a Lv 26,1 restringe la prohibición de la representación de imágenes así: «Sin embargo, sobre la solería de vuestro santuario podréis poner un pavimento con figuras e imágenes, pero no para postraros ante él». Por consiguiente, a lo más tardar desde el siglo III se hizo posible un arte sinagogal. La influencia de los rabinos en las sinagogas fue limitada. En muchos aspectos, también en lo que respecta al arte, tuvieron que someterse al parecer de la mayoría e intentar hacer lo mejor posible a partir de lo inevitable. En definitiva, la historia del arte judío antiguo contribuye a completar la imagen parcial que nos proporcionan las fuentes literarias del judaísmo rabínico.

2. *La adopción de motivos paganos*

Naturalmente, cuando en el judaísmo se desarrolló una opinión positiva hacia el arte figurativo, no apareció enseguida un arte judío independiente. La riqueza temática y el canon de formas del arte no judío fueron trasladados al ámbito judío, siempre que una representación no pudiera malinterpretarse desde una óptica pagana. Como es obvio, los motivos que también pudieron interpretarse desde un punto de vista judío fueron especialmente populares.

La dependencia del arte grecorromano es evidente en la necrópolis de Bet Shearim, que fue utilizada, sobre todo, en los siglos III-IV y en la que incluso está enterrado Yehudá ha-Nasí. En parte, los numerosos sarcófagos de estas construcciones sepulcrales fueron importados desde el extranjero total o parcialmente terminados, aunque la gran mayoría son obra de escultores locales, que continuaron utilizando las formas del arte sepulcral romano. Sobre los sarcófagos se encuentran todos los motivos tradicionales: coronas y guirnaldas, rosetones y conchas, cabezas de toro, pájaros que picotean uvas, leones que flanquean un jarrón o una cabeza de toro y otras imágenes similares. En una construcción sepulcral donde también están enterrados rabinos sorprende la máscara de un hombre barbudo, que podría ser un dios helénico, y los motivos de la mitología griega, como Leda con el cisne o la lucha de las amazonas. En este contexto encaja bien el hecho de que también las inscripciones sepulcrales estén, en su mayoría, en griego.

En las sinagogas se adoptan motivos semejantes en los relieves. En la sinagoga de Corozaín se ven rosetones, conchas y motivos vegetales, pero también una cabeza de Medusa (quizás para defenderse de los demonios), un centauro galopando y otro al que lo ataca un león, hombres en la vendimia, etc. En la cercana sinagoga de Cafarnaúm había una cantidad similar de representaciones, aunque en este lugar muchas se destruyeron. Además de pentagramas y hexagramas, que incluso quizás tenían un significado mágico, es especialmente notable la representación de un carro, que podría interpretarse como un arcón móvil de la Torá. Junto a estos relieves son, sobre todo, los mosaicos los que documentan el arte sinagogal de Palestina. En gran medida, estos tampoco son obras artísticas específicamente judías, sino que se sirven de modelos helenístico-romanos tradicionales. A menudo representan diseños geométricos, plantas, frutos, animales, con frecuencia en medallones formados por sarmientos entrecruzados, que subdividen la solería y que se encuentran también en algunas iglesias de la época. Un precioso ejemplo es el de la sinagoga de Maón (Nirim). En el mosaico solo un candelabro de siete brazos revela su vínculo con el judaísmo; por lo demás, podría haber decorado una villa romana o una iglesia.

El motivo más frecuente en estos mosaicos sorprende, en especial, por sus asociaciones paganas: el zodiaco, rodeado por las estaciones y con el dios del sol en el centro. Las más famosas son las representaciones de Hammat Tiberias (mediados del siglo iv), Séforis (siglo v) y Bet Alfa (siglo vi).

La sinagoga de Hammat Tiberias, dedicada según una inscripción por un miembro de la corte patriarcal, adopta directamente un modelo grecorromano, en el que solo se han inscrito los nombres hebreos de las constelaciones. Helios está representado como el emperador triunfante con manto púrpura, la mano derecha alzada con gesto de victoria, mientras la mano izquierda sostenía el globo terráqueo. En las propias imágenes zodiacales llama la atención, en particular en una sinagoga, el hecho de que Acuario, Géminis y Libra sean muchachos desnudos, lo que solo se explica mediante la adopción de patrones establecidos. En Séforis y Bet Alfa aparecen vestidos. En Séforis el sol con sus rayos sustituye a Helios en la cuadriga y en Bet Alfa hay un busto estilizado.

¿Cómo ha podido convertirse este motivo en un tema tan central en las sinagogas, pese a que lleva a pensar en el horóscopo y en la creencia pagana sobre los astros y el destino? El judaísmo asumió este motivo solo después de que dejaran de utilizarse en el Imperio romano cristianizado. Sin embargo, seguramente no se entendió como una mera decoración bonita, según han opinado algunos. Tampoco convence la propuesta de que se trata de la representación de un calendario. El zodiaco tiene un significado de amplio alcance en la tradición judía. Los astros revelan la voluntad de Dios, la Torá. Permiten contactar con el mundo celestial. Tomando los astros como orientación, el hombre puede celebrar el culto en paralelo al servicio celestial, tomar parte en la liturgia que tiene lugar en los cielos.

Además, los rabinos creen que Dios influye en el curso del mundo a través del zodiaco y que también interviene en él rectificándolo, según aclaran los relatos rabínicos en el ejemplo del astrólogo Abraham. Con frecuencia se llega a un sentido más preciso del zodiaco de la sinagoga mediante las imágenes que lo acompañan. Típica es su conexión con una escena bíblica que simboliza el peligro al que está expuesto el creyente. Así, en Séforis y Bet Alfa la representación del sacrificio de Isaac confirma el papel del zodiaco como imagen de la salvación y en Naarán encontramos a Daniel en la fosa de los leones.

En Séforis y Bet Alfa la composición completa hizo posible una comprensión más profunda. Por debajo del zodiaco ambos mosaicos representan el sacrificio de Isaac; en el caso de Séforis además la promesa del nacimiento de Isaac en Gn 18. Por encima del zodiaco en Séforis se ve a Aarón y la institución del culto sacrificial y sobre esto (que también aparece en Bet Alfa) una sección con el arcón de la Torá, flanqueada por símbolos judíos, metáfora de la sinagoga o incluso del santuario celestial. El sacrificio de Isaac justifica la vigencia del culto sacrificial y de la oración en la sinagoga. El que acude a la sinagoga se identifica con el sacrificio de Isaac, toma como modelo la abnegación de Abraham y, de este modo, experimenta el culto representado en la sección superior como algo lleno de sentido y validez, es consciente de que el Dios que domina sobre las estrellas vela por Israel y la historia y cumple su promesa.

No solo se puede encontrar influencia helenística en la adopción de motivos y escenas mitológicas, sino también en la reelaboración de temas iconográficos judíos. En el mosaico de la sinagoga de Gaza, datada del 508/509 gracias a una inscripción, un hombre vestido como un rey bizantino tañe una lira; lo rodea un león, una serpiente y una jirafa, hechizados todos ellos por la música. Esta es una representación clásica del poeta pastoril Orfeo, al que, sin embargo, la inscripción hebrea que lo acompaña lo identifica como David. A este David-Orfeo lo hallamos también en la sinagoga de Dura Europos, en este caso con atuendo persa y con el gorro frigio. Por tanto, se ha equiparado al poeta griego, al que ya los textos judeo-helenísticos lo hacen discípulo de Moisés, con David, igual que el arte cristiano primitivo lo identifica con Jesús, el buen pastor.

Las representaciones directamente bíblicas aparecen de forma clara bajo la influencia helenística, según muestran los frescos de la sinagoga de Dura. No obstante, en el estilo se caracterizan, a su vez, por un marcado gusto parto-oriental. La situación de Dura entre el mundo helenístico y el oriental se revela también en que los personajes de los frescos llevan atuendo en parte romano y en parte parto. Tenemos que destacar dos escenas. En la primera la hija del Faraón rescata del Nilo al niño Moisés, abandonado en el cesto de juncos (Éx 2,5-10). La imagen no sigue exactamente el texto de la Biblia, sino modelos griegos: la liberación de niños importantes, como Aquiles y Dioniso, mediante una divinidad de las aguas. Como tal está representada también la hija del Faraón: desnuda, de pie sobre las aguas, sostiene sobre su rodilla izquierda a un niño desnudo y con la mano derecha señala a las mujeres que la siguen, las sirvientas de la princesa según el texto bíblico. La primera sujeta una jarra, la segunda un cesto, la tercera una concha, por lo que es posible interpretarlas como ninfas.

La segunda escena representa la resucitación de los muertos según Ez 37. La imagen presupone la división helenística tripartita del hombre en cuerpo, alma y espíritu. Junto al profeta la diosa del alma Psique, identificada por su vestimenta y sus alas de mariposa, se inclina hacia el cadáver sin vida para tocar su cabeza. Sobre ellos flotan tres pequeñas psiques, vestidas igualmente al estilo griego y con alas de mariposa, supuestamente para dar aliento a los tres cadáveres sin vida que se ven en la imagen. Son las tres almas personales de los individuos, mientras la gran Psique es, según parece, el pneuma que regala vida a todos por igual.

3. *Escenas bíblicas*

Frente a la gran cantidad de motivos helenísticos en el arte sinagogal y sepulcral, que podría completarse mediante las imágenes en casas particulares (como, por ejemplo, un mosaico en Bet Shean que muestra a Odiseo atado al mástil de un barco para no caer en la seducción de las sirenas), sorprende la relativa escasez de representaciones bíblicas. Durante mucho tiempo solo se tuvo conocimiento en Palestina del sacrificio de Isaac (Bet Alfa) y de Daniel en la gruta de los leones (Naarán y Susiya). En 1981-1986 fue excavada la sinagoga de Merot, en el curso superior del Jordán. En su mosaico aparece un hombre sentado sobre un escudo y junto a él hay un casco y una espada. Es de suponer la interpretación de David con las armas de Goliat (1Sam 17), pero no está totalmente claro. En un mosaico de una habitación adyacente, conservado solo en parte, se ven las cabezas, una frente a la otra, de una oveja y un lobo y sobre ellas en hebreo dice: «Lobo y cordero apacentarán juntos» (Is 65,25). La sinagoga de Séforis, descubierta en 1993, con las imágenes ya mencionadas de la promesa del nacimiento de Isaac y del sacrificio de este, así como también la representación detallada de la investidura oficial de Aarón, amplía el repertorio conocido, pese a que todavía sigue siendo pequeño. Fuera de Palestina, aunque muy cerca, se encuentra la sinagoga de Gerasa, en cuyo mosaico está representada el arca de Noé. El mismo tema aparece en un mosaico en Mopsuestia (Asia Menor, siglo v), donde también es posible reconocer restos del ciclo de Sansón. Probablemente el mosaico perteneció a una sinagoga, pero tampoco se ha de descartar que se trate de una iglesia. También fuera de Palestina se halla Dura Europos, ya mencionada varias veces, cuya sinagoga documenta el imaginario bíblico de ese periodo de una manera tan única que debemos ocuparnos con más profundidad de ella.

Dura era una guarnición romana fronteriza junto al Éufrates, en la que también hubo una comunidad judía. En el año 244/245 edificaron una sinagoga decorada por completo con frescos. Como se encontraba junto a la muralla de la ciudad, fue cubierta después con arena para reforzar la fortificación. En el 256 la ciudad fue conquistada por los persas. Tanto las numerosas inscripciones y grafitis en griego, arameo y persa como el estilo mixto helénico-oriental de los frescos de la sinagoga documentan el carácter intercultural de la comunidad judía.

A unos cuatrocientos kilómetros de Nehardea y más lejos todavía de Galilea, seguramente Dura no estuvo bajo la influencia rabínica. Los rabinos tuvieron conocimiento de ella, a lo sumo, por sus viajes de paso entre Palestina y Babilonia. Por tanto, los paralelos rabínicos con los frescos bíblicos de Dura no se deben a una influencia rabínica directa, sino más bien provienen de la tradición exegética común. Ya que no se han conservado otros escritos judíos de la época, se ha de recurrir a los textos rabínicos para la interpretación de los frescos de Dura. Sin embargo, mientras no se pueda probar una influencia rabínica clara sobre Dura o sobre los modelos allí empleados, hay que tener la mayor cautela a la hora de establecer las dependencias y especialmente de buscar una concepción global aplicable a las diferentes imágenes.

El propio término «modelo» indica una problemática importante. Si bien los frescos de Dura son el ciclo de imágenes más antiguo que se ha conservado, apenas resulta posible imaginar que en esta pequeña ciudad fronteriza se hubiera hecho el primer conato de una ilustración monumental de la Biblia y que hubiera tenido tanto éxito al primer intento. Como modelos se piensa en la existencia de «libros de muestras» organizados por diferentes temas, quizás pintados también sobre tela, de manera que fuera un muestrario fácil de transportar. Otros proponen que se trataba de manuscritos iluminados de la Septuaginta. No obstante, la idea de la adopción de tales manuscritos con imágenes —también se pensó en la edición ilustrada de las *Antigüedades judías* de Josefo— debe permanecer en el plano de la hipótesis, ya que no conocemos ningún manuscrito tal ni alusiones contemporáneas a ello.

Sobre el zócalo con animales y medallones con cabezas de mujeres están representadas escenas bíblicas en tres niveles, que no todas se consiguen identificar con certeza. Varias imágenes están dedicadas a Moisés y a la salida de Egipto, como la orden del Faraón de asesinar a los primogénitos de los israelitas, el rescate del pequeño Moisés del Nilo gracias a la hija del Faraón, el Éxodo, Aarón como sumo sacerdote. De la historia de los Patriarcas procede el sacrificio de Isaac, el sueño de Jacob en Betel, la bendición de Jacob, José y sus hermanos (?). La época de los Jueces la ilustran escenas de la historia del Arca de la Alianza o la unción de David por Samuel. Del ciclo de Elías vemos el sacrificio de los sacerdotes de Baal en el Carmelo y la resurrección de un muchacho gracias a Elías. Varias escenas representan la resurrección de los muertos de Ez 37.

En el muro occidental, el mejor conservado, se encuentra el nicho de la Torá. Este tiene forma de concha y sobre él hay un templo pintado, a cuyos lados se encuentra un candelabro de siete brazos y el sacrificio de Isaac. La sección ha sido modificada en dos ocasiones durante la breve historia de Dura. En su origen un árbol prominente —probablemente el árbol de la vida, equiparado a la Torá— llenaba todo el espacio. Después pusieron en la copa del árbol un rey en su trono con dos acompañantes y un león: seguramente el rey mesías davídico con el león de Judá. Más tarde representaron dos veces la bendición de Jacob en la parte inferior de la imagen —una con todos los hijos, la otra solo con Efraím y Manasés—. Sobre ellas se ve a David como el Orfeo que tañe la lira y en la parte superior de la sección al rey(-mesías) rodeado por su corte. Esta composición está enmarcada, tanto por la izquierda como por la derecha, por dos secciones estrechas que representan a un hombre: probablemente Moisés en ambos casos.

¿Cuál es el transfondo histórico-espiritual de este monumento artístico tan excepcional para su tiempo? ¿Existen relaciones con la interpretación bíblica judía de la época o los frescos son el testimonio del impacto de la exégesis helenístico-judía que conocemos a partir de Filón? Para muchos elementos iconográficos se pueden encontrar explicaciones rabínicas, que, sin embargo, hay que valorar con mucha cautela. Se van a señalar a continuación solo algunos ejemplos.

En la representación del sacrificio de Isaac, a diferencia de Gn 22,13, el carnero no está enredado en un zarzal, sino que se encuentra junto a un árbol (del que hablan tanto la Septuaginta como el targum). En Séforis y Bet Alfa el carnero está atado a un árbol, probablemente según la interpretación rabínica acerca de que este carnero había sido elegido para tal acontecimiento desde el principio de la historia.

La representación del paso de los israelitas a través del Mar de las Cañas muestra una serie de (¿doce?) líneas horizontales entre Moisés y los israelitas. Con ello el artista tal vez quiso ilustrar la leyenda de que en el Mar se formaron doce sendas, cada una de ellas para cada una de las tribus de Israel (como, por ejemplo, en el Targum Pseudo-Jonatán a Éx 14,21).

Otra imagen más que no se identifica exactamente como bíblica se podría interpretar a la luz de la haggadá. Moisés está junto a una fuente que toca con su cayado. De la fuente salen doce corrientes de agua hacia el mismo número de cabañas, ante cada una de las cuales hay un hombre. Al respecto algunos piensan en las doce fuentes de Elim (Éx 15,27), donde, sin embargo, la intervención de Moisés con su cayado no estaría justificada. Otros prefieren el milagro de las aguas de Meribá, donde Moisés saca agua de la roca. También Nm 21,16-18 es un posible texto relacionado, cuando el pueblo canta: «¡Sube, pozo! Cantad sobre él una canción, sobre el pozo que cavaron los señores... con su cetro, con su cayado». El Targum Pseudo-Jonatán a Nm 21,19 dice del pozo: «Y les trajo agua a todos y cada uno a la entrada de su tienda».

La representación del sacrificio a Baal sobre el Carmelo (1Re 18) difiere del texto bíblico de manera peculiar. Los sacerdotes de Baal están de pie rodeando el altar, sobre el que yace la víctima sacrificial, y esperan a que del cielo caiga fuego sobre él. En un nicho del altar hay un pequeño hombre al que ataca una enorme serpiente. Este detalle, no documentado por la Biblia, puede explicarlo la leyenda rabínica. Según 1Re 16,34, Jiel, el reconstructor de Jericó, en cuyos cimientos dio sepultura a su primogénito, conspiró, según se cuenta, con los sacerdotes de Baal. Ahuecó el altar sobre el Carmelo y se escondió en él con estopa y pedernal para encender el fuego en el momento oportuno. Pero Dios lo castigó: una serpiente fue, le mordió y murió (ÉxR 15,5; Yalqut 1Re § 214).

Aunque podríamos extender estos ejemplos, la pregunta decisiva seguiría siendo de qué manera estos motivos rabínicos llegaron a Dura o influyeron en los modelos de Dura. ¿Las imágenes de Dura documentan una tradición exegética más amplia en el judaísmo de la época, que solo por casualidad está transmitida exclusivamente de forma escrita en los textos rabínicos, o acaso las haggadot rabínicas tuvieron mayor difusión de lo que se suele creer gracias a predicadores ambulantes, comerciantes viajeros o quizás también mediante targumim escritos? En tales cuestiones no logramos ir más allá de las hipótesis. Lo dicho vale aún más para las diferentes propuestas que pretenden descubrir un «programa» completo para la decoración de la sinagoga de Dura. Cualquier interpretación global tiene sus problemas, de manera que muchos renuncian a hacerla y consideran que las imágenes solo ilustran algunas lecturas extraordinarias del sábado y de las fiestas.

Toda explicación de los frescos de Dura debe tener en consideración el mundo espiritual del judaísmo de la época. Para ello los textos rabínicos, pese a las reservas, son realmente apropiados. Muchos detalles de las imágenes solo se nos hacen comprensibles gracias a las haggadot rabínicas. No obstante, sigue presente el hecho de que la literatura rabínica no nos ha preparado para el descubrimiento de Dura; del mismo modo, tampoco lo ha hecho para el de los sarcófagos de Bet Shearim, donde varios de los grandes rabinos estaban sepultados, y el de las sinagogas de Galilea. El arte nos ayuda a ampliar nuestra visión del judaísmo rabínico, a completar la imagen, por fuerza parcial, de las fuentes escritas.

4. *Motivos iconográficos judíos*

Los motivos iconográficos y símbolos propios del judaísmo están representados por separado con mucha frecuencia, sobre todo el candelabro de siete brazos, la menorá; en ocasiones también la pala de incienso y el cuerno de carnero, el sofar. Pero, a su vez, gusta que estén reunidos en una composición global: en los mosaicos de las sinagogas constituyen sus propias secciones, aunque también aparecen con frecuencia en los vidrios aureográficos de la época y después se encuentran una y otra vez en la iluminación de manuscritos.

Normalmente estas «imágenes de culto» muestran en el medio un templo estilizado, el arcón de la Torá. A sus dos lados están colocados de forma simétrica el candelabro de siete brazos, el cuerno de carnero y la pala de incienso, a menudo también el lulab y etrog, así como dos leones vueltos hacia el arcón de la Torá. Tan solo en los vidrios se puede reconocer con claridad que la fachada del templo en el medio ha de ser el armario para los rollos de la Torá en la sinagoga. En estos vidrios dorados a veces está abierto el armario y en su interior es posible ver los rollos de las Escrituras. En las sinagogas el arcón está cerrado, cubierto además en el caso de Bet Shean por una cortina, mientras que en Hammat Tiberias la cortina está recogida en el medio del arcón. Ya que la fachada del Templo en la sinagoga siempre está representada delante del propio nicho de la Torá o en Dura justo por encima de él, surge la pregunta de si, en verdad, plasmaron de forma metafórica lo que pudieron ver directamente en la realidad. Por tanto, a diferencia de los vidrios y del relieve de Bet Shearim, queda la posibilidad de que en las sinagogas no esté directamente representado el arcón de la Torá, sino el Arca de la Alianza, que a partir de entonces fue sustituida por el arcón de la Torá. Si fuera correcto, también habría que relacionar con el Templo el resto de objetos que aparecen en la sección cultual. Así pues, la totalidad de la imagen expresaría la continuidad entre Templo y sinagoga.

La menorá es el símbolo más frecuente del judaísmo en la Antigüedad Tardía, sin que su significado se pueda explicar con seguridad. Filón y Josefo, pero también los rabinos, ven en el candelabro de siete brazos un simbolismo cósmico, es decir, una reproducción de los siete planetas. Sin embargo, esta interpretación no tiene por qué aplicarse también a las representaciones de la menorá en sinagogas y tumbas. Puede evocar también la esperanza en la restauración del Templo o en la salvación cósmica, pero lo que está en primer plano es la profesión de fe general del judaísmo, que se expresa mediante la menorá. Al aparecer siempre junto a la menorá, la pala podría ser entendida como un accesorio del candelabro (comp. Éx 25,38), pero lo normal es interpretarla como la pala del incienso. Seguramente hace referencia al culto en el Templo, en particular a la ofrenda de incienso del sumo sacerdote en la fiesta de la Expiación (Lv 16,12). Es probable que las palas de incienso no usadas que se encontraron en Séforis pertenecieran a familias sacerdotales. El uso del incienso en las sinagogas de época rabínica no está documentado.

El sofar fue empleado tanto en el Templo como en la sinagoga. Simboliza el cuerno del carnero que fue ofrecido por Abraham en lugar de Isaac. Siempre que suena, Dios conmemora, según se dice en los textos rabínicos, el sacrificio de Isaac y el juicio divino se inclina a la misericordia. El lulab y el etrog, esto es, la rama de palma y el citrón, están ligados a la fiesta de los Tabernáculos. En ella, la más alegre de las fiestas bíblicas de peregrinación, los llevaban en procesión al Templo, una costumbre que fue mantenida en la sinagoga.

En Bet Alfa la imagen de culto contiene detalles adicionales. El «arcón de la Torá» tiene un elemento superpuesto con forma de frontón, del que cuelga una lámpara. Sobre el arca están de pie tres vasijas. A ambos lados exteriores se inclina un saliente hacia fuera y encima de cada uno se posa un pájaro. Estos pájaros recuerdan a los querubines alados que pueden verse en las representaciones medievales del Arca de la Alianza —en ocasiones sobre los vidrios se encuentran palomas—. Entre el candelabro y la cortina se puede ver a la izquierda una rama con pequeñas flores, por la parte derecha un árbol totalmente en flor, sobre el que está posado un pájaro. El árbol florido es la vara de Aarón: «Entonces la vara de Aarón de la casa de Leví había reverdecido, había echado ramitas, había florecido y producido almendras» (Nm 17,23). Aunque la rama de la izquierda pudiera ser una alusión a las varas secas de las restantes tribus, sorprenden sus flores claramente reconocibles. Por eso, respondería, más bien, a la rama en flor de Aarón, que en el lado derecho ha alcanzado su total floración, de manera que también en este detalle no se rompería la simetría de la representación.

5. El ocaso del arte figurativo judío

El mosaico de Bet Alfa es digno de atención no solo por su composición, sino también por su estilo. Todos los otros mosaicos sinagogales siguen el estilo helenístico habitual, que se había extendido por toda el área del Mediterráneo. En comparación con ellos el diseño de Bet Alfa resulta naíf; a nivel formal recuerda a un tapiz. Sin embargo, aquello que parece torpe no tiene su origen en una incompetencia artística. Los mismos artistas Marianos y Janina, que según una inscripción confeccionaron el mosaico de Bet Alfa, crearon en la cercana Bet Shean un mosaico al estilo tradicional. Seguramente allí trabajaron siguiendo patrones acreditados. En cambio, es probable que en Bet Alfa gozaran de mayor libertad en el diseño, por lo que sencillamente no adoptaron los modelos tal y como existían para la imagen de culto y el zodiaco. Así pues, el mosaico de Bet Alfa podría considerarse un esfuerzo consciente de evitar los modelos helenísticos y un deseo de orientalización.

No es casualidad que las inscripciones sinagogales de la misma época —nos situamos en el siglo VI— estén con mayor frecuencia en hebreo y arameo. Por consiguiente, quizás Bet Alfa es testigo de una revaloración de las propias raíces culturales, una protesta mediante la iconografía contra el dominio del Bizancio cristiano y de su cultura. Seguramente también documenta este cambio del judaísmo en el siglo VI la *Novella* 146 de Justiniano del año 553. La exigencia del emperador de mantener la lectura de la Biblia en griego no solo pretende introducir de nuevo esta lengua en las sinagogas, sino que se dirige contra los intentos de desplazar la lectura bíblica en la Diáspora, tradicionalmente en griego, por el texto de la Biblia hebrea.

Bet Alfa es el único ejemplo conservado de la reorientalización en el arte sinagogal. Parece que ya en torno a ese tiempo comienza el primer repliegue de este arte, que terminó definitivamente con la conquista árabe del territorio. Los síntomas de este repliegue no se pueden datar con exactitud, pero tampoco hay que pasarlos por alto.

Un ejemplo temprano es la reconstrucción de la sinagoga de Hammat Tiberias en los albores del siglo v, después de que el edificio antiguo hubiera sido destruido quizás por un desplazamiento del terreno. La comunidad no volvió a utilizar el pavimento del mosaico con el zodiaco. Además, colocó sobre él una nueva solería e incluso hizo pasar como refuerzo un muro a través del mosaico zodiacal. Algo semejante le sucedió al mosaico de Susiya, que igualmente tenía la representación de un zodiaco y que mostraba (como en Naarán) a Daniel en el foso de los leones. También este pavimento fue cubierto después por un nuevo mosaico con motivos vegetales y dibujos geométricos.

Parece que Ein-Gedi encaja asimismo en este desarrollo. El mosaico pavimental (siglo vi) no contiene ni siquiera una «imagen de culto». Solo tres pequeños candelabros de siete brazos decoran el mosaico ante la bimá. Un medallón con cuatro pájaros adorna el centro del mosaico; lo rodea un rectángulo en el que cada una de sus esquinas tiene representados dos pájaros con un racimo de uvas. Por lo demás, el mosaico se limita a diseños geométricos. No obstante, resulta llamativo que no falte el zodiaco. A pesar de no estar representado de manera figurativa, el mosaico de la nave occidental contiene una larga inscripción, que comienza con la lista de los progenitores de 1Cr 1,1-4, menciona los doce meses y los signos del zodiaco, después cita a los tres Patriarcas y a los jóvenes en el horno de fuego, a continuación lanza una maldición contra los que delaten «el secreto de la ciudad» y termina con una bendición sobre los donantes que restauraron la sinagoga. Por lo visto, la comunidad de Ein-Gedi no quiere renunciar al apreciado motivo del zodiaco, pero solo puede acomodarlo por escrito. En la sinagoga de Rehob cerca de Bet Shean, de la misma época, el pavimento del mosaico ya no muestra ninguna imagen, pero recoge una larga inscripción con prescripciones talmúdicas para el año sabático.

Como etapas posteriores en el distanciamiento del arte sinagogal puede verse la destrucción de las imágenes zodiacales en la sinagoga de Naarán. Solo quedan el diseño circular y los nombres hebreos de los signos del zodiaco, según parece, por respeto a la escritura hebrea. En este punto también se podría mencionar la mutilación del relieve en la sinagoga de Cafarnaúm, aunque quizás es posterior y tampoco es seguro que se remonte a un origen judío.

¿Cuáles fueron los motivos de ese abandono creciente de las imágenes? Ya que nos faltan los testimonios literarios, solo nos queda hacer suposiciones. Parece que actuaron motivos teológicos y políticos. Como

EL MARCO CULTURAL

ya se ha dicho para el caso de Bet Alfa, en el siglo VI comienza un proceso de reafirmación político-cultural del judaísmo y, en general, de las provincias orientales del Imperio. Se rechaza cada vez más la cultura helenística imperial, con lo que también es desechada su herencia artística. Al mismo tiempo, comienza un desarrollo teológico, que no solo afectó al judaísmo. Solo habría que pensar en los espléndidos mosaicos del monasterio de Moisés en el Monte Nebo, que fueron cubiertos con un mosaico muy modesto, o en el mapa del mosaico de Mádaba, en el que destruyeron las representaciones de seres humanos. Tanto en el cristianismo como en el judaísmo ganan cada vez más peso los enemigos de las representaciones humanas y posteriormente de animales. La hostilidad del islam hacia las imágenes, que tiene origen en sus raíces judías (¡el palacio de Hisham en Jericó muestra que también en el islam hubo corrientes favorables a las representaciones!), seguramente reforzó la tendencia hostil hacia la iconografía en el judaísmo. De manera similar, la iconoclasia cristiana (más o menos del 726 al 843) tiene raíces judías y también debió de influir a su vez sobre el judaísmo. Fuera como fuese, el floreciente arte representativo judío en época talmúdica llega a su fin con la propagación del islam y solo encontrará un nuevo comienzo en el Medievo cristiano.

6

BAJO LA DOMINACIÓN ISLÁMICA

En la representación del judaísmo rabínico la época de la dominación islámica es un epílogo. En ella llega a su máximo esplendor aquello que se había fundado en tiempos talmúdicos. En los comienzos, el judaísmo ejerció su influencia sobre el islam como tradición superior, pero después fue este el que influyó sobre el judaísmo. Por último, nos vamos a ocupar de forma breve de esta interacción, ya que precisamente el marco político-cultural del islam contribuyó a la difusión del judaísmo rabínico y con ella a que este se convirtiera en «clásico» e incluso, en gran medida, en «normativo».

1. La influencia del judaísmo sobre el islam

Mucho antes de Muhammad los judíos ya vivían en Arabia y su religión también atraía a otras gentes. Incluso Dhu Nuwas, el rey de los himyaríes (muerto en torno al 525) se convirtió al judaísmo. Pero también en Hiyaz hubo numerosos judíos. Así pues, Muhammad tuvo muchas oportunidades de encontrarse con judíos y de conocer la tradición judía, que, no obstante, apenas estaba influenciada por la tendencia rabínica. Al principio Muhammad se esforzó en ganarse a los judíos de Arabia como adeptos. En gran medida, se basó en la tradición bíblico-judía para la configuración de su doctrina, a la que conectó con las creencias cristianas. Entendió su mensaje como la verdadera religión de Abraham y a su propia persona como el último en la sucesión de los profetas. Tan solo la oposición judía a su proclamación desembocó en una polémica antijudía del Profeta cada vez más violenta, quien acusó a los judíos de haber falseado la verdadera religión bíblica.

Es objeto de controversia si en el islam predominó la herencia cristiana o judía y si determinadas enseñanzas, costumbres y tradiciones islámicas se remontan a influencias judías o cristianas, ya que también el cristianismo está fuertemente marcado por la herencia judía. Algunos «paralelos» del Corán con los textos rabínicos podrían ser casualidad y no deberse a una dependencia directa. Sin embargo, hay una gran cantidad de elementos que conectan claramente tanto el Corán como la tradición islámica posterior con la judía. Conocemos esta tradición judía en su versión literaria a partir de los textos rabínicos, pero seguramente no solo fue característica de esta forma del judaísmo. Por eso, no es posible demostrar una dependencia directa de los textos rabínicos. Los paralelos entre judaísmo e islam afectan a los dogmas, la ley religiosa y los materiales narrativos. Si bien no podemos entrar en detalles, algunos ejemplos característicos bastarán para ilustrar lo dicho.

Para el Corán «la piedad [estriba] en creer en Dios y en el último día, en los ángeles, en la Escritura y en los profetas» (2,177). El monoteísmo es la herencia más importante de la religión bíblica: su representación islámica está más cerca de la expresión judía que de la creencia cristiana en un Dios en tres personas. En cambio, el acento sobre el último día hace pensar, más bien, en una influencia cristiana, siempre que no se quiera postular un judaísmo marcadamente apocalíptico en el entorno de Muhammad. El tema de la resurrección es igual de importante para el judaísmo y el cristianismo. El relato de la ascensión a los cielos de Muhammad se puede relacionar también con las tradiciones bíblicas sobre el arrebatamiento de Henoc o Elías, pero es más probable la conexión con la tradición cristiana. Tampoco se puede encontrar de forma tan clara una derivación directa acerca de la concepción de los ángeles, pues se ha de contar siempre con que los materiales judíos ya fueron revisados por el cristianismo antes de Muhammad (como la idea del demonio, llamado en el Corán Iblís, que se puede derivar de *diabolos*). En cambio, más claro es el acento sobre la doble revelación de origen judío, la conexión de la Escritura sagrada, del Corán, con la Tradición, el *hadiz*, comparable a la Torá Oral del judaísmo. Si bien existe también esta dualidad en el cristianismo, pues es esencial en toda religión revelada, en ninguna otra resulta tan central como en el judaísmo. La tradición islámica atribuye a Muhammad un ataque por haber puesto por escrito la Tradición Oral judía y advierte ante la idea de copiar este ejemplo.

También la importancia de la Ley religiosa relaciona el islam con el judaísmo, que tanto en un caso como en otro es muy amplia y no solo comprende lo que normalmente consideramos como «religión». Con frecuencia esta Ley se apoya explícitamente en el judaísmo, pero a menudo también se aleja de él de forma expresa. El pasaje ya citado del Corán describe a continuación la piedad como ayuda a los necesitados, rescate de los prisioneros, oración y pago del impuesto religioso (*zakat*), paciencia en la pobreza y el infortunio (2,177). También las tradiciones judía y cristiana elogian estas actitudes como virtudes.

En lo que respecta a la oración, en el islam se atribuye frecuentemente su importancia a influencias judías. La oración que se recita cinco veces al día en el islam solo responde, según algunos, a una ampliación de la oración de tres veces en el judaísmo. No está asegurada una dependencia del judaísmo. De diferente modo sucede con la dirección durante la oración (*alquibla*), que en origen Muhammad fijó hacia Jerusalén. Después de su fracaso con los judíos, Muhammad declaró que la orientación durante la plegaria era irrelevante: «La piedad no estriba en que volváis vuestro rostro hacia el Oriente» (Corán 2,177). Pero, después de todo, la dirección prescrita durante la oración sería La Meca, probablemente en contraste consciente con judíos y cristianos. En correspondencia con el sábado, Muhammad estableció la tarde del viernes como el momento de reunirse en oración; sin embargo, no tuvo intención de instituir un día de descanso semanal.

Un punto de contacto importante del islam con el judaísmo es el de las prescripciones alimenticias. Muhammad permitió a los creyentes comer de todo lo que Dios les regaló a los hombres. «Os ha prohibido solo la carne mortecina, la sangre, la carne de cerdo y la de todo animal sobre el que se haya invocado un nombre diferente del de Dios» (Corán 2,173). Por supuesto, el judaísmo conoce todas estas prohibiciones. Según dice la tradición islámica, a los judíos les habrían sido impuestas por Dios prohibiciones adicionales como castigo, que, sin embargo, no tendrían ninguna validez para los creyentes. A pesar de este contraste consciente, se vuelve a acentuar esa unión entre ambos cuando a los musulmanes se les permite comer la carne inmolada por los judíos.

Sin embargo, no solo algunas leyes particulares en el islam tienen su origen en la tradición judía. Más bien se ha de subrayar el significado de la Ley en sí misma, que se desarrolla según principios semejantes a los que se dan en el Rabinato. De manera análoga al judaísmo, también en el islam el estudio de la Ley se considera un acto religioso, una oración: en un caso y en otro es «santo» aquel que se consagra totalmente a su estudio.

En la tradición narrativa del Corán y en los textos posteriores existen numerosos paralelos con el midrás. Muhammad mismo conocía la Biblia de forma poco precisa. Aunque nombra a muchas figuras bíblicas, la mayoría de las veces no están claramente perfiladas. A menudo modifica los nombres de personajes bíblicos a propósito, también confunde algunos y con frecuencia adapta con libertad los relatos bíblicos. Después de Muhammad se reunieron las leyendas judías (*israiliyyat*) en comentarios al Corán, libros de historia y «leyendas de los profetas». Muhammad conoce la tradición acerca de que, cuando Abraham destruyó los ídolos de su padre, fue lanzado al horno de fuego y rescatado por Dios. El sacrificio de Isaac se convierte en su polémica versión en el de Ismael, el padre de la tribu de los árabes. Abraham también llega a ser con Ismael el fundador del santuario de La Meca, al igual que en la tradición judía fue construido el Templo de Jerusalén en el lugar del sacrificio de Isaac. Como en la tradición rabínica, en el Corán Job está casado con la hija de Jacob, a la que, sin embargo, no llama Dina (como GnR 57,4, Th-A 615), sino Lea. Pero lo que más interés despierta es el relato sobre José, al que Muhammad le dedica la azora duodécima. Elabora el relato bíblico con libertad, sin apenas influencia de la haggadá. También aparece en el Corán la leyenda acerca de que, cuando Moisés sacó agua de la roca en el desierto, hizo surgir doce fuentes en correspondencia con las doce tribus de Israel.

También se encuentran materiales rabínicos en tradiciones biográficas sobre Muhammad. Así, se cuenta que un hombre sujetó el caballo de Muhammad por las riendas y le preguntó qué debía hacer para alcanzar el paraíso. Muhammad le respondió advirtiéndole que debía practicar la caridad. Este episodio se corresponde con el relato de Hillel, que le tuvo que explicar a un hombre el judaísmo, mientras estaba sobre un solo pie. De la misma manera, también se le aplica a Muhammad la leyenda de Joni, el Trazador de Círculos, que por su perseverancia obligó a Dios a mandar la lluvia.

Es difícil determinar de qué modo llegaron estas tradiciones judías al islam. En parte ya eran conocidas en el entorno de Muhammad, otras llegaron a serlo gracias quizás a los cristianos sirios, pero probablemente un gran número las transmitieron los judíos que se habían convertido al islam.

2. *La reacción judía a la dominación árabe*

La conquista islámica llevó a la gran mayoría de los judíos —al menos durante unas pocas décadas— a estar sometida a un solo poder. Bajo ciertas circunstancias este toleró la práctica de la religión judía como una «religión del Libro» y les ofreció mejores condiciones que el Imperio bizantino. Además, después de quebrarse la unidad del Califato, la zona árabe continuó siendo el marco cultural común para una gran parte del judaísmo y ejerció una considerable influencia sobre su desarrollo.

¿Dejó rastro la dominación islámica en los escritos rabínicos? Se buscan signos de ello, sobre todo, cuando se quiere datar con mayor precisión algunos escritos particulares. Sin embargo, solo con suma cautela es posible evaluar las alusiones aisladas acerca del islam. Un escrito rabínico apenas se puede fechar en función de algunos pasajes: mientras su texto no estuviera totalmente fijado, se prestaba con facilidad a actualizaciones mediante el cambio de nombres o la interpolación. Al mismo tiempo, dichos más antiguos podían cobrar un sentido renovado en un nuevo entorno.

Esta problemática resulta evidente en el Targum Pseudo-Jonatán, que en la actualidad se suele datar de los siglos VIII-IX, pero que otros, tanto ahora como antes, lo consideran mucho más antiguo. La mención de Aixa y Fátima, la mujer e hija de Muhammad, como mujeres de Ismael en Gn 21,21, apunta a la época islámica, pero podría ser simplemente la actualización de un texto más antiguo. El Targum a Gn 49,26 habla de las «bendiciones con las que me bendijeron mis padres, Abraham, Isaac y Jacob, que anhelaron los príncipes del mundo Ismael y Esaú y todos los hijos de Qeturá». Ismael y Esaú como príncipes del mundo podrían ser referencias al mundo islámico y al cristiano; otros señalan que aluden a los mencionados hijos de Qeturá, al poner de relieve que el texto habla de personajes y no de estados o imperios. El Targum a Dt 33,2 hace uso del difundido motivo de que Dios le ofreció la Torá, en primer lugar, a las naciones gentiles y que solo después de su negativa se la dio a Israel. Como naciones gentiles menciona únicamente a los hijos de Esaú e Ismael, a los que normalmente se identifican con el cristianismo y el islam. En cambio, quien fecha el texto pronto ve en los hijos de Esaú e Ismael simplemente a los edomitas y árabes, que son nombrados en muchas fuentes preislámicas. Con ciertos textos no se llega lejos en lo que respecta a la datación de una obra de uso frecuente, como sucede con los targumim, ya que para cada caso concreto bien se puede alegar una actualización de un texto más antiguo o una interpolación tardía. Solo los paralelos directos de las tradiciones rabínicas tardías son decisivos para tal datación.

Mucho más productivos son los textos que surgieron seguramente en el periodo árabe, sobre todo el *Pirqé de Rabbí Eliézer*, redactado entre los siglos VIII-IX, que presenta claros indicios de la época de su gestación. También PRE 30 (B.-Kl. 341,343) menciona a Aixa y Fátima como las mujeres de Ismael, pero no de manera tan aislada como el targum, sino intercaladas sólidamente en el contexto. A diferencia de Aixa, Fátima se muestra hospitalaria frente Abraham, de manera que por su causa bendice la casa de Ismael.

Evidentemente en época islámica se modificó el tradicional motivo de los cuatro imperios, después de los cuales vendría la redención. Abraham vio estos imperios en una visión al ofrecer el sacrificio de Gn 15,9ss. El Targum Pseudo-Jonatán a Gn 15,12 nombra como los cuatro imperios a Babilonia, Media, Grecia y Edom = Roma. Por el contrario, PRE 28 (B.-Kl. 302) interpreta los animales sacrificiales de Gn 15,9 como Edom, Grecia, Media y Persia (como una unidad) y los hijos de Ismael. Estos cuatro reinos juntos solo duran el equivalente a un día de Dios, es decir, mil años (B.-Kl. 306: los intentos de derivar de aquí el ángulo temporal del autor no conducen a un resultado inequívoco). Después del imperio de Ismael vendrá el Mesías, según PRE pone de relieve en repetidas ocasiones. Al final de los días los hijos de Ismael emprenderán tres guerras: en la selva de Arabia, sobre el mar y en Roma (PRE 30, B.-Kl. 350). Pero entonces Dios escuchará la llamada de Israel, como bien indica ya el nombre de Ismael, «Dios escuchará»: «Porque el Santo, Bendito Sea, habrá de escuchar el grito de angustia de su pueblo por lo que en el futuro harán los hijos de Ismael. Por esta razón, fue llamado con el nombre de Ismael» (PRE 32, B.-Kl. 368).

De especial interés es un pasaje de PRE 30 (B.-Kl. 348-350). «R. Yismael dice: Quince cosas habrán de hacer los hijos de Ismael en la tierra al final de los días, las cuales son: medirán la tierra con cordeles; convertirán los cementerios en estercoleros, apriscos del rebaño; [...] la Ley se alejará de Israel; los pecados de Israel aumentarán; [...] reedificarán las ciudades desoladas; abrirán caminos; plantarán huertos y jardines; amurallarán las brechas de las murallas del Santuario; construirán un edificio en el *Hekal*; al final dos príncipes hermanos surgirán contra ellos. Mas en sus días surgirá el retoño del hijo de David». Este texto, en el que tantos puntos son inciertos, habla aparentemente de la edificación de la Cúpula de la Roca en la explanada del Templo y del gobierno de los hijos de Harún al-Rashid en los años 809-913.

En muchos detalles este texto se completa y se explica mediante los *Secretos de R. Simeón bar Yojay* (BhM 3,78-82), un apocalipsis surgido probablemente poco después del 750. Mientras Simeón bar Yojay estuvo escondido de los romanos en una cueva, le fueron revelados los secretos del final de los tiempos. Se lamenta de que después del imperio de Edom todavía habría de venir el gobierno de Ismael. Sin embargo, Metratrón le dice que no debe tener miedo: «El Santo, Bendito Sea, traerá el reino de Ismael solo para salvaros de este reino malvado. Y hará surgir sobre ellos un profeta según su voluntad. Este conquistará la tierra (de Israel) para ellos y de nuevo la engrandecerá. Un gran temor reinará entre ellos y los hijos de Esaú». Aquí sorprende la positiva valoración del gobierno islámico: Muhammad es un «profeta según la voluntad de Dios», mientras que en otro manuscrito es calificado como «un profeta insensato, un loco».

Le sigue una sección que coincide en parte con PRE y a continuación la descripción de Omar: «El segundo rey, que surgirá de los ismaelitas, amará a Israel y cerrará sus brechas y también las brechas del *Hekal*. Hará que labren el Monte Moria y lo dejarán totalmente llano; hará que levanten allí un lugar de oración sobre la "piedra fundamental" (del mundo, es decir, del lugar del altar de los sacrificios)... Estará en guerra con los hijos de Esaú, matará a sus soldados y hará muchos prisioneros. Morirá en paz y con gran honor».

Después de la descripción de otros soberanos, el apocalipsis menciona como signo del final del gobierno de Ismael el derrumbamiento de una parte de la mezquita de Damasco. Con ello se cumplirá Is 14,5: «Quebrantó el Señor el cetro de los malvados» —naturalmente también el gobierno islámico es, en suma, un «reino malvado»—. El último Omeya será capturado por sus adversarios junto al Tigris y al Éufrates, alcanzado y asesinado durante la huida, y sus hijos serán colgados. Después gobernará un rey insolente tres meses y un gobierno malvado sobre Israel durará otros nueve meses, antes de que surja el Mesías de la casa de José, conduzca a los judíos a Jerusalén y allí reedifique el Templo. El clásico escenario mesiánico termina con la guerra del Mesías de la casa de Efraím contra el malvado rey Armilao, el milenario imperio del Mesías davídico y su juicio final.

Mientras que en los *Secretos de R. Simeón bar Yojay* el gobierno islámico es representado de forma relativamente positiva, en los apocalipsis posteriores, como la *Oración de R. Simeón bar Yojay*, es juzgado de manera mucho más negativa, ya que el islam cada vez puede ser menos concebido como un mero periodo transitorio del cuarto reino a la época mesiánica. Naturalmente las circunstancias políticas cambiantes influyeron en la opinión judía sobre el islam. Una valoración negativa del poder islámico también pertenece necesariamente al género literario de la apocalíptica, que tiene como objetivo la superación del dominio extranjero mediante el reino mesiánico.

Sin embargo, en conjunto la convivencia del judaísmo con el islam resultó ser fructífera también por la parte judía; además, el judaísmo adoptó en muchos puntos influencias y modelos islámicos. Así, por ejemplo, los PRE, mencionados reiteradas veces, ya están caracterizados en su género como Biblia recontada (y no sencillamente midrás) quizás por la tradición árabe del relato bíblico. En general, en el entorno islámico, la relación con la Biblia cambió al asumir algunas actitudes del enfoque árabe hacia el Corán. El enaltecimiento islámico de la lengua árabe del Corán, que condujo a unos intensivos estudios gramaticales, despertó también en el judaísmo el interés en la lengua de la Biblia y su gramática. También el lento distanciamiento del midrás en favor del sentido literal puede considerarse el resultado de esta nueva orientación hacia la gramática.

La protección islámica de los dogmas mediante cadenas de tradición que, a ser posible, se remontan hasta el propio Muhammad podría tener su origen en modelos judíos, pero después volvió a repercutir fuertemente en el judaísmo (se piensa en el *Sefer Tannaim we-Amoraim* y en la *Carta* de Rab Serira Gaón, pero también adquiere solo ahora suma importancia la cadena de tradición al inicio del tratado *Abot*).

Junto a la autoridad de la tradición, el argumento de la razón se refuerza en un clima de controversias religiosas, condicionado por la coexistencia de tres religiones monoteístas que afirman enseñar la verdad absoluta y el único camino para la salvación. Esta está representada, en particular, por la tradición filosófica que el islam heredó de la Antigüedad Tardía. El judaísmo tiene que aprender a hacer lo que jamás había hecho en época rabínica: a filosofar, a fundamentar las propias creencias. Al mismo tiempo, este espíritu filosófico va alejando la exégesis del midrás. Y la ley religiosa islámica, que en los detalles había aprendido tanto del judaísmo, contribuye a que también ahora el derecho talmúdico sea reunido y codificado y con ello se aleje, a su vez, de los principios reguladores de la halaká en el Talmud, a menudo difícilmente abarcables.

3. *Los caraítas: la amenaza de la herencia rabínica*

Como en el judaísmo rabínico también en el islam fue central el valor de la tradición. Sin embargo, distintos partidos dentro del islam a menudo se basaron en tradiciones contradictorias, de manera que, al final, muchos dudaron de la autoridad exclusiva de la tradición y consideraron digno de crédito solo el argumento de la razón. Por eso, en la filosofía de la religión árabe los mutazilíes, los «neutrales» en la lucha de los partidos, se convirtieron en la tendencia más fuerte, que también fue capaz de ejercer una gran influencia en el judaísmo.

La lucha de los diferentes grupos en el islam acerca de la verdadera tradición no pasó desapercibida por la parte judía. Siempre se habían dado grupos marginales que no estaban contentos con el carácter rabínico de la evolución de la tradición. Por entonces tales insatisfechos ganaron mayor fuerza en un entorno de discusiones religiosas encarnizadas. Cuando al designar el nuevo Exilarcado, hacia el 767, se prefirió al hermano más joven en lugar de Anán, un miembro de la familia exilarcal, este se sublevó contra el liderazgo del judaísmo rabínico, el exilarca y los *geonim*. Se convirtió en el punto de encuentro de todos los descontentos, los cuales se denominaron primero ananitas y luego, en el siglo IX, recibieron el nombre colectivo de caraítas.

El nombre de caraítas responde al programa del movimiento. Se llaman *bene miqra*, «hijos de la Escritura», de la Biblia, porque sostienen, en contra de la tradición rabínica, la doctrina de que solo es válida la Sagrada Escritura. Naturalmente también existe en el movimiento caraíta una tradición, pero esta, al menos en teoría, está subordinada por completo a la Biblia.

Este movimiento, muy irregular en los comienzos, tiene raíces que quizás incluso remontarían hasta la época anterior a la destrucción del Templo. Paralelos asombrosos con Qumrán, pese a que también se den diferencias notables, no permiten descartar totalmente una continuidad de algún tipo entre ambos movimientos. Los descubrimientos de manuscritos cerca de Jericó, fechados hacia el año 785, tal vez ayuden a resolver el problema de cómo fue superada esta distancia de siglos. Parece que, cuando surgió la comunidad caraíta de Jerusalén sobre el 850, esta fue influida por dichos manuscritos, quizás también por el *Documento de Damasco*. El caraíta Qirqisani, que escribió sobre el 937, tiene conocimiento de un libro que escribió Sadoc, el progenitor de los saduceos, y en el que, entre otras cosas, prohíbe el matrimonio de un hombre con su sobrina. La misma prohibición se encuentra en el *Documento de Damasco* 5,8-11. ¿Acaso Qirqisani consideró a Sadoc como el autor del *Documento de Damasco*?

Qirqisani establece un paralelo entre Sadoc y Anán, el cual recogió esta prohibición en su *Libro de los preceptos*. Los caraítas se consideran los descendientes de los saduceos y se remiten a Sadoc como su ascendiente espiritual. Sin embargo, la afinidad entre saduceos y caraítas se limita casi por completo al rechazo total de la tradición. A pesar de que ocasionalmente se presume una relación histórica directa entre saduceos y caraítas, esta no se puede probar.

Seguramente siempre existió una oposición al movimiento rabínico, pero los rabinos apenas nos han transmitido informaciones al respecto. Además, según los escritos polémicos gaónicos, los comienzos de la oposición caraíta solo se remontan a la ambición frustrada de algún individuo. Evidentemente tampoco escuchamos nada acerca de un descontento más profundo de otros círculos hacia el liderazgo de los rabinos y la interpretación rabínica de la Ley en la que este se apoya. Sin embargo, tiene que haberse producido tal descontento; de lo contrario, no se entendería el relativo éxito de los caraítas, en particular, del siglo IX al XI. Respecto a la composición de los seguidores de Anán, algunos deducen a partir del *Libro de los preceptos* que, sobre todo, se trata de los estratos desfavorecidos socialmente. Por lo tanto, el carácter ascético de la legislación de Anán significó una revalorización religiosa de un destino de todos modos ineludible. Pero seguramente también se les unieron intelectuales decepcionados por los rabinos, para los que la filosofía de la religión, favorecida por el islam, tenía más sentido que la tradición rabínica.

La crítica radical de la tradición tampoco se detuvo ante la Biblia. De hecho, Jiwi al-Balki reunió doscientas objeciones contra la Biblia, que Saadia Gaón intentó refutar. En cambio, Anán y los caraítas no fueron tan lejos en su crítica a la tradición. Anán rechazó la tradición rabínica y también argumentó en su *Libro de los preceptos* solo en lo relativo a la Biblia. Para deducir la halaká de la Biblia se basó en las reglas exegéticas de Hillel y Yismael, entre las que se sirvió especialmente de la deducción por analogía en todas sus formas. Anán no aspiraba a una nueva halaká, sino a su fundamentación bíblica directa. Con ello cayó en un enorme endurecimiento de la Torá, ya que tomó literalmente los preceptos bíblicos y no aceptó la tesis rabínica según la cual solo se transgrede un precepto desde unos mínimos.

La conexión de los caraítas con el islam excede el espíritu general de la crítica a la tradición. Según una tradición, Anán fue enviado a prisión junto con Abu Janifa, el fundador de una de las grandes escuelas de derecho islámico. Este le aconsejó que fundamentara su oposición al exilarca reconocido por el gobierno con argumentos religiosos, es decir, mediante diferencias en cuestiones sobre el calendario. Esta noticia pertenece a la polémica rabínica contra los caraítas. Al fin y al cabo, es correcto que la predilección de Anán y en general de los caraítas por la deducción por analogía tiene paralelos en Abu Janifa. Además, Anán no habría podido pensar jamás en fundar una secta —no existe ninguna «discrepancia» dogmática de los rabinos—, sino que aspiró, más bien, a tener su propia escuela de derecho, en correspondencia con la de los janafíes. En lo que atañe al calendario, Anán insistió en determinar, según preceptos bíblicos, la luna nueva mediante la observación directa, en lugar de confiar en los cálculos astronómicos. Con ello Anán obedecía a la praxis islámica, que también parece haber copiado, al prescribir un ayuno de setenta días, de forma análoga al mes de ayuno de Ramadán (que, sin embargo, no se impuso en la práctica). Solo Benyamín ben Mose al-Nahawendi (*ca*. 830-860) reunió a los distintos grupos antirrabanitas de Babilonia con una fundamentación teológica. Antes había división tras división, debido a que nadie tenía por qué aceptar una interpretación bíblica, si uno mismo era capaz de deducir otra halaká de la Biblia. Aunque en adelante también se aferran a la idea de que en teoría cualquiera es su propio intérprete de la Biblia, en la práctica se avienen, en gran medida, a la halaká rabínica. Siempre que el texto bíblico no esté claro, Nahawendi recomienda atenerse a la halaká rabínica. Si bien todavía hay diferencias significativas (por ejemplo, en las leyes alimenticias, en la santificación del sábado, en el calendario de las fiestas y las prescripciones de pureza), los caraítas se acercan de nuevo a la halaká rabínica, lo que también posibilita, por ejemplo, los matrimonios mixtos.

Nahawendi puso su empeño en conseguir una cimentación filosófica más profunda del movimiento caraíta. Así, abogó por una comprensión de Dios depurada de antropomorfismos, un tema importante en toda la filosofía judía de la religión de los siglos posteriores. Aparentemente conocía a Filón de Alejandría y se esforzó en conseguir que se escuchara de nuevo la tradición helenístico-judía después de un largo silencio.

Después del siglo XI los caraítas habían alcanzado su punto álgido. En cualquier caso, aunque durante tres siglos no supusieron un peligro letal para el judaísmo rabínico —siempre fueron una minoría—, plantearon un continuo desafío. Esencialmente contribuyeron a que los rabinos tuvieran que reflexionar sobre su punto de vista y ofrecer mejores fundamentos, pero también a que los rabinos tuvieran que ocuparse de la filosofía de la religión islámica y, de este modo, encontrar su propia filosofía. Saadia Gaón, autor de un escrito polémico contra los caraítas, es a su vez el primer representante significativo de esta filosofía judía de la religión. Por consiguiente, la oposición caraíta se convirtió, contra su deseo, en un fermento que ayudó al crecimiento del judaísmo rabínico y a su imposición.

4. La «canonización» de la tradición rabínica

En el siglo V se redactó el Talmud de Jerusalén, en el siglo VI el de Babilonia, en el que, sin embargo, se continuó trabajando hasta el periodo de los *geonim*. En las décadas anteriores a la conquista islámica la influencia rabínica sobre ambos territorios ya era bastante fuerte, lo que resultó una orientación espiritual en los disturbios de esta época. Las escuelas rabínicas lograron ejercer una influencia cada vez mayor. Este no solo fue el caso del centro de Tiberias, que ya gozaba de notoriedad desde tiempo atrás, sino también de las academias babilónicas de Sura y Pumbedita, que se convirtieron en instituciones consolidadas de gran importancia en el siglo VI y muy especialmente en los primeros tiempos islámicos. Mientras el puesto del exilarca estuvo desocupado, las escuelas ganaron importancia y probablemente asumieron también algunos privilegios de este, como el ocuparse de los cargos de los jueces y de los responsables en las comunidades judías de Babilonia.

La conquista árabe fortaleció el liderazgo central de las comunidades judías, ya que en aquel entonces un exilarca nuevo y enérgico, Bustanay, tuvo el apoyo del gobierno. La tolerancia de los judíos como religión del Libro estuvo ligada en el breve periodo de un Imperio islámico unificado al reconocimiento de la autoridad del exilarca —solo en el siglo IX el gobierno de Bagdad fomentó el sectarismo en el judaísmo y el cristianismo, debilitando con ello los centros de autoridad—. Sin embargo, hasta ese momento el exilarca, apoyado (y limitado) por las escuelas con los gaones a la cabeza, consiguió imponerse, en buena medida, como liderazgo judío. De semejante manera probablemente aumentó también la influencia de la escuela de Tiberias, que desde Mar Zutra III tenía relaciones personales con la casa del exilarca.

Por tanto, la unidad de una gran parte de las poblaciones judías bajo el dominio islámico desembocó a su vez en una unificación del judaísmo y fortaleció también la tendencia rabínica fuera de Palestina y Babilonia. Entre tanto, se reforzó la influencia del judaísmo rabínico sobre territorios de la Diáspora como Egipto, hasta el momento sostenida, en buena medida, por la personalidad de algunos rabinos y sus discípulos, que se habían asentado en estos países. Cada vez más los antiguos alumnos de las escuelas rabínicas asumieron también los puestos de la comunidad en los territorios de la Diáspora. Además, la intensa actividad viajera a la corte del califa, primero hacia Damasco y luego hacia Bagdad, en misión política o también en caravanas comerciales, favoreció la conexión. Así pues, muchos judíos de los territorios islámicos llegaron a Palestina y a los centros de la tradición rabínica en Babilonia.

Por consiguiente, los centros rabínicos entraron en contacto regular con comunidades judías a menudo muy alejadas. Estas conocieron paulatinamente el judaísmo rabínico y cada vez más dirigieron sus consultas acerca de ciertos puntos de la Ley judía a las escuelas de Palestina y de Babilonia. Las respuestas de los gaones, de las que fueron guardadas copias en los archivos de las escuelas, son una de las fuentes históricas más importantes del judaísmo de la época y, como consecuencia, también de la creciente influencia rabínica.

Además, en época gaónica el judaísmo todavía se puede dividir en dos zonas de influencia. Los territorios que antiguamente pertenecían al Imperio romano estaban bajo el influjo de Palestina: sobre todo de Egipto y del norte de África, pero también de Italia, desde donde la influencia palestinense se extendió a Francia y Alemania. Babilonia se apoyó en las zonas del antiguo Imperio persa. Sin embargo, desde bien pronto también hizo prevalecer su influencia en Palestina, pues numerosos babilonios se habían trasladado a esta zona, donde conservaron sus propias costumbres religiosas y tuvieron sus propias sinagogas. En tiempos islámicos Palestina se convirtió para muchos de estos babilonios en nada más que una etapa de su migración en dirección oeste, por lo que llegaron a ser numerosos también en Egipto: hacia el 750 el líder de la comunidad de Fustat, hasta entonces determinada por su carácter puramente palestinense, ya fue un babilonio y poco después hubo en Fustat y Alejandría comunidades babilónicas propias.

Esta tendencia se vio fortalecida con el traslado del califato a Iraq. La nueva capital, Bagdad, pronto se convirtió también en sede del exilarca y después de las dos academias rabínicas. Así pues, Bagdad había llegado a ser el centro del mundo judío y desde aquí se impuso definitivamente el judaísmo rabínico de marcado carácter babilónico.

La promoción del centro judío en Bagdad por el gobierno islámico no solo supuso una ventaja, sino que también fue idóneo para fortalecer la ya existente oposición por motivos políticos. En particular, los judíos de Persia no se hicieron tan rápidamente a la idea de un liderazgo babilónico-rabínico. De ello dan prueba algunos movimientos mesiánicos de esta época —el más importante, el de Abu Isa de Isfahán—, el éxito de la crítica bíblica de Jiwi al-Balki y la buena acogida que encontró aquí el caraísmo. Los judíos babilónicos despreciaron a los judíos de Persia, que rechazaban la halaká rabínica y no pensaban en someterse a Babilonia. Solo con ayuda del gobierno el exilarca pudo imponer su autoridad en Persia. Seguramente esta oposición del judaísmo oriental al liderazgo en Babilonia contribuyó a que el judaísmo babilónico se uniera más estrechamente bajo la dirección de los exilarcas y los gaones y también a que fomentara la expansión de la tradición babilónica en la parte occidental, donde el norte de África prometía convertirse en un nuevo centro judío.

En la medida de sus posibilidades, los gaones babilónicos silenciaron desde el principio el hecho de que Palestina tuviera una tradición propia, diferente a la de Babilonia, en muchos puntos relativos a las costumbres religiosas y a la halaká, pues su conocimiento solo podía entorpecer la ansiada unidad. Apenas citaron tradiciones palestinenses, por lo que tampoco tuvieron que ocuparse de ellas. Saadia, gaón de Sura desde el 928, fue el primer gaón que se refirió de forma oficial al Talmud de Jerusalén. No obstante, hay que tener en cuenta que provenía de Egipto, el área de influencia de Palestina, y que por Palestina llegó a Sura.

Sin embargo, desde más o menos el 760 los gaones invierten sus esfuerzos en limitar las costumbres palestinenses a la propia Palestina. Yehuday Gaón de Sura establece contactos con las comunidades judías del norte de África y se empeña en hacer valer la influencia babilónica, pero solo consigue un moderado éxito. En el 771 Natronay bar Jabibay, que en vano se había propuesto alcanzar el cargo de exilarca, abandona Babilonia y se muda al norte de África o a España. Según una tradición hispano-judía, fundó una escuela en España y, al no poseer ningún ejemplar del Talmud, puso por escrito de memoria todo el Talmud de Babilonia.

Más allá del valor histórico de tal tradición, esta muestra, en cualquier caso, que en aquel tiempo los manuscritos talmúdicos eran todavía muy escasos. Seguramente los enormes costes del material para escribir fueron decisivos en esta circunstancia —solo desde el siglo XI se impone cada vez más el papel en lugar del costoso pergamino—. Además, probablemente al principio tampoco los gaones estuvieron interesados en difundir demasiado el Talmud, pues las comunidades estarían mucho más supeditadas a las escuelas rabínicas, mientras que solo allí pudieran obtener la información halákica vinculante. Las consultas regulares a las escuelas de Babilonia fueron también la mejor oportunidad de transferirles los donativos. Cuando una comunidad de la Diáspora simultáneamente hacía una consulta en Babilonia y en Palestina, despertaba la ira de los gaones, que veían amenazada la unidad de la enseñanza (y la exclusividad de su influencia). Sin embargo, a la larga la difusión del texto talmúdico escrito fue necesaria, al tener que imponerse de forma eficaz la halaká rabínica en los territorios islámicos. Durante mucho tiempo los ejemplares completos del Talmud fueron todavía una rareza. Uno de los mayores méritos de Semuel ha-Nagid en el siglo XI fue el emplear a escritores para hacer copias de la Misná y del Talmud, que hizo que se repartieran después entre los eruditos menesterosos de las escuelas rabínicas de España, norte de África, Sicilia y Egipto, e incluso Palestina y Babilonia.

En los albores del siglo IX Pirqoy ben Baboy, un discípulo de Raba, que había sido discípulo de Yehuday Gaón, escribió a las comunidades norteafricanas, probablemente a Kairuán, el centro más importante. En esta carta, de la que se han encontrado partes en la geniza de El Cairo, escribió que tenía conocimiento de que en todas las ciudades de África y España ya existían escuelas en las que se ocupaban de la Torá. «Hemos escuchado que llegaron a vosotros discípulos de las *yeshibot* y entre ellos quienes antes estaban en Israel y aprendieron los usos de Israel. Siguen las normas introducidas en época de la persecución, a las que se atienen los palestinenses. Hace ya quinientos años que fueron promulgados los edictos de persecución contra ellos, sin que se hayan ocupado de la Torá. A causa de la persecución introdujeron determinados usos que hasta hoy no han abandonado». Las divergencias halákicas de Palestina respecto a Babilonia no son legítimas para Pirqoy ben Baboy, sino fruto de la persecución romana y del descuido de la Torá como consecuencia de aquella. Por eso, los judíos norteafricanos tampoco pueden ceñirse a la tradición palestinense, sino que solo han de aceptar la tradición babilónica.

Esta lucha por la hegemonía de la tradición babilónica continuó durante mucho tiempo. Así, Hay Gaón (939-1038) escribió: «Nosotros nos basamos en nuestro Talmud. En las decisiones que se toman aquí no préstamos atención a lo que allí (en Palestina) se ha escrito. Solo cuando el Talmud palestinense ofrece datos que ni se dicen claramente en el Talmud de Babilonia ni son contradictorios con él, podemos fiarnos del Talmud palestinense y recurrir a él para la interpretación». Esta opinión se impuso en gran medida. Jananel ben Jusiel, un contemporáneo de Hay Gaón, también consultó con prolijidad el Talmud de Jerusalén en su comentario al Talmud de Babilonia, mediante el cual este fue divulgado en Europa en extracto. Sin embargo, el texto completo del Talmud palestinense apenas fue difundido. La tradición palestinense llevó una existencia miserable y, a causa de la catástrofe que supusieron las cruzadas para el judaísmo palestinense, también en su propia patria fue desplazada después por la tradición babilónica.

En el siglo XI desaparecen las instituciones del Exilarcado y del Gaonato. No obstante, desde hacía tiempo la herencia talmúdica se había propagado más allá de su patria originaria. La erudición rabínica había encontrado nuevos hogares. El norte de África y España, pero también Italia, Francia y Alemania, acogieron con buena disposición el espíritu rabínico. El judaísmo rabínico había alcanzado su independencia, era viable incluso sin las antiguas instituciones que antaño lo habían fomentado y tenía la fuerza suficiente para perdurar durante los siglos venideros.

BIBLIOGRAFÍA

Esta bibliografía recoge las obras esenciales sobre el mundo del judaísmo rabínico aquí esbozado. En ellas se encuentra la literatura específica de cada tema.

BIBLIOGRAFÍA GENERAL

The Cambridge History of Judaism. III. *The Early Roman Period*, ed. W. Horbury *et al.*; IV. *The Late Roman-Rabbinic Period*, ed. S. T. Katz, Cambridge, 1999-2006.

I. PANORÁMICA HISTÓRICA

1. y 2. *Palestina*

Avi-Yonah, M., *Geschichte der Juden im Zeitalter des Talmud*, Berlín, 1962.
Hadas-Lebel, M., *Jérusalem contre Rome*, París, 1990.
Linder, A., *The Jews in Roman Imperial Legislation*, Detroit, 1987.
Schäfer, P. (ed.), *The Bar Kokhba War Reconsidered. New Perspectives on the Second Jewish Revolt against Rome*, Tubinga, 2003.
Smallwood, E. M., *The Jews under Roman Rule. From Pompey to Diocletian*, Leiden, 1976.
Stemberger, G., *Juden und Christen im heiligen Land. Palästina unter Konstantin und Theodosius*, Múnich, 1987.

3. *Babilonia*

Gafni, I. M., *The Jews of Babylonia in the Talmudic Era*, Jerusalén, 1990 (hebr.).
Gafni, I. M., *The political, social, and economic history of Babylonian Jewry, 224-638 CE*, en *Cambridge History of Judaism* IV, pp. 792-820.

Neusner, J., *A History of the Jews in Babylonia*, 5 vols., Leiden, 1965-1970 (nueva ed., Atlanta [GA], 1999).

4. *La época de los* geonim

Brody, R., *The Geonim of Babylonia and the Shaping of Medieval Jewish Culture*, New Haven, Conn., 1998.
Gil, M., *A History of Palestine, 634-1099*, Cambridge, 1992.
Gil, M., *Jews in Islamic Countries in the Middle Ages*, Leiden, 2004.

II. LA ORGANIZACIÓN DEL JUDAÍSMO RABÍNICO

1. *El autogobierno judío en Palestina*

Goodblatt, D., *The Monarchic Principle. Studies in Jewish Self-Government in Antiquity*, Tubinga, 1994.
Goodman, M., *State and Society in Roman Galilee, A.D. 132-212*, Londres, ²2000.
Jacobs, M., *Die Institution des jüdischen Patriarchen*, Tubinga, 1995.
Levine, L. I., *The Rabbinic Class of Roman Palestine in Late Antiquity*, Jerusalén-Nueva York, 1989.
Sivertsev, A., *Private Households and Public Politics in 3rd-5th century Jewish Palestine*, Tubinga, 2002.
Stern, S., «Rabbi and the Origins of the Patriarchate»: *Journal of Jewish Studies* 54 (2003), pp. 193-215.

2. *El autogobierno judío en Babilonia*

Beer, M., *The Babylonian Exilarchate in the Arsacid and Sassanian Periods*, Tel Aviv, 1970 (hebr.).
Gil, M., «The Exilarchate», en D. Frank (ed.), *The Jews of Medieval Islam. Community, Society, and Identity*, Leiden, 1995, pp. 33-65.
Goodblatt, D., *The Monarchic Principle* (cf. II 1), pp. 277-311.
Neusner, J., «The Rabbi and the Exilarch», en Íd., *Talmudic Judaism in Sasanian Babylonia*, Leiden, 1976, pp. 108-135.

3. *El rabino*

Neusner, J., *Talmudic Judaism in Sasanian Babylonia*, Leiden, 1976, pp. 46-135.
Hezser, C., *The Social Structure of the Rabbinic Movement in Roman Palestine*, Tubinga, 1997.

Kirschner, R., «Imitatio Rabbini»: *Journal for the Study of Judaism* 17 (1986), pp. 70-79.
Rubenstein, J. L., *The Culture of the Babylonian Talmud*, Baltimore, 2003.
Stemberger, G., «Die Ordination der Rabbinen – Idealbild oder historische Wirklichkeit?»: *Trumah* 15 (2006), pp. 25-52.
Urbach, E. E., *The Sages. Their Concepts and Beliefs*, Jerusalén, 1975, pp. 524-648.

4. La sinagoga

Fine, St. (ed.), *Sacred Realm: The Emergence of the Synagogue in the Ancient World*, Nueva York, 1996.
Levine, L. I., *The Ancient Synagogue: The First Thousand Years*, New Haven, Conn., 2000.
Olson, B. y Zetterholm, M. (eds.), *The Ancient Synagogue From Its Origins until 200 C.E.*, Lund, 2003.
Urman, D. y Flesher, P. V. M. (eds.), *Ancient Synagogues: Historical Analysis and Archaeological Discovery*, 2 vols., Leiden, 1995.

Sobre la liturgia

Elbogen, I., *Der jüdische Gottesdienst in seiner geschichtlichen Entwicklung*, Fráncfort M., ³1931 (reimpr. Hildesheim, 1995).
Heinemann, J., *Prayer in the Talmud*, Berlín, 1977.
Reif, St. C., *Judaism and Hebrew Prayer: New Perspectives on Jewish Liturgical History*, Cambridge, 1993.

5. La educación

Hezser, C., *Jewish Literacy in Roman Palestine*, Tubinga, 2001.
Hezser, C., *The Social Structure* (cf. II 3), pp. 195-214.
Goodblatt, D. M., *Rabbinic Instruction in Sasanian Babylonia*, Leiden, 1975.
Goodblatt, D. M., *The history of the Babylonian academies*, en *Cambridge History of Judaism* IV, pp. 821-839.
Jaffee, M. S., *Torah in the Mouth: Writing and Oral Tradition in Palestinian Judaism 200 BCE-400 CE*, Oxford, 2001.
Lieberman, S., «The Publication of the Mishnah», en Íd., *Hellenism in Jewish Palestine*, Nueva York, ²1962, pp. 82-99.
Rubenstein, J. L., «The Rise of the Babylonian Rabbinic Academy: A Reexamination of the Talmudic Evidence»: *Jewish Studies, an Internet Journal* 1 (2002), pp. 55-68.
Stemberger, G., «Kinder lernen Tora. Rabbinische Perspektiven»: *Jahrbuch für biblische Theologie* 17 (2002), pp. 121-137 (= *Judaica Minora* I/1. *Biblische Traditionen im rabbinischen Judentum*, TSAJ 133, Tubinga, 2010, pp. 54-68).

III. EL MUNDO RELIGIOSO DE LOS RABINOS

1. La revelación en el Sinaí

Moore, G. F., *Judaism in the First Centuries of the Christian Era*, 3 vols., Cambridge, MA, 1927-1930 (reimpr.: 1965), I, pp. 251-262.
Neusner, J., *The Theology of the Oral Torah*, Montreal, 1999.
Urbach, E. E., *The Sages* (cf. II 3), pp. 286-314.

2. La hermenéutica rabínica

Instone Brewer, D., *Techniques and Assumptions in Jewish Exegesis before 70 CE*, Tubinga, 1992.
Lieberman, S., *Hellenism* (cf. II 5), pp. 47-82.
Patte, D., *Early Jewish Hermeneutic in Palestine*, Missoula, 1975.
Dohmen, Chr. y Stemberger, G., *Hermeneutik der Jüdischen Bibel und des Alten Testaments*, Stuttgart, 1996.

3. La halaká

Böhl, F., *Gebotserschwerung und Rechtsverzicht als ethisch-religiöse Normen in der rabbinischen Literatur*, Friburgo Br., 1971.
Müller, K., *Tora für die Völker. Die noachidischen Gebote und Ansätze zu ihrer Rezeption im Christentum*, Berlín, ²1998.
Neusner, J., *The Theology of the Halakhah*, Leiden, 2001.
Neusner, J., *The Halakhah: Historical and Religious Perspectives*, Leiden, 2002.
Urbach, E. E., *The Sages* (cf. II 3), pp. 315-399.

4. La haggadá

Ginzberg, L., *The Legends of the Jews*, 7 vols., Filadelfia, 1909-1938.
Moore, G. F., *Judaism* (cf. III 1).
Neusner, J., *The Idea of History in Rabbinic Judaism*, Leiden, 2004.
Schäfer, P., *Studien zur Geschichte und Theologie des rabbinischen Judentums*, Leiden, 1978.
Urbach, E. E., *The Sages* (cf. III 1).
Vermes, G., *Scripture and Tradition in Judaism*, Leiden, 1961.

5. La mística

Davila, J. R., *Descenders to the Chariot. The People Behind the Hekhalot Literature*, Leiden, 2001.
Elior, R., *The Three Temples: On the Emergence of Jewish Mysticism*, Oxford, 2004.

Hayman, A. P., *Sefer Yeṣira. Edition, Translation and Text-Critical Commentary*, Tubinga, 2004.
Schäfer, P., *Der verborgene und offenbare Gott: Hauptthemen der frühen jüdischen Mystik*, Tubinga, 1991.
Scholem, G., *Die jüdische Mystik in ihren Hauptströmungen*, Fráncfort, ²1967; trad. española, *Las grandes tendencias de la mística judía*, Madrid, 1996.

IV. EL MARCO CULTURAL

1. *Judaísmo y helenismo*

Feldman, L. H., *Jew and Gentile in the Ancient World: Attitudes and Interactions from Alexander to Justinian*, Princeton, NJ, 1993.
Fischel, H. A., *Rabbinic Literature and Greco-Roman Philosophy*, Leiden, 1973.
Hengel, M., *Judentum und Hellenismus*, Tubinga, ²1973.
Horst, P. W. van der, *Ancient Jewish Epitaphs*, Kampen, 1991.
Horst, P. W. van der, *Japheth in the tents of Shem: Studies on Jewish Hellenism in Antiquity*, Lovaina, 2002.
Levine, L. I., *Judaism and Hellenism in Antiquity: Conflict or Confluence?*, Seattle, Wash., 1998.
Lieberman, S., *Hellenism* (cf. II 5).
Lieberman, S., *Greek in Jewish Palestine*, Nueva York, ²1965.
Schäfer, P. (ed.), *The Talmud Yerushalmi and Graeco-Roman Culture*, 3 vols., Tubinga, 1988-2002.

2. *Influencias iranias*

Elman, Y., «Middle Persian Culture and Babylonian Sages: Accommodation and Resistance in the Shaping of Rabbinic Legal Tradition», en Ch. E. Fonrobert y M. S. Jaffee (eds.), *The Cambridge Companion to the Talmud and Rabbinic Literature*, Cambridge, 2007, pp. 165-197.
Gafni, I., «Babylonian Rabbinic Culture», en D. Biale (ed.), *Cultures of the Jews. A New History*, Nueva York, 2002, pp. 223-265.
Kiperwasser, R. y Shapira, D. D. Y., «Irano-Talmudica I: The Three-Legged Ass and Ridyā in B. Ta'anith»: *AJS Review* 32 (2008), pp. 101-116.
Shaked, S. y Netzer, A. (eds.), *Irano-Judaica*, 5 vols., Jerusalén, 1982-2003.
Neusner, J., *Judaism and Zoroastrianism at the Dusk of Late Antiquity*, Atlanta, GA, 1993.

3. *Judaísmo y cristianismo*

Boyarin, D., *Border Lines. The Partition of Judaeo-Christianity*, Filadelfia, 2004.
Lange, N. R. M. de, *Origen and the Jews. Studies in Jewish-Christian Relations in Third Century Palestine*, Cambridge, 1976.

Maier, J., *Jüdische Auseinandersetzung mit dem Christentum in der Antike*, Darmstadt, 1982.
Maier, J., *Jesus von Nazareth in der talmudischen Überlieferung*, Darmstadt, ²1992.
Mimouni, S. C., *Le judéo-christianisme ancien. Essais historiques*, París, 1998.
Neusner, J., *Aphrahat and Judaism*, Atlanta, GA, ²1999.
Rokéah, D., *Justin Martyr and the Jews*, Leiden, 2002.
Simon, M., *Verus Israel*, París, ²1964.
Schäfer, P., *Jesus im Talmud*, Tubinga, 2007.
Stemberger, G., «Contacts between Christian and Jewish Exegesis in the Roman Empire», en M. Sæbø (ed.), *Hebrew Bible / Old Testament. The History of Its Interpretation* I/1. *Antiquity*, Gotinga, 1996, pp. 569-586.

4. *Los rabinos y la gnosis*

Alexander, P. S., «Jewish Elements in Gnosticism and Magic c. CE 70-c. CE 270», en *Cambridge History of Judaism* III, pp. 1052-1078.
Lieberman, S., *Texts and Studies*, Nueva York, 1974, pp. 228-234.
Scholem, G., *Jewish Gnosticism, Merkabah Mysticism, and Talmudic Tradition*, Nueva York, ²1965.
Segal, A. F., *Two Powers in Heaven. Early Rabbinic Reports about Christianity and Gnosticism*, Leiden, 1977.
Thoma, C., «Rabbinische Reaktionen gegen die Gnosis»: *Judaica* 44 (1988), pp. 2-14.
Tröger, K.-W. (ed.), *Altes Testament, Frühjudentum, Gnosis*, Gütersloh, 1980.

5. *El arte judío antiguo*

Fine, S., *Art and Judaism in the Greco-Roman World: Toward a New Jewish Archaeology*, Cambridge, 2005.
Goodenough, E. R., *Jewish Symbols in the Greco-Roman Period*, Nueva York, 1953-1968.
Hachlili, R., *Ancient Jewish Art and Archaeology in the Land of Israel*, Leiden, 1988.
Hachlili, R., *Ancient Jewish Art and Archaeology in the Diaspora*, Leiden, 1998.
Stemberger, G., «Biblische Darstellungen auf Mosaikfußböden spätantiker Synagogen»: *Jahrbuch für biblische Theologie* 13 (1998), pp. 145-170.
Weitzmann, K. y Kessler, H. L., *The Frescoes of the Dura Synagogue and Christian Art*, Washington, DC, 1990.

6. *Bajo la dominación islámica*

Bakhos, C., *Ishmael on the Border. Rabbinic Portraits of the First Arab*, Albany, NY, 2006.

Erder, Y., *The Karaite Mourners of Zion and Qumran Scrolls: On the History of an Alternative to Rabbinic Judaism*, Tel Aviv, 2004 (hebr.).
Goitein, S. D., *A Mediterranean Society*, 6 vols., Berkeley, 1967-1993.
Pérez Fernández, M. y Castillo Castillo, C., *Tradiciones populares judías y musulmanas: Adán, Abraham, Moisés*, Estella, 2009.
Polliack, M. (ed.), *Karaite Judaism: A Guide to its History and Literary Sources*, Leiden, 2003.

APÉNDICES

ABREVIATURAS Y TEXTOS FUENTE

Al igual que en el texto original alemán, en la edición española tampoco existe una transcripción unitaria del hebreo. La forma de transcribir elegida no pretende ser el reflejo de una exactitud científica, sino reproducir el hebreo, en la medida de lo posible, de manera sencilla y sin signos diacríticos. Para facilitar la lectura, se utiliza la grafía del español equivalente o, en su defecto, más cercana a la hebrea (ב = b, ו = w, ה = h, ז = z, ח = j, ט/ת = t, כ = k, ס/שׂ = s, פ = p, פ = f, ע = tz, שׁ = sh; א y צ no se transcriben y el resto de las letras aproximadamente como en español). Para las palabras acabadas en –h se prefiere la eliminación de esta y el uso del acento (por ejemplo, *petijá* en lugar de *petijah*, *maasé* en vez de *maaseh*). Los shewás se representan con la vocal plena correspondiente.

Algunos vocablos hebreos, propios del vocabulario específico de la materia, se castellanizan: sabbat, Torá, Misná, haláka (pl. halakot), haggadá (pl: haggadot), midrás (pl: midrasim), Talmud (pl: talmudim), Targum (pl: targumim), etc. También se puede dar el caso del uso de un término en transcripción (en cursiva) y también castellanizado (por ejemplo, el plural de gaón como gaones y *geonim*).

Respecto a las ciudades, se sigue la denominación más habitual que encontramos en los mapas. Los nombres de los rabinos se castellanizan: Jiyya (en lugar de Ḥiyyah), Simeón (por Šim'on), etc., y para el caso de otros personajes (en especial, los bíblicos) se utiliza la forma tradicional del nombre en español.

Las abreviaturas de los libros bíblicos son las que aparecen normalmente en las traducciones castellanas del texto, a excepción de la de Eclesiastés, que se prefiere Qo a partir de su nombre hebreo Qohelet.

La información acerca de las obras rabínicas y otras cuestiones relativas a los textos se halla en la edición española de la *Einleitung in Talmud und Midrasch* (Múnich, [7]1982): H. L. Strack y G. Stemberger, *Introducción a la literatura talmúdica y midrásica*, ed. española preparada por M. Pérez Fernández, Estella, [2]1996.

1. MISNÁ, TOSEFTA, TALMUDIM

Las abreviaturas de los tratados de estas obras son siempre las mismas. Para diferenciarlas, la Misná es citada según capítulo y halaká (por ejemplo, AZ 1,1) y el Talmud de Babilonia según la página y la cara a o b (por ejemplo, AZ 2b); el Talmud de Jerusalén por capítulo y halaká (como en la Misná) más la numeración de la página y la columna, y la referencia es precedida por la abreviatura TJ (por ejemplo, TJ AZ 1,1 39a). Las citas de la Tosefta aparecen como en la Misná, pero con la abreviatura Tos delante (por ejemplo, TosAZ 1,1, indicando la edición crítica correspondiente que se ha utilizado: L. = S. Lieberman, *Tosefta*, Nueva York, 1955ss.; R. = K. H. Rengstorf [ed.], *Die Tosephta*, Stuttgart, 1960ss.; donde todavía no están disponibles estas nuevas ediciones: Z. = M. Zuckermandel, *Tosephta*, Pasewalk, 1880; reimpr., Jerusalén, 1963).

Abot	*Abot*	Miq	*Miqwaot*
Arak	*Arakín*	MQ	*Moed Qatán*
AZ	*Abodá Zará*	Naz	*Nazir*
BB	*Baba Batra*	Ned	*Nedarim*
Bek	*Bekorot*	Oho	*Oholot*
Ber	*Berakot*	Pea	*Peá*
Betz	*Betzá*	Pes	*Pesajim*
Bik	*Bikkurim*	Qid	*Qiddushim*
BM	*Baba Metzia*	RH	*Rosh ha-Shaná*
BQ	*Baba Qamma*	Sanh	*Sanhedrín*
Eduy	*Eduyyot*	Shabb	*Shabbat*
Erub	*Erubín*	Shebi	*Shebiit*
Git	*Gittín*	Shebu	*Shebuot*
Hor	*Horayot*	Sheq	*Sheqalim*
Jag	*Jagigá*	Sot	*Sotá*
Jall	*Jallá*	Sukk	*Sukká*
Jull	*Jullín*	Taa	*Taanit*
Ker	*Keritot*	Tam	*Tamid*
Ket	*Ketubbot*	Tem	*Temurá*
Kil	*Kilayim*	Ter	*Terumot*
Maas	*Maasrot*	Yad	*Yadayim*
Makk	*Makkot*	Yeb	*Yebamot*
Meg	*Megillá*	Yom	*Yoma*
Men	*Menajot*	Zeb	*Zebajim*

2. OTROS TEXTOS

Abraham ibn Daud: G. D. Cohen, *A Critical Edition with an Introduction and Notes of the Book of Tradition (Sefer ha-Qabbalah) by Abraham Ibn Daud*, Filadelfia, 1967.
AJ   *Antiquitates Judaicae*
ARN   *Abot de Rabbí Natán*, texto A o B; H.-J. Becker (ed.), *Avot de-Rabbi Natan. Synoptische Edition beider Versionen*, Tubinga, 2006.
BhM   *Bet ha-Midrás*, ed. A. Jellinek, 6 partes en 2 vols., Jerusalén, ²1938.
BJ   *Bellum Judaicum*
CantR *Cantares Rabbá*
CJ   *Codex Justinianus*
Corán *El Corán*, edición, traducción y notas de J. Cortés, Barcelona, 2005.
CTh   *Codex Theodosianus*
DtR   *Deuteronomio Rabbá*; además del texto habitual, se encuentra la versión del texto de L. = S. Lieberman, *Midrash Debarim Rabbah*, Jerusalén, ²1964.
ÉxR   *Éxodo Rabbá*
GnR   *Génesis Rabbá*; Th-A = J. Theodor y Ch. Albeck, *Midrash Bereshit Rabba. Critical Edition with Notes and Commentary*, Jerusalén, ²1965.
LamR *Lamentaciones Rabbá*; B. = S. Buber, *Midrasch Echa Rabbati. Sammlung aggadischer Auslegungen der Klagelieder*, Vilna, 1899; reimpr., Hildesheim, 1967.
Literatura de *hekalot*: *Synopse zur Hekhalot-Literatur*, ed. P. Schäfer, Tubinga, 1981.
LvR   *Levítico Rabbá*; M. = M. Margulies, *Midrash Wayyikra Rabbah*, 5 vols., Jerusalén, 1953-1960.
Mek   L. = J. Z. Lauterbach, *Mekilta de Rabbi Ishmael*, 3 vols., Filadelfia, 1933-1935; E.-M. = J. N. Epstein y E. Z. Melamed, *Mekhilta d'Rabbi Sim'on b. Jochai*, Jerusalén, 1965.
MidrSal *Midrás de Salmos*; B. = S. Buber, *Midrasch Tehillim*, Vilna, 1892; reimpr., Jerusalén, 1966.
PesR   *Pesiqta Rabbati*; U. = R. Ulmer, *Pesiqta Rabbati. A Synoptic Edition of Pesiqta Rabbati*, vols. 1-2, Atlanta, GA, 1997-1999; vol. 3, Lanham, 2002.
PRE   *Pirqé de Rabbí Eliézer*; P = *Los capítulos de Rabbí Eliézer*. Versión crítica, introducción y notas por M. Pérez Fernández, Valencia, 1984 (se sigue la edición de Varsovia, 1852, incluyendo las variantes de los otros manuscritos y de la 2.ª ed. de Venecia, 1544).
PRK   *Pesiqta de Rab Kahana*; M. = B. Mandelbaum, *Pesiqta de Rab Kahana*, 2 vols., Nueva York, 1962.
QoR   *Qohelet Rabbá*
SDt   *Sifre Deuteronomio*; F. = H. S. Horovitz y L. Finkelstein, *Siphre Deuteronomium*, Berlín, 1939; reimpr., Nueva York, 1969.
SER   *Seder Eliyahu Rabbá*, ed. M. Friedmann, Viena, 1902.
Serira Gaón: Schl. = M. Schlüter, *Auf welche Weise wurde die Mishna geschrieben? Das Antwortschreiben des Rav Sherira Gaon*, Tubinga, 1993.
Sifra   W. = I. H. Weiss, *Sifra debei Rab*, Viena, 1862.

SNm   *Sifre Números*; H. = H. S. Horovitz, *Siphre D'be Rab. Fasciculus primus: Siphre ad Numeros adjecto Siphre Zutta*, Jerusalén, ²1966.
SZ   *Sifre Zutta*; H. igual que SNm.

TABLA CRONOLÓGICA

63 a.e.c.	Pompeyo conquista Jerusalén	Roma se convierte en enemigo
37-4 a.e.c.	Herodes el Grande	Reformas del Templo, Cesarea
6	Judea provincia romana	Tendencias apocalípticas; zelotas
41-44	Agripa I	Breve periodo de tranquilidad
66-70	Revolución contra Roma	
70	Destrucción de Jerusalén y del Templo	Fin del culto sacrificial Yojanán ben Zakkay en Yabne, comienzo del movimiento rabínico
73/74	Caída de Masada	Gamaliel II desde *ca.* 80 en Yabne
115-117	Insurrección en la Diáspora	Reacción contra la cultura griega
132-135	Revolución de Bar Kokba	Destrucción del asentamiento judío en Judea Jerusalén se convierte en Aelia Capitolina
135-138	Muerte de Adriano en el 138	«Época de la persecución»
138-161	Antonino Pío	Nuevo comienzo en Galilea (Usha, después Bet Shearim, Séforis, Tiberias)
ca. 200		Yehudá ha-Nasí patriarca, bajo su tutela redacción de la Misná
212	Constitución Antoniana Ciudadanía romana general	«Antonino y Rabbí»
226	Ardasir, Sasánidas	Crisis de la autonomía judía (Exilarcado) en Babilonia
235-284	Emperadores soldados, crisis económica	Crisis también en Palestina
241-273	Sapor I	Semuel, *dina de-malkuta dina*

APÉNDICES

260-273	Odenato y Zenobia de Palmira	Esperanzas mesiánicas
284-305	Diocleciano	Visita a Palestina, reformas allí también
313	Edicto de Milán, tolerancia del cristianismo	
324	Constantino sumo emperador	Cristianización de Palestina
352/353	¿Levantamiento de Galo?	
358/359		¿Reforma del calendario bajo la autoridad de Hillel II?
361-363	Emperador Juliano	Intento de reconstruir el Templo en Jerusalén
380	Teodosio I	Cristianismo religión del Imperio
415	Medidas disciplinarias a Gamaliel VI	El liderazgo central judío en peligro
429	Regulación legal al final del Patriarcado	Redacción del Talmud de Jerusalén
438	*Códice Teodosiano*	Limitación de derechos judíos
desde 470	Persecuciones religiosas en Babilonia	Crisis del Exilarcado
520		Mar Zutra marcha a Tiberias
529/534	*Códice Justiniano*	Leyes antijudías
557	*Novella* 146 de Justiniano	Intervención en la liturgia judía
614-628	Palestina bajo los persas	Esperanza en la salvación escatológica Los judíos de nuevo en Jerusalén
628/629	Heraclio en Jerusalén	Represalias contra los judíos
638	Jerusalén bajo los árabes	Redacción del Talmud de Babilonia
640	Babilonia bajo los árabes, los árabes reconocen el Exilarcado	
660-751	Omeyas, Damasco capital	Florecimiento económico de Palestina

EL JUDAÍSMO CLÁSICO

748/749	Terremoto en Siria-Palestina	Decadencia de la región
751	Abasíes	El judaísmo babilónico en el centro
762	Fundación de Bagdad	Anán, caraítas
882-942		Saadia Gaón, Biblia árabe, filosofía
987		*Carta* de Serira Gaón
ca. 1040	Los Silyuqíes conquistan Palestina	Fin de las academias babilónicas
1058		Muere Jiskiyya, último exilarca
1071		Academia rabínica de Jerusalén hacia Tiro, después Damasco

ÍNDICE DE NOMBRES

Abraham ibn Daud: 13, 45, 48, 75, 259
Adriano: 22 ss., 187, 260
Afraates: 204, 207
Ambrosio: 36
Anán: 75, 241 s., 262
Antonino Pío: 25, 35, 84, 260
Aqiba: 21, 22, 24 ss., 41, 59, 69, 81, 83, 107, 110, 113 s., 129, 136, 162, 169, 174 ss., 189 ss., 205, 211
Artapano III: 40
Artapano V: 42
Avi-Yonah: 24, 249

Ben Azzay: 110, 158, 174 s., 189, 218
Ben Zoma: 174 ss., 189 s.
Beruria: 110, 188

Caracalla: 26 s., 29
Cipriano: 207
Claudio: 35, 40
Clemente de Alejandría: 206
Constantino: 29, 30 ss., 34 s., 62, 85, 200 s., 261
Constantino II: 31
Cosroes II: 37, 45, 48, 75, 201

Diocleciano: 29, 62, 115, 182, 261
Domiciano: 20

Efrén de Siria: 204
Eleazar ben Azaria: 20, 23, 58, 66, 126, 162
Eliézer: 135 s., 141, 159, 167, 185, 187 s., 211 s., 237, 259

Elisa ben Abuya: 175, 185, 189, 216 s.
Enomao de Gádara: 187
Epicuro: 187, 190
Epifanio de Salamis: 31
Eusebio: 22, 30, 41, 61, 187, 200 ss., 205 s.

Filón de Alejandría: 90 s., 101, 182, 193, 205, 226, 229, 243
Fischel, H. A.: 189 s., 253
Fleischer, E.: 99

Galo: 31, 261
Gamaliel II: 20 s., 25, 57-60, 64, 79, 99 s., 114, 129, 183, 186 s., 260
Gamaliel III: 84
Gamaliel V: 63 s.
Gamaliel VI: 63 s., 261
Goodblatt, D.: 118, 250 s.
Goodenough, E. R.: 220, 254
Graetz, H.: 21

Harnack, A.: 215
Hegesipo: 30, 201
Hengel, M.: 181, 253
Heraclio: 38, 45, 261
Herodes: 17, 40, 58 s., 175, 219
Herodes Antipas: 115
Hezser, C.: 194, 250 s.
Hillel: 32, 40, 57, 59, 63, 73, 81, 126, 129, 131 ss., 135, 143, 145, 152 s., 188, 192, 205, 236, 242
Hillel II: 32, 64, 261
Homero: 187, 191 ss.

263

Jerónimo: 31, 61, 63, 169, 189, 201-204, 206
Jesús en los textos rabínicos: 209 ss.
Jiyya: 41, 59, 68, 73, 81 s., 109, 164, 257
Juliano: 32 s., 43, 63, 261
Juster, J.: 18
Justiniano: 34 ss., 64, 230, 261
Justino: 61, 200-203, 207

Lieberman, S.: 116, 192 s., 251-254, 259

Maier, J.: 209, 254
Mar Zutra III: 44, 71, 75, 115, 244, 261
Marco Aurelio: 26, 190
Meir, R.: 25 s., 84, 112, 115, 119, 121, 153, 158, 160, 173, 187 s., 213
Moore, G. F.: 11, 252
Muhammad: 47 s., 53, 233-237, 239 s.

Nabucodonosor: 23, 39, 116
Natán: 41, 72, 119 s., 129, 152, 158
Neusner, J.: 20, 41, 44, 72, 196, 250, 252 ss.

Odenato: 29, 117, 261
Orígenes: 30, 60, 70, 116 s., 200, 202-207, 210

Pompeyo: 17, 182, 186, 260

Rab: 42 s., 74, 76, 81 s., 108, 117, 149, 155, 172 s., 213, 220
Rabbí (Yehudá ha-Nasí): 26, 41, 58-62, 64, 69 s., 73, 81 s., 85, 113, 115 ss., 146, 151, 183, 185 s., 190, 221, 260

Saadia Gaón: 146, 242 s., 262
Salmanasar V: 39
Sammay: 81, 126, 129, 145, 152
Schäfer, P.: 209, 249, 252 ss., 259
Semuel, R.: 42 s., 72, 74, 76, 111, 159
Serira Gaón: 13, 44 s., 47 s., 74 s., 117, 240, 262
Simeón bar Yojay: 25, 68, 149, 166, 238
Simeón ben Gamaliel I: 20
Simeón ben Gamaliel II: 25 s., 41, 58, 64, 79, 119, 165, 185 s.
Sokoloff, M.: 195
Stern, S.: 59, 250

Teodosio: 35 s., 261
Tertuliano: 208
Tito: 18, 23
Trajano: 21 s., 41, 183

Ursicino: 31

Vespasiano: 18 s.

Yehosúa ben Gamala: 108
Yehudá ben Baba, R.: 25, 83
Yehudá ha-Nasí: *v.* Rabbí
Yehudá Nesia: 60 s., 64, 182, 205
Yismael, R.: 21, 41, 68, 116, 119, 128, 131, 134 ss., 152 s., 169, 173, 177, 183, 212, 238, 242
Yojanán, R.: 27, 81, 85, 116, 141, 152, 154, 160, 162, 164, 166, 173, 184 s., 213, 220
Yojanán ben Zakkay: 19 s., 58, 66, 79, 113, 169 s., 260

ÍNDICE DE MATERIAS

Acuerdo de Omar: 48
Adiabene: 40 s., 204
Aelia Capitolina: 22, 24 s., 28, 30, 200, 260, *v. tb.* Jerusalén
Alegoría: 193, 207
Alejandría: 90 ss., 192, 210, 245
Alianza: 126 s., 140, 161, 165
Anatema: 49, 60, 62, 70, 77, 82
Año sabático: 143, 146, 156, 182, 231
Aqila: 99, 185, 205
Arca/arcón de la Torá: 73, 93 ss., 97, 100, 219, 222 s., 226, 228 s.
Atbash: 136

Bagdad: 42, 49, 52, 244 s., 262
Belén: 30, 202 s.
Bendición contra los herejes: 21, 200, 208
Bene Beraq: 21, 113
Beror Hail: 113
Bet Alfa: 94, 219, 222 ss., 227, 229 s., 232
Bet Shean: 95, 200, 219, 224, 228, 230 s.
Bet Shearim: 24, 26, 31, 64, 113, 115, 185 s., 219, 221, 228 s., 260
Betar: 23 s.

Cadena de la tradición: 83, 127, 148, 240
Cafarnaúm: 92-95, 112, 222, 231
Calendario: 26, 32, 66, 222, 242 s., 261
Canon: 21, 66, 203
Caraítas: 52, 75, 240-243, 262
Cerco en torno a la Torá: 144 s., 175

Cesarea: 18, 28, 30, 37 s., 68, 92, 114, 116, 185 s., 200, 203, 260
Circuncisión: 18, 22, 24 s., 35, 39, 139, 151, 153, 207
Control del mercado: 76, 87
Corozaín: 95, 221
Cristianos (cristianismo): 12, 19, 21, 29-35, 37 s., 42 s., 45, 49 ss., 53, 61, 63, 71, 83, 94, 99, 116, 139, 150, 161, 179, 199-203, 205-215, 222 s., 230, 232-237, 244, 261
Ctesifón: 42, 72

Damasco: 37 s., 49, 52 s., 239, 244, 261 s.
Decálogo: 99, 208
Deducción por analogía: 132-135, 150, 192, 242
Dieciocho bendiciones: 21, 89, 99 s.
Documento de Damasco: 241
Dura Europos: 93, 219, 223, 225, 227 ss.

Ein-Gedi: 95, 231
Elección de Israel: 139 s., 160, 164, 207
Epicuro (epicúreos): 187, 189, 190, 216 s.
Erub: 143, 147
Esclavos: 35, 61, 128, 134, 154
Escuelas: 14, 41, 44, 47 s., 52 s., 58 s., 62 ss., 66 s., 81, 107-121
Eufemismo: 192 s.
Exención de impuestos: 61, 74, 84 s., 156

Exilarcado: 12, 43 s., 45, 48-50, 55, 59, 61, 71-76, 82, 84, 86, 117, 121, 195, 241 s., 244-247, 260 s.

Fariseos: 17, 19 s., 57 s., 65, 80, 90, 191

Gaza: 38, 51, 186, 223
Gematría: 135 s., 145
Gerasa: 225
Gezerot: 128
Gnosis: 12, 161, 169, 174, 179, 202, 211, 213, 215-219

Haggadá: 12 s., 101, 103, 121, 123, 127, 132, 159-167, 169, 176, 190, 204 ss., 208, 227 s., 236, 257
Haggadá de Pesaj: 190
Halaká: 12 s., 21, 26, 66 s., 73, 82, 98, 102 s., 115, 119, 121, 123, 128 s., 132, 139-165, 167, 169, 176, 195, 240, 242 s., 245 s., 257
Hammat Tiberias: 62, 94 s., 115, 186, 222, 228, 231
Helenismo: 28, 50, 181-195, 215
Herodion: 18, 91, 93

Impuestos para el patriarca: 60, 63
Insurrección de Bar Kokba: 18, 21-25, 41, 58 s., 68, 83, 116, 173, 200 s., 207, 260

Jakam: 111
Jalitzá: 70, 77, 147
Jazzan: 111
Jerusalén: 17-20, 22-25, 30, 33, 36-41, 43 s., 51-53, 58 s., 61, 63, 65, 89-94, 103, 108, 115 s., 133, 154 s., 181 s., 200 s., 235 s., 239, 241, 243, 246 s.
Judeocristianos: 25, 30, 200-203, 206 ss., 213
Jurisdicción: 49 s., 57, 62, 67, 69-71, 73, 75-77

Kallá: 87, 112, 120 s.
Ketubbá: 144

Legados del patriarca: 62 s.
Legislación judía (cristiana): 34-37, 62-64
Ley de los sicarios: 18, 24
Leyes alimenticias: 39, 76, 80, 87, 155, 157, 207, 235, 243

Literatura de Hekalot: 169, 171, 174-178, 218
Lod: 21, 28, 31, 52, 66, 113 s., 116, 152, 210

Mahoza: 42, 44, 72, 197
Mandeos: 216
Masada: 18, 91, 93, 219, 260
Minim: 21, 99, 161, 211 ss., 215-218
Misná: 18, 26, 30, 36, 43, 59, 65 s., 80, 90, 97 s., 103, 109, 111 s., 115 s., 118 s., 127 s., 130, 134, 142 s., 146 ss., 155 s., 163, 246 s., 258, 260
Mística: 98, 123, 169-178, 217 s., 220
Mujeres: 35, 73, 93, 96, 139, 144, 146 s., 149, 155, 162, 188, 206, 217, 224, 226, 237

Naarán: 219, 223 s., 231
Nehardea: 40-43, 49, 84, 89, 117 s., 225
Nirim: 222
Nísibis: 40 s., 113
Nombre de Dios: 100, 144, 152, 172 s., 177, 193, 218
Notariqón: 136

Ordenación: v. Semiká

Palmira: 29, 261
Patriarcado: 12, 26, 31-36, 40, 51, 55, 59-65, 67, 69-71, 73 s., 82-85, 114 s., 141, 165, 186, 200, 205, 207, 222, 226, 231, 261
Pirqa: 64, 87, 112, 120 s.
Pirqé de Rabbí Eliézer: 159, 237
Preceptos noáquicos: 140, 150
Prescripciones de pureza: 60, 66, 80 s., 87, 113, 141 ss., 148, 156, 195, 243
Proemio: 102
Prosbul: 126, 128, 143, 154, 156
Prosélitos: 25, 35
Pumbedita: 14, 42, 49 s., 84, 117 s., 210, 244

Qal wa-jomer: 133
Qitos (guerra de): 22, 183

Ramla: 51 ss.
Rigla: 112
Sábado (o sabbat): 39, 44, 73, 77, 87, 90, 96 ss., 100 ss., 112 s., 121, 132 s.,

143 s., 149, 153 s., 167, 174, 182, 188, 202, 207, 212, 217, 228, 235, 243, 257
Sacerdotes: 13, 19 s., 34, 42, 58, 60, 65, 67, 74, 79 s., 85 s., 100, 107 s., 113, 144, 146, 148, 155 s., 173, 175
Saduceos: 19, 189, 191, 241
Sanedrín: 63-67, 115, 184
Sefer ha-Qabbalá: 13
Sefer Tannaim we-Amoraim: 240
Sefer Yetzirá: 171 s.
Séforis: 26, 28, 31, 37, 64, 68, 85, 95, 113-116, 186, 211, 220, 222 ss., 227, 229, 260
Semiká: 25, 83
Sermón: 98, 100-103, 112
Shiur qomá: 117, 178
Sinagoga: 29, 31, 34 ss., 43 s., 49, 51, 53, 55, 57, 62 s., 74, 85 s., 89-105, 107-112, 114 s., 121, 147, 165, 169 ss., 185 s., 200-203, 206, 208, 219-225, 228-231, 245
Sofar: 228 s.
Stoá: 190
Sura: 14, 42 s., 49 s., 117 s., 244, 246
Susiya: 95, 224, 231

Talmud: 29, 36, 43 ss., 50, 72, 76, 83, 86, 103, 108 s., 111 s., 115-119, 121, 127, 133 s., 146, 155, 159 s., 163, 174, 176, 184, 194 ss., 209 ss., 216, 240, 243, 246 s.

Tanna: 13, 119 s.
Taqqanot: 66, 128
Targum: 98, 101, 104, 111, 132, 134, 136, 189, 221, 227, 237 s., 257
Teatro: 102, 182
Templo: 11 ss., 17-20, 23-26, 32 s., 37, 39 ss., 43 s., 58, 63, 65, 72, 79 s., 89 s., 92, 95, 99 ss., 107 s., 113, 116, 132, 142 s., 147 s., 150, 155 s., 167, 175, 177 s., 181 s., 199, 212, 219, 226, 228 s., 236, 238 s., 241, 260 s.
Testamento: 144
Tiberias: 31, 36 ss., 51 s., 62, 64 s., 88, 92, 94 s., 104, 111, 114 ss., 182, 186, 222, 228, 231, 244, 260 s.
Torá: 11, 52, 61, 73 s., 80, 82 ss., 86, 90, 92-98, 100 ss., 104, 107-112, 116, 120, 125-131, 133 s., 136 s., 139-145, 149, 151-154, 156 ss., 160, 162 s., 167, 169-176, 183-188, 190, 193, 206, 212 s., 216, 219, 222 s., 226, 228 s., 234, 237, 242, 247, 257

Usha: 24 ss., 41, 58, 64, 141 s., 260

Yabne: 12, 19 ss., 25 s., 58, 64 s., 99, 113 s., 200, 208, 260

Zodiaco: 169, 172, 219, 222 s., 230 s.

ÍNDICE DE CITAS

1. Josefo Flavio

AJ XII 138: 64
    XIV 9: 40
    XIV 167ss.: 65
    XIV 202: 156
    XV 22: 40
    XVII 23ss.: 40
    XVIII 310ss.: 40
BJ II 520: 40
    V 147: 40
    VI 343: 41
    VI 355: 40
    VI 420ss.: 18
    VII 216: 18
Vita 276s.: 104
    277.300: 92

2. Misná

Abot 1,1: 127, 144
    1,2: 158
    2,2: 84
    2,12: 154
    2,14: 187, 189
    3,1: 218
    3,15: 125
    4,2: 158
    4,4: 152
    4,5: 84, 111
    4,8: 68
    5,10: 154
    5,21: 109
Arak 4,4: 134

AZ 1,7: 182
    3,4: 182
BB 2,3: 108
Bek 4,4: 69
    4,6: 69
Ber 1,4: 99
    2,2: 99, 139
    5,4: 100
    9,5: 129
BQ 2,5: 133
Eduy 7,7: 20, 58
    8,7: 128
Git 5,6: 18
    5,8: 86
Jag 1,8: 143
    2,1: 170
Kil 9,3 32b: 164
Makk 3,12: 104
    3,16: 149
Meg 1,3: 96
    1,8: 184
    3,4: 97
    3,6: 97
    4,1-4: 97
    4,2: 98
    4,3: 96
    4,5: 100
    4,10: 171
Oho 1,8: 145
Pea 2,6: 128
Qid 1,10: 130
    4,14: 141
RH 4,1-4: 66
Sanh 1,2: 66

	1,5-6: 65
	4,5: 216
	10,1: 187
	10,3: 39
Shabb	16,1: 95, 112
Shebi	10,3: 128
Shebu	1,1: 146
	4,10: 104
Sot	3,4: 110
	9,14: 183
	9,15: 111, 160
Taa	4,2: 90
Tam	7,2: 100
Yad	3,5: 66
	4,3: 128
	4,6: 191
Yom	3,10: 41
	7,1: 92

3. Tosefta

AZ	1,20: 183
Ber	6,9: 150
Eduy	3,4: 79
Jag	2,1: 170
	2,3-4: 174
	2,5: 176
Jull	2,22: 212
	2,24: 212
Meg	2,17: 91
	3,1-4: 97
	3,10: 97
	3,12: 98
	3,23: 94
	3,31.34: 171
Miq	7,11: 66
Qid	1,11: 107
	5,21: 141
Sanh	1,7: 68
	7,1: 113
	7,2: 132
Shabb	7,18: 60
	12,12: 153
	13,5: 212
Shebu	3,1-2: 154
Sot	14,9: 129
	15,8: 183
Sukk	4,5: 92
	4,6: 92

4. *Talmud de Jerusalén*

AZ	1,1 39c: 196
	1,2 39c: 167
	2,2 40d: 212
	2,2 41a: 73
	2,10 42a: 60
	3,1 42b: 220
	3,1 42c: 220
	3,3 42d: 220
	5,4 44d: 29
BB	2,3 13b: 111
	5,13 15b: 76
Ber	1,5 3c: 99
	2,9 5d: 104
	4,1 7cd: 113
	4,6 8c: 73
	5,1 8d: 105
	5,1 9a: 164
	9,1 12d-13a: 216
	9,2 13c: 190
Betz	1,6 60c: 73
Bik	3,3 65d: 85
BQ	4,1 4b: 69
	8,8 6c: 70
Git	7,1 48c: 187
Hor	3,2 47a: 61
	3,7 48b: 102
Jag	1,7 76c: 60, 109
	2,1 77a: 170
	2,1 77b: 115, 174
	2,1 77c: 172
Ket	8,11 32c: 108
	12,3 35a: 73
	13,1 35c: 91
Kil	9,4 32b: 164
Maas	3,10 51a: 163
Meg	1,11 71b: 185
	1,11 71c: 185
	1,13 72b: 131
	3,1 73d: 91, 104
	3,1 74a: 110
	3,2 74a: 68, 96
	3,4 74a: 103, 104
	4,1 74d: 98
	4,12 75c: 115
Naz	7,2 56b: 163
Pea	1 15d: 151
	2,6 17a: 127, 163
	8,8 21b: 108

Pes	6,1 33a: 132			38b: 74
Qid	1,2 59d: 128			76b: 43
RH	1,3 57a: 126		BB	7b: 62
Sanh	1,1 18a: 68, 134			8a: 60 s., 75
	1,2 19a: 83			8ab: 43
	1,3 19a: 67, 83			12b: 120
	1 19a: 60			21a: 108 s.
	2,1 19d-20a: 62			22a: 84, 87, 121
	8,2 26ab: 27			33a: 77
	10,1 28a: 191			54b: 43
	10 29a: 103			57b-58a: 81
Shabb	6,1 7c: 183 s.			65a: 76
	6,1 7d: 73			73a-74b: 197
	6,1 8a: 62			74b: 20
	12,3 13c: 115			89a: 76
	16,1 15c: 164			125b: 77
Shebi	6,1 36d: 60			149a: 144
Sheq	5,1 48d: 184		Bek	29a: 111
Sot	1,4 16d: 115		Ber	2a: 145
	7,1 21b: 185			3a: 167
	7,6 22a: 73			4b: 173
	9,16 24c: 183			6ab: 121
Taa	1,1 63d-64a: 167			6a: 43, 105, 196
	1,1 64a: 167			6b: 112, 154
	1,4 64b: 182			8a: 105
	2,1 65b: 211			10a: 188
	4,2 68a: 59, 85			10b: 94
	4,8 68d: 23			17a: 158
	4,8 68d-69a: 24			19a: 120
Ter	8,10 46c: 182			23ab: 164
	10,3 47a: 116			27b-28a: 20, 66
Yeb	4,11 6a: 60			28b: 121
	8,1 8d: 136			33a: 90
				40a: 205
				43a: 60
5. *Talmud de Babilonia*				55a: 173
				58a: 74
Arak	10b-11a: 163		BM	28b: 104
AZ	7a: 144			30b: 154
	8a: 25, 173			48a: 154
	9b: 44			86a: 84, 120
	10ab: 26			97a: 120
	10b-11a: 42		BQ	47a: 74
	11b: 196			55b: 154
	16a: 44			58b: 43, 76 s.
	16b-17a: 212			96b: 77
	17a: 213			113a: 120
	18a: 167			117a: 76
	19a: 118			117b: 84
	27b: 212		Erub	13a: 173
	36ab: 77			

	21b: 151, 153		9b: 185
	53a: 116		11a: 59
	53b-54a: 110, 188		13a: 162
	85b-86a: 60		17b: 99
	86b: 95		22b: 220
	100b: 141		25ab: 171
Git	7a: 74		26b: 91
	11a: 195		27a: 104
	14ab: 72, 195		28a: 82
	14b-15a: 71		29a: 89, 103
	14b: 195		29b: 97 s.
	16b-17a: 42	Men	29b: 129
	19b: 195		44a: 158
	34a: 77		99b: 183
	35a: 77		110a: 155
	56ab: 19	MQ	5a: 145
	59a: 61		16a: 60
	59b: 149		16b: 74
	60a: 86		17a: 152
	60b: 119		18a: 196
	67b: 74		22b: 73
Hor	10b: 155	Naz	23b: 155
	11b: 73	Ned	50a: 81
	12a: 118		62b: 75
	13b: 41, 72, 119, 195		81a: 82
	13b-14a: 72	Pes	4a: 153
Jag	9b: 111		62b: 162
	12b: 174		66a: 132 s., 188
	13a: 170		100b-101a: 104
	14a: 162		112a: 196
	14b: 170, 174 s., 189		112b: 196
	15a: 217, 217		119a: 149
	15b: 175, 185	Qid	29a: 108
Jull	15a: 121		30a: 131
	42a: 128		31a: 141
	48a: 87		39b: 158
	54a: 81		49a: 112
	92a: 73		49b: 119
	104b: 145		68b: 149
	115b: 134		71a: 173
	132b: 77		72b: 59
Ker	5a: 134	RH	24ab: 95
Ket	5a: 104		28a: 157
	10b: 60	Sanh	5a: 72 s., 76, 82
	17a: 62		7b: 85
	50a: 109		13b-14a: 83
	61ab: 72		14a: 25, 83
	103b: 60 s.		17a: 184
	111b: 108, 133		17b: 105, 109
Meg	3a: 98		21b: 167

25a: 76, 87
28a: 149
32b: 41, 113
34a: 162
38a: 59
38b: 121, 160, 213
39a: 196
43a: 209
46b: 43
52b: 85
56a: 69
56ab: 151
56b-60a: 151
65b: 174
67a: 210
67b: 87
74a: 152
81a: 129
86a: 135
88b: 81
92a: 85
94a: 206
97b: 166
98a: 43, 167
98ab: 166
99b: 142, 163, 174
99b-100a: 187
107b: 210
108b: 205
Shabb 13b: 165
23a: 144
30ab: 102
31a: 126, 153
35b: 96
55a: 72, 74
58a: 76
63a: 118, 136
64a: 134
88a: 140
104b: 210
114a: 81, 85
116a: 213
116b: 98,112
129a: 196
139a: 69
150a: 104
156b: 196
Shebu 12b-13a: 151
41b: 77
Sot 10a: 75

21b: 155
21b-22a: 81
22a: 119
39b: 96
47a: 210
49b: 183, 185 s., 195
Sukk 26b: 154
28a: 129
31a: 76
46a: 144
51b: 175
53a: 43
Taa 8a: 118
10b: 121
24a: 111
25b: 197
Tem 14b: 129
Yeb 20a: 87
63a: 42
79a: 193
Yom 5b: 165
28b: 153
37ab: 41
67b: 141
78a: 121
86a: 112
Zeb 19a: 44, 195
116b: 43

6. *Midrasim*

ARN A 6,10: 110
A 39,3: 172
B 24: 187
B 29: 126
B 32-34: 126
CantR 2,5: 103
2,16: 142
4,8: 206
8,13: 97
DtR 11,10: 205
ÉxR 15,5: 227
31,4: 204
47,1: 127
GnR 1,10: 218
1,14: 135
8,8: 216
12,2: 125
14,2: 185
19,3: 175

273

23,6: 191
32,11: 135
33,3: 73
36,8: 185
44,1: 149
49,7: 193
57,4: 236
65,20: 187
71,3: 136
76,6: 27
80,1: 62
81,1: 60
90,4: 136
95,3: 141
97,10: 59
LamR Proemio 17: 102
    1,13: 166
    3,14: 182
LvR 1,3: 162
    7,3: 110
    27,2: 111
    28,1: 189
    29,2: 166
    31,7: 178
    34,8: 158
Mek Amaleq 4: 69
    Ba-jodesh 1: 167
    Ba-jodesh 5: 140
    Ba-jodesh 6: 140, 152
    Kaspa 3: 69
    Neziqín 9: 134
    Shirata 3: 153
    Shirata 6: 192
MidrPrv 10: 176
MidrSal 1: 191
    1,21: 189
    3,2: 172
    36,6: 166
    93a: 111

PesR 5,2: 127
PRE 28: 238
    30: 237 s.
    32: 238
PRK 4: 129, 150
    8: 136
    12: 103, 151, 162
    12,25: 163
    15,5: 111
QoR 1,25: 217
    2,10: 162
    4,17: 94
    7,49: 111
    9: 193
    9,4: 155
RutR 2,13: 187
    2,23: 182
SDt § 17: 68
    29: 94
    34: 184
    37: 125
    43: 20
    46: 107
    48: 125, 158, 162
    49: 164
    144: 69
    148: 134
    317: 162
    329: 216
    343: 140
Sefer Yetzirá § 15: 172
Sifra Ajare 13: 152
Qedoshim 11: 126
SNm § 64: 136
    68: 193
    112: 129, 136
    124: 66
Sifre Zutta 277: 193
Yalqut 1Re § 214: 227

ÍNDICE GENERAL

Contenido 7
Presentación: *Lorena Miralles Maciá* 9
Introducción 11

I
PANORÁMICA HISTÓRICA

1. PALESTINA EN TIEMPOS DE LOS TANNAÍTAS 17
   1. La guerra judía y la destrucción del Templo 17
   2. La sublevación de Bar Kokba 21
   3. Usha y Bet Shearim: la estabilización de la situación 24

2. PALESTINA EN TIEMPOS DE LOS AMORAÍTAS 27
   1. La crisis del Imperio romano en el siglo III 27
   2. La cristianización del Imperio romano: las consecuencias en Palestina 29
   3. Juliano y la reconstrucción del Templo 32
   4. La legislación judía de los emperadores cristianos 34
   5. La invasión persa y la conquista árabe 37

3. BABILONIA HASTA LA CONQUISTA ÁRABE 39
   1. Los comienzos de la Diáspora babilónica 39
   2. Babilonia en tiempos de los amoraítas 42

4. LA ÉPOCA DE LOS *GEONIM* 47
   1. Babilonia 47
   2. Palestina 51

II
LA ORGANIZACIÓN DEL JUDAÍSMO RABÍNICO

1. El autogobierno judío en Palestina 57
    1. El patriarca 57
       a) Los comienzos 57
       b) Yehudá ha-Nasí: el apogeo del Patriarcado 59
       c) La evolución después de Rabbí 61
       d) Los patriarcas en la legislación romana 62
    2. ¿Un sanedrín? 64
    3. La administración de la comunidad y su jurisdicción 67

2. El autogobierno judío en Babilonia 71
    1. El exilarca 71
       a) Los comienzos del Exilarcado 71
       b) Autoridad y competencias del exilarca 72
    2. La jurisdicción judía 75

3. El rabino 79
    1. Los comienzos del Rabinato 79
    2. ¿Cómo se convierte uno en rabino? 80
    3. Obligaciones y estatus económico del rabino 84
    4. La influencia de los rabinos 86

4. La sinagoga 89
    1. Los comienzos 89
    2. La arquitectura 92
    3. El funcionariado de la sinagoga 95
    4. El servicio religioso sinagogal 96
    5. El sermón 100
    6. La sinagoga como centro comunitario 103
    7. Los rabinos y la sinagoga 104

5. La educación 107
    1. La enseñanza elemental 107
    2. Las escuelas rabínicas en Palestina 113
    3. Las academias rabínicas de Babilonia 116
    4. La formación rabínica de adultos en Babilonia 120

III
EL MUNDO RELIGIOSO DE LOS RABINOS

1. La revelación en el Sinaí 125
2. La hermenéutica rabínica 131

ÍNDICE GENERAL

3. La halaká 139
   1. La entrega de la Torá en el Sinaí 139
   2. La evolución de la halaká 142
   3. El alcance de la Ley religiosa 145
   4. Origen y valor de los preceptos 149
   5. El endurecimiento voluntario de la halaká 153
   6. El verdadero significado de la halaká 155
   7. El júbilo por la Ley 157

4. La haggadá 159
   1. Esencia, alcance y significado de la haggadá 159
   2. Haggadá e historia 164

5. La mística 169
   1. La obra de la creación 171
   2. La obra del carro divino 174

IV
EL MARCO CULTURAL

1. Judaísmo y helenismo 181
   1. Los rabinos y la lengua griega 181
   2. Los rabinos y la sabiduría griega 186
   3. Exégesis homérica e interpretación rabínica de la Escritura 190

2. ¿Influencias iranias en el judaísmo babilónico? 195

3. Judaísmo y cristianismo 199
   1. Desarrollo histórico 199
   2. Tradiciones judías en los Padres de la Iglesia 202
   3. Polémica patrística contra los judíos 206
   4. La reacción de los rabinos 208

4. Los rabinos y la gnosis 215

5. El arte judío antiguo 219
   1. La representación de imágenes 220
   2. La adopción de motivos paganos 221
   3. Escenas bíblicas 224
   4. Motivos iconográficos judíos 228
   5. El ocaso del arte figurativo judío 230

6. Bajo la dominación islámica 233
   1. La influencia del judaísmo sobre el islam 233
   2. La reacción judía a la dominación árabe 236

3. Los caraítas: la amenaza de la herencia rabínica 240
4. La «canonización» de la tradición rabínica 243

Bibliografía 249
  Bibliografía general 249
  I. Panorámica histórica 249
  II. La organización del judaísmo rabínico 250
  III. El mundo religioso de los rabinos 252
  IV. El marco cultural 253

Apéndices 257
  Abreviaturas y textos fuente 257
    1. Misná, Tosefta, talmudim 258
    2. Otros textos 259
  Tabla cronológica 260

Índice de nombres 263
Índice de materias 265
Índice de citas 269

 GOBIERNO DE ESPAÑA   MINISTERIO DE CULTURA

Esta obra ha sido publicada con una subvención de la Dirección General del Libro, Archivos y Bibliotecas del Ministerio de Cultura para su préstamo público en Bibliotecas Públicas, de acuerdo con lo previsto en el artículo 37.2 de la Ley de Propiedad Intelectual